INFORMATIK II

Objektorientierte Modellierung

Peter Brichzin
Ulrich Freiberger
Klaus Reinold
Albert Wiedemann

Oldenbourg

© 2008 Oldenbourg Schulbuchverlag GmbH, München
www.oldenbourg-bsv.de

1. Auflage 2008 R06
Druck 12 11 10 09 08
Die letzte Zahl bezeichnet das Jahr des Drucks.

Alle Drucke dieser Auflage sind untereinander unverändert
und im Unterricht nebeneinander verwendbar.

Lektorat: Dr. Hans-Peter Waschi
Umschlag: Lutz Siebert-Wendt
Layout, Satz und Herstellung: Kommunikation + Design Pfeifer, München
Technische Zeichnungen: Ingrid Schobel, München
Bildredaktion: Stefanie Portenhauser
Druck: Himmer AG, Augsburg

ISBN   978-3-486-00158-7
ISBN   978-3-637-00158-9 (ab 1. 1. 2009)

150 Jahre
Wissen für die Zukunft
Oldenbourg Verlag

Liebe Schülerin, lieber Schüler,

in diesem Buch wirst du den Mitarbeitern der Softwarefirma SimSoftLab über die Schulter schauen. Dabei wirst du lernen, wie man selbst ein Programm auf der Basis eines Auftrags plant, es dann erstellt, testet und dokumentiert. Die folgenden Hinweise sollen helfen, das Buch zielgerecht im Unterricht und zu Hause einzusetzen. Es ist in fünf große Bereiche aufgeteilt:

- **Grundkonzepte der Informatik**
  Diese Einleitung kannst du entweder sofort lesen oder nach Bedarf parallel zu Hauptkapitel I. Du findest hier einen Überblick über den roten Faden im Informatikunterricht und die bisher verwendeten Modellierungstechniken.
- **Hauptkapitel I: Objekte und Klassen** (Kapitel 1 bis 4)
  Hier werden Grundlagen wiederholt, indem du Grafikdokumente mit einem neuen Werkzeug erstellst und einem etwas anderen Roboter Karol begegnest. Dann wird eine Kreuzungssimulation entwickelt. Hier lernst du, selbst Klassen zu definieren und Objekte zu erzeugen.
- **Hauptkapitel II: Zustandsorientierte Modellierung** (Kapitel 5 bis 8)
  Eine neue Modellierungstechnik hilft dir, die Kreuzungssimulation Schritt für Schritt weiterzuentwickeln.
- **Hauptkapitel III: Beschreibung von Abläufen** (Kapitel 9 bis 15)
  Ein zweites großes Projekt muss bearbeitet werden: eine Supermarktsimulation. Dabei lernst du viel Neues über Datentypen, Anweisungen und Ablaufmodellierung.
- **Hauptkapitel IV: Vererbung** (Kapitel 16 bis 20)
  Das Konzept der Vererbung hilft beim Erweitern und Optimieren von Programmen. Auch einen Einblick in die Erstellung grafischer Oberflächen wirst du hier erhalten. Und am Ende dieses Hauptkapitels wirst du selbst Aufträge annehmen und bearbeiten können.

In jedem Kapitel werden die inhaltlichen Ziele zu Beginn knapp dargestellt und in den Kontext des bisher Erlernten eingebettet. Dadurch ist der rote Faden immer sichtbar. Einführungsbeispiele aus der Praxis wecken das Problembewusstsein für das jeweilige Thema und veranschaulichen die inhaltlichen Überlegungen.
Die Hauptkapitel werden durch Texte **zum Weiterlesen** ergänzt. Sie geben einen Einblick in Berufe, zeigen historische und technische Hintergründe auf und bieten einen Ausblick auf inhaltlich angrenzende Anwendungsbereiche.
Am Ende des Buches gibt es **Werkzeugkästen** mit konkreten Anleitungen für den Umgang mit typischen Programmen. Die Anleitungen sind so formuliert, dass sie lange Zeit aktuell bleiben.

Symbole am Seitenrand helfen dir bei der Orientierung weiter:

 - **Fragen** regen zum Innehalten und Nachdenken an.

 - **Verweis** auf ein verwandtes Thema im Kapitel mit der angegebenen Nummer.

 - **Verweis** auf einen Text zum Weiterlesen entsprechend der angegebenen Nummer.

 - **Verweis** auf ein Kapitel im Werkzeugkasten.

 - **Software** aus dem Internet. Die Adressen sind auf Seite 176 angegeben.

 - **Merkkästen** fassen die zentralen Inhalte prägnant zusammen. Sie stehen am Kapitelende vor den Aufgaben.

 - **Hinweise** heben für das Verständnis wichtige Einzelheiten hervor, die leicht übersehen werden.

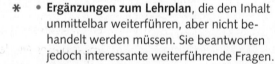 * - **Ergänzungen zum Lehrplan**, die den Inhalt unmittelbar weiterführen, aber nicht behandelt werden müssen. Sie beantworten jedoch interessante weiterführende Fragen.

 - **Typische Vorgehensweisen** werden durch die Auflistung der Arbeitsschritte prägnant beschrieben.

Wir wünschen allen viel Spaß beim Informatikunterricht mit diesem Buch!

Peter Brichzin   Ulrich Freiberger   Klaus Reinold   Albert Wiedemann

Grundkonzepte der Informatik

Informatik – Schritt für Schritt

Im Anfangsunterricht in Informatik hast du fertige Computerprogramme benutzt, um damit Information in Dokumenten darzustellen. Damals hat dir die objektorientierte Sichtweise sehr dabei geholfen, den allgemeinen Aufbau der Dokumente zu verstehen und die Funktionsweise dieser Programme besser einordnen zu können. Mit den fertig vorgegebenen Möglichkeiten eines Programms hast du neue Objekte erzeugt und sie dem Dokument hinzugefügt. Durch Ändern der Attributwerte entstand ein Dokument, das deinen Vorgaben entsprach.

In den folgenden Schuljahren bist du in der Informatik einen Schritt weitergegangen. Du hast die Software nicht nur wie vorhanden verwendet, sondern du hast entsprechend der Aufgabenstellung Rechenblätter und Datenbanken konfiguriert.

- Bei der datenorientierten Modellierung wurden mit einem Datenbankmanagementsystem Tabellen definiert, Beziehungen zwischen den Tabellen erarbeitet, eine Datenbank aus diesen Tabellen aufgebaut sowie Abfragen festgelegt und durchgeführt. Damit ließ sich ein größerer Datenbestand geschickt verwalten und neue Informationen konnten aus ihm gewonnen werden.
- Ziel der funktionalen Modellierung war, ein Rechenblatt mit einem Tabellenkalkulationssystem so zu konfigurieren, dass damit komplexe Berechnungen entsprechend der Aufgabenstellung möglich waren.

Nun gehen wir einen Schritt weiter: Du wirst ganze Programme selbst entwickeln! Sicher wird dabei kein komplettes Textverarbeitungsprogramm oder ein Tabellenkalkulationsprogramm entstehen. Aber du wirst an Beispielen die Grundprinzipien erlernen, wie man Programme erstellt. Die Programme, die im Laufe des Schuljahres entstehen werden, sind, trotz mancher Vereinfachung, in der Praxis sinnvoll einsetzbare Produkte.

Modellieren in der Informatik

Informatiker erstellen Programme, die die Auftraggeber bei bestimmten Vorhaben unterstützen und es ihnen ermöglichen, anfallende Arbeiten schneller und präziser durchzuführen. Wie erstellt man aber so ein Programm?

Bevor der Informatiker zu programmieren anfängt, muss er sich ganz genau über die vorgegebene Situation kundig machen. Man sagt, er analysiert das vorhandene reale System und bildet sich ein Modell von der echten Situation. Er überlegt sich erst ein *mentales Modell* (Gedankenmodell), das das Wesentliche des realen Systems wiedergibt. Dieses mentale Modell kann er dann in eine normierte Darstellung (z. B. ein Klassendiagramm) überführen. So entsteht ein *reales Modell*.

Für die Umsetzung in Software muss dieses Modell noch genauer ausgeführt und in eine andere Darstellungsform gebracht werden. So entsteht Schritt für Schritt ein Programmtext, der ebenfalls ein reales Modell der Aufgabenstellung ist. Beim Ablauf des Simulationsprogramms kann man aus dem realen Modell neue Erkenntnisse gewinnen, aufgrund derer man das ursprüngliche reale System besser verstehen kann.

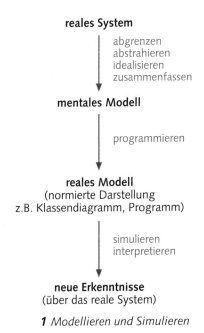

reales System

abgrenzen
abstrahieren
idealisieren
zusammenfassen

mentales Modell

programmieren

reales Modell
(normierte Darstellung
z.B. Klassendiagramm, Programm)

simulieren
interpretieren

neue Erkenntnisse
(über das reale System)

1 Modellieren und Simulieren

> **Modellbilden** bedeutet
> ① einen Ausschnitt aus dem realen System wählen und alle Einflüsse von außen weglassen,
> ② in diesem Ausschnitt nur die wichtigen Dinge betrachten,
> ③ diese wichtigen Dinge so einfach wie möglich und so umfassend wie nötig wiedergeben,
> ④ das Modell mit einer normierten Darstellungsform beschreiben.

In der Informatik verwendet man je nach der Art der Aufgabenstellung unterschiedliche Denkverfahren, um solche Modelle zu gewinnen. Man spricht von **Modellierungstechniken**.

Die Modellierungstechniken *funktionale Modellierung* und *datenorientierte Modellierung* wurden im Informatikunterricht bereits behandelt. In diesem Schuljahr wirst du dich mit weiteren Modellierungstechniken beschäftigen; manche sind dir zum Teil schon bekannt:

- Bei der *objektorientierten Modellierung* untersucht man die Objekte, ihre Eigenschaften (Attribute), Fähigkeiten (Methoden), Gemeinsamkeiten (Klassen) und ihre Beziehungen untereinander.
  Du hast diese Modellierungstechnik in den letzten Jahren schon mehrfach angewandt. In diesem Schuljahr wird sie noch weiter vertieft.
- Bei der *ablauforientierten Modellierung* wird die Aufgabenstellung in Einzelschritte (Anweisungen) zerlegt. Die Anweisungen können sein: Methodenaufrufe, Wiederholungen und bedingte Anweisungen.
  Die Beschreibung von Abläufen durch Algorithmen hast du vermutlich bei der Programmierung einer kleinen Roboterfigur eingesetzt.
- Bei der *zustandsorientierten Modellierung* wird der Ablauf eines Systems dadurch beschrieben, dass man die Situationen (Zustände) festhält, in die Objekte kommen können, und angibt, unter welchen Bedingungen sie vom einen in den anderen Zustand wechseln.
  Diese Modellierungstechnik erlernst du in diesem Schuljahr neu.

Programme erstellen

Im Eingangsunterricht hast du deine ersten Programme wahrscheinlich erstellt, um eine kleine Roboterfigur in ihrer Welt zu bewegen und sie dazu zu bringen, einige Arbeiten zu verrichten. Mit dem folgenden Programm hast du die Roboterfigur veranlasst, ein Quadrat zu legen.

```
wiederhole 4 mal
    wiederhole 3 mal
        Hinlegen()
        Schritt()
    *wiederhole
    RechtsDrehen()
*wiederhole
```

2 *Programmtext in der Sprache RobotKarol*

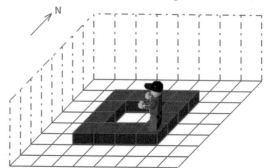

3 *Roboterfigur Karol in seiner Welt nach der Ausführung des Programms*

?

Woher weiß der Computer, dass er nach dem Programmstart Schritt für Schritt genau die Darstellung wie in Abbildung 3 erzeugen soll? Wie kann der Computer diesen Programmtext überhaupt verstehen und in grafische Darstellungen umsetzen?

Um diese Frage beantworten zu können, muss man zuerst die technischen Möglichkeiten des Computers betrachten. Ein Computer besteht im Wesentlichen aus folgenden Bauteilen: dem Prozessor, dem Arbeitsspeicher und den Peripheriegeräten wie Grafikkarte, Monitor, Tastatur, Maus, Festplatte, CD- oder DVD-Laufwerk. Die eigentliche Arbeit im Rechner leistet der Prozessor zusammen mit dem Arbeitsspeicher.

Der Prozessor des Rechners kennt einige Grundoperationen, die Maschinenbefehle. Er beherrscht die Grundrechenarten, den Vergleich von Zahlen und die bedingte Ausführung von Maschinenbefehlen. Alle Maschinenbefehle des Prozessors sind ihrerseits auch nur durch Zahlen festgelegt. Würde man ein Programm so schreiben, dass es der Prozessor direkt bearbeiten kann, müsste man es als eine Abfolge von Zahlen formulieren.

```
01010000 01010011
11101000 11111110
00000011 00000000
00111011 11000011
10100011 00100000
10011000 10011100
00110000 00001111
```

4 *Ausschnitt aus einem Maschinenprogramm (in Binärschreibweise)*

L1

Direkt mit Maschinenbefehlen zu programmieren wäre sicher umständlich und aufwendig. Deshalb hat man **Programmiersprachen** erfunden, die Anweisungen in einer Schreibweise zur Verfügung stellen, die für uns Menschen wesentlich leichter zu verstehen und zu handhaben ist. Der Programmierer erstellt den Programmtext mit den in der Programmiersprache festgelegten Wörtern (Schlüsselwörter) und nach vorgegebenen Regeln dieser Sprache (der **Syntax**). In der Sprache RobotKarol wird, wie in Abbildung 2 ersichtlich, eine Wiederholung mit fester Anzahl mit den drei Schlüsselwörtern `wieder-hole`, `mal` und `*wiederhole` formuliert. Als Regel für die Formulierung der Wiederholung gilt die Struktur wie in Abbildung 5, wobei für n eine Ganzzahl eingesetzt werden darf und für `Anweisungen` eine Sequenz von erlaubten Anweisungen in der Sprache RobotKarol.

```
wiederhole n mal
      Anweisungen
*wiederhole
```

5 *Syntax für Wiederholung in der Sprache RobotKarol*

Ein zur jeweiligen Programmiersprache gehöriges Hilfsprogramm, der › Compiler, übersetzt diesen Programmtext in ein für den Prozessor abarbeitbares Maschinenprogramm. Jedes Mal, wenn eine Änderung am Programmtext vorgenommen wird, muss ihn zuerst der Compiler übersetzen, bevor man die neue Version des Programms starten kann.

› engl. to compile: etwas erstellen

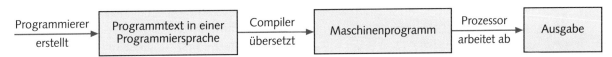

6 *Ablauf der Programmierung*

?

Welche Programmiersprachen kennst du dem Namen nach? In welchem Zusammenhang sind sie dir begegnet?

Die dir bereits bekannten Programmiersprachen (z. B. RobotKarol, SQL) sind für den neuen Lehrstoff bei Weitem nicht mächtig genug. Viele Programmiersprachen wären im Prinzip zweckmäßig, darunter auch die Sprache **Java**. Sie wird in diesem Buch verwendet, weil sie für die Umsetzung der objektorientierten Modellierung bestens geeignet und auf vielen Betriebssystemen einsetzbar ist. Wir werden die für den Stoff dieser Jahrgangsstufe wesentlichen Sprachelemente Stück für Stück behandeln, sofern sie zur Bearbeitung der Aufgabenstellung erforderlich sind. Dabei ist es nicht das Ziel, die Programmiersprache Java auswendig zu lernen, sondern das Prinzip und die Möglichkeiten einer Programmiersprache im Allgemeinen zu verstehen.

Entscheidender Teil der Arbeit ist im ersten Schritt immer die Modellierung der Aufgabenstellung unter Verwendung der Modellierungstechniken. Wenn bei der Umsetzung in den Programmtext bestimmte Anweisungen nicht bekannt sind, dann schlägt man in der Dokumentation zu der Programmiersprache nach. Mit zunehmender Routine werden die wesentlichen Anweisungen und Kontrollstrukturen schnell geläufig.

Theoretisch könnte man den Programmtext mit einem einfachen Textverarbeitungsprogramm in der gewählten Programmiersprache erstellen und dann vom Compiler in ein ablauffähiges Programm übersetzen lassen. In der Praxis verwendet man aber eine sogenannte **Entwicklungsumgebung**. Dieses Werkzeug unterstützt die Erstellung des Programmtextes, indem sie zum Beispiel Fehler in der Schreibweise sofort bei der Eingabe kenntlich macht. Bei der Verwendung von RobotKarol wurde eine Entwicklungsumgebung für diese Sprache benutzt. Für die Umsetzung der objektorientierten Modellierung in die Sprache Java ist eine Entwicklungsumgebung mit den folgenden Möglichkeiten wünschenswert:

• Texteditor zum Erfassen des Programmtextes mit Hervorhebung der richtigen Schreibweise,
• direktes Übersetzen (Compilieren) des Programmtextes in der Entwicklungsumgebung,
• direkter Aufruf des fertig übersetzten Programms aus der Entwicklungsumgebung heraus,
• Darstellung der verwendeten Klassen in einer Art Klassendiagramm,
• direktes Erzeugen einzelner Objekte, Betrachten ihrer aktuellen Attributwerte, Direktaufruf ihrer Methoden.

 Es gibt wenige Entwicklungsumgebungen, die diese Forderungen erfüllen. Wir verwenden die Entwicklungsumgebung BlueJ, die speziell für den Lehrbereich entwickelt wurde.

Komplexe Arbeitsaufträge

In der Praxis sind Arbeitsaufträge, die mit Mitteln der Informatik gelöst werden, meist so komplex, dass sie nicht auf Anhieb überschaubar sind. Nicht nur Wissen aus der Informatik, sondern auch themenorientierte Kenntnisse sind zur Analyse und Bearbeitung erforderlich. Der Informatiker muss sich genauestens über den Themenbereich der Aufgabenstellung kundig machen. Die Modellierungstechniken erlauben es dann, systematisch Struktur in das komplexe System zu bringen.

In diesem Buch wird an einigen Projekten aus der Praxis gearbeitet und dabei das Fachwissen zur Informatik zunehmend vertieft. Die erste Aufgabenstellung, die uns in den Anfangskapiteln des Buches

7 *Verkehrskreuzung*

begleiten wird, ist ein Verkehrsproblem der Gemeinde Infohausen. An der Hauptkreuzung der Stadt kommt es immer wieder zu Verkehrsstaus. Der Stadtrat beschließt Maßnahmen zu ergreifen, um den Verkehrsfluss an der Kreuzung zu optimieren. Neben eventuellen baulichen Umgestaltungen ist es das Ziel, eine optimale Schaltung der Ampelphasen zu finden, die den Verkehrsfluss deutlich verbessert. Es soll eine Software in Auftrag gegeben werden, die die Situation an der Kreuzung simuliert und mit der sich der Einfluss der Ampelschaltung auf den Verkehrsfluss überprüfen lässt. Selbstverständlich sollte diese Software auch auf die anderen Straßenkreuzungen der Gemeinde anwendbar sein.

Nach einer europaweiten Ausschreibung bekommt die Firma SimSoftLab den Zuschlag. Ein Projekt dieser Größe kann eine Person nicht allein bearbeiten. SimSoftLab hat aus diesem Grund mehrere Teams von Mitarbeitern, die für verschiedene Teile des Projekts zuständig sind. Vom Projektmanagement wird die Arbeit der Teams koordiniert.

Diese Personen werden uns im Weiteren begleiten:

Team	Mitglieder	Aufgabenschwerpunkt
1	Ulli Modellix; Birgit Fiergerber	Projektmanagement und Firmenleitung; der Kundenkontakt läuft über die beiden
2	Peter Cody; Jenni Zirbnich	Aufbau der Kreuzungssteuerung
3	Ali Chwarizmi; Heidrun Namweiden	steigen erst bei einem späteren Projekt ein
4	Klaus van Dijkstran; Barbara Leidorn	Fahrverhalten der verschiedenen Fahrzeugarten

Bevor die Mitarbeiter zu programmieren anfangen, müssen sie sich über die vorgegebene Situation ganz genau kundig machen. In Workshops informieren sich die für die Konzeption zuständigen Mitarbeiter von SimSoftLab bei der Gemeinde über die Anforderungen an das Programm und über die Verkehrssituation in der Gemeinde. Dann erstellen sie ein Pflichtenheft, in dem die Leistungsfähigkeit des Programms festgehalten wird und das die Grundlage der weiteren Entwicklung bildet.

Die Mitarbeiter analysieren das vorhandene reale System und bilden sich ein Modell von der echten Situation. Ihre Arbeit durchläuft einen typischen **Modellbildungsprozess** (s. Merkkasten auf Seite 6):

① Zuerst wird das zu bearbeitende System gegen die Umgebung abgegrenzt. Man beschränkt sich auf die zu untersuchende Kreuzung und ignoriert andere Umgebungseinflüsse wie die Kreuzungen in der Nachbarschaft, die Höhe der Kreuzung über dem Meeresspiegel, die Windstärke oder den Abfahrtsort der Autos.

② Nicht alle Aspekte der realen Verkehrskreuzung werden im Modell ihren Widerhall finden. So spielt es keine Rolle, welche Häuser am Straßenrand stehen, es ist nicht von Bedeutung, ob die Gehsteige gepflastert sind, das Warteverhalten der Fußgänger und vieles mehr wird ebenfalls ignoriert. Dagegen ist es sicher wichtig, welche Form die Kreuzung hat (Kreuzform, T-Form, schräge Einmündung). Man einigt sich mit dem Auftraggeber, nur Kreuzungen in Kreuzform zu bearbeiten.

8 *Verkehrszähler bei der Arbeit*

Entscheidend für die spätere Ampelsteuerung wird die Information sein, welche und wie viele Kraftfahrzeuge in einer bestimmten Zeitspanne auf die Kreuzung zufahren. Bei dieser Zählung ist aber sicher nicht von Belang, dass eines der Fahrzeuge Herrn Huber gehört und dass es exakt um 17:04:12 Uhr in die Kreuzung eingefahren ist. Man beschränkt sich bei den gezählten Autos auf einige wesentliche Eigenschaften und deren Werte. Die Farbe der Autos spielt sicher keine Rolle, ebenso wenig die Fahrzeugmarke. Man idealisiert die Eigenschaften und das Verhalten der vorhandenen Objekte.

③ Später im Programm werden die Autos in der Grafik der Kreuzung nur noch als farbige Rechtecke dargestellt, die sich gleichmäßig über den Bildschirm bewegen. Die Fahrbahnränder werden durch Linien und die Ampeln als drei farbige Kreise in einem Rechteck gezeichnet.

④ Die Objekte werden im Rahmen der Modellierung nicht einzeln beschrieben, sondern man fasst diejenigen zusammen, die im Wesentlichen gleiche Eigenschaften haben und sich gleich verhalten. Die Objekte werden Klassen zugeordnet und es wird ein Klassendiagramm erstellt.

Es entsteht ein erstes Diagramm von der Situation an der Kreuzung:

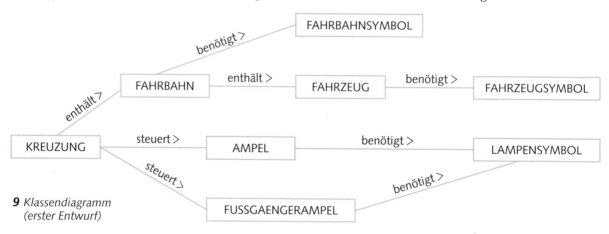

9 *Klassendiagramm (erster Entwurf)*

I Objekte und Klassen

1 Objektorientierte Konzepte im Rückblick

In diesem Kapitel werden die wesentlichen Grundbegriffe zur objektorientierten Modellierung wiederholt. Zur Umsetzung der Beispiele wird ein geeignetes Projekt benötigt, das im Internet zur Verfügung steht.

Grafikklassen

Im Anfangsunterricht wurde mit Grafikdokumenten gearbeitet. Ein Grafikdokument enthält viele Figuren: Rechtecke, Linien, Kreise, Dreiecke, Ellipsen, … Die objektorientierte Modellierung betrachtet diese einzelnen Figuren als Objekte mit Merkmalen (Attributen) und Fähigkeiten (Methoden).

Erstellen eines Grafikdokuments bedeutet: einzelne Objekte erzeugen und anschließend ihre Attributwerte verändern. Zur Erzeugung der Objekte dienen als Vorlagen Klassen, die genau festlegen, welche Attribute und welche Methoden das neu erzeugte Objekt haben wird. Deshalb haben alle Objekte einer Klasse dieselben Attribute und dieselben Methoden, die Attribut*werte* können jedoch von Objekt zu Objekt verschieden sein.

1 Grafikdokument

> Welche Klassen werden benötigt, um Objekte für das einfache Grafikdokument in Abbildung 1 erzeugen zu können? Welche Attribute müssen diese zumindest aufweisen?

Für die Objekte in Abbildung 1 braucht man die drei Klassen KREIS, RECHTECK und DREIECK, wobei die Klasse DREIECK in diesem einfachen Fall nur gleichschenklige Dreiecke beschreibt. Die Struktur einer Klasse lässt sich im Klassendiagramm grafisch übersichtlich mit einem Rechteck darstellen. Es muss jeweils einen ❯ Bezeichner für die Klasse, für jedes Attribut und für jede Methode enthalten. Wir vereinbaren aus Gründen der Übersichtlichkeit: Die Klassennamen werden nur mit Großbuchstaben geschrieben und Bezeichner von Attributen mit Kleinbuchstaben. Namen von Methoden beginnen mit Großbuchstaben, denen ein Kleinbuchstabe folgt (siehe Abbildung 9). In diesem Buch werden Methodenbezeichner im Text kursiv geschrieben, beispielsweise *MittelpunktSetzen*. Zur Vermeidung von Problemen verwenden wir bei allen Bezeichnern niemals Umlaute.

❯ „Bezeichner" ist gleichwertig mit „Name".

KLASSENNAME
Bezeichner aller Attribute
Bezeichner aller Methoden

2 Klassendiagramm einer Klasse

objektname: KLASSE
attributname1 = WertA attributname2 = WertB …

3 Objektdiagramm

Als grafische Symbole für Objekte verwenden wir abgerundete Rechtecke, die den Objektnamen (optional auch die Klasse des Objekts) und die Attribute mit ihren Werten enthalten. Die Methoden werden meist nicht aufgelistet, da sie für alle Objekte einer Klasse gleich sind. Objektnamen beginnen in diesem Buch, zur Unterscheidung von Klassenbezeichnern, immer mit Kleinbuchstaben.

> Wie kann man angeben, wo die Symbole für die Objekte auf der Zeichenfläche erscheinen sollen? Was muss man zusätzlich zu den Koordinatenangaben vereinbaren, damit die Lage eindeutig wird?

Alle Objekte der drei Klassen benötigen als Attribute die Position und die Füllfarbe. Bei der Position muss man sich einigen, welche Stelle des Objekts damit festgelegt ist. Bei Objekten der Klasse KREIS bietet sich der Mittelpunkt an, für Objekte der Klasse RECHTECK ist die linke obere Ecke günstig und für Objekte der Klasse DREIECK die Spitze. Die Größe des Symbols auf der Zeichenfläche wird bei Objekten der Klasse KREIS durch den Radius und bei Objekten der Klassen RECHTECK und DREIECK durch Breite und Höhe festgelegt.

KREIS
mittelpunktX
mittelpunktY
radius
fuellfarbe
sichtbar

RECHTECK
positionX
positionY
breite
hoehe
fuellfarbe
sichtbar

DREIECK
positionX
positionY
breite
hoehe
fuellfarbe
sichtbar

4 Klassendiagramme (nur Attribute)

Objekte erzeugen

Abbildung 5 zeigt das Klassendiagramm im Fenster der Entwicklungsumgebung.

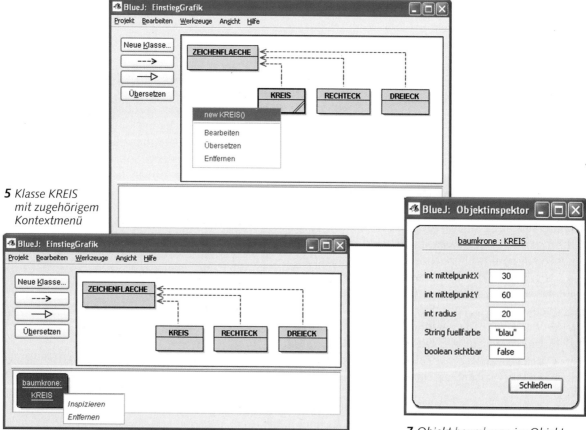

5 Klasse KREIS mit zugehörigem Kontextmenü

6 Objekt baumkrone in der Objektanzeige

7 Objekt baumkrone im Objektinspektor

Zur Erstellung eines Grafikdokuments müssen einzelne Objekte erzeugt werden, basierend auf der Beschreibung der zugehörigen Klasse. Man sagt auch, es wird eine neue **Instanz** (Ausprägung, Exemplar) der Klasse angelegt (**instanziert**).

Mit den Möglichkeiten der Entwicklungsumgebung lässt sich ein Objekt der Klasse KREIS direkt erstellen, wobei es einen eindeutigen Bezeichner bekommt, in diesem Fall wählen wir baumkrone. Das neu geschaffene Objekt wird in der Objektanzeige der Entwicklungsumgebung abgebildet (Abb. 6).

Über den Objektinspektor, ein Hilfswerkzeug der Entwicklungsumgebung, lassen sich die Attributwerte eines Objekts betrachten, in diesem Beispiel die des Objekts baumkrone (Abb. 7).

Woher kommen die Attributwerte für das Objekt baumkrone? Welche Attributwerte hätte ein weiteres Objekt der Klasse KREIS sofort nach der Erzeugung?

?

Beim Erzeugen eines Objekts einer Klasse werden die Attribute mit vorgegebenen Werten belegt, den ❭ Defaultwerten. Diese Defaultwerte kann der Programmierer festlegen. Wie dies funktioniert, ist vorerst nicht wesentlich und wird im Kapitel 3 behandelt.

❭ engl. in default of: wegen des Fehlens

Die Objekte der Klassen KREIS, RECHTECK und DREIECK benötigen zu ihrer Zeichnung die Hilfe eines anderen Objekts, das in der Lage ist, die passenden Grafiksymbole mit den gewünschten Eigenschaften auf einer Zeichenfläche anzuzeigen. In unserem Beispiel wird dies durch ein Objekt der Klasse ZEICHENFLAECHE realisiert. Dass Objekte der Klassen KREIS, RECHTECK und DREIECK zu ihrer Arbeit ein Objekt der Klasse ZEICHENFLAECHE benutzen, wird im Klassendiagramm der Entwicklungsumgebung durch gestrichelte Pfeile angezeigt (siehe Abb. 5).

Methoden verwenden

Eine blaue Baumkrone ist wohl nicht das, was wir haben wollen, die Füllfarbe muss also geändert werden. Die Objekte benötigen Methoden, mit denen man die Attributwerte verändern kann. Für Objekte der Klasse KREIS werden die Methoden *MittelpunktSetzen*, *RadiusSetzen* und *FarbeSetzen* erforderlich sein. Methoden, die nur zum Setzen bestimmter Attributwerte eines Objekts dienen, werden im Programmierjargon oft als **Setzmethoden** (Settermethoden) bezeichnet.

8 *blauer Kreis*

Die meisten Methoden benötigen beim Aufruf zusätzliche Informationen, damit sie ihre Arbeit machen können. Bei den Setzmethoden sind dies die Informationen über die neuen Attributwerte.

Die Methoden von Objekten entsprechen den Funktionen aus der funktionalen Modellierung, die zusätzlichen Informationen entsprechen den Parametern. Bei der Definition einer Methode werden die formalen Eingangsparameter mit eindeutigen Bezeichnern und dem erlaubten Datentyp festgelegt.

Die Methode *MittelpunktSetzen* der Klasse KREIS benötigt zum Beispiel zwei Parameter, einen für die x-Position des Mittelpunkts, den anderen für die y-Position.

DREIECK
positionX
positionY
breite
hoehe
fuellfarbe
sichtbar
PositionSetzen(neuesX, neuesY)
GroesseSetzen(neueBreite, neueHoehe)
FarbeSetzen(neueFarbe)
Zeichnen()
Loeschen()

RECHTECK
positionX
positionY
breite
hoehe
fuellfarbe
sichtbar
PositionSetzen(neuesX, neuesY)
GroesseSetzen(neueBreite, neueHoehe)
FarbeSetzen(neueFarbe)
Zeichnen()
Loeschen()

KREIS
mittelpunktX
mittelpunktY
radius
fuellfarbe
sichtbar
MittelpunktSetzen(neuesX, neuesY)
RadiusSetzen(neuerRadius)
FarbeSetzen(neueFarbe)
Zeichnen()
Loeschen()

9 *Klassendiagramme (Attribute und Methoden)*

Die Klassen DREIECK und RECHTECK sehen völlig identisch aus.
Die Unterschiede liegen im „Inneren" ihrer Methoden! Die Methoden *Zeichnen* der Klassen RECHTECK und DREIECK werden mit Sicherheit unterschiedlich sein.

 W2 Aus der Objektanzeige der Entwicklungsumgebung können die Setzmethoden des Objekts baumkrone direkt (über das Kontextmenü) aufgerufen und damit die Attributwerte auf die gewünschten Werte gesetzt werden.

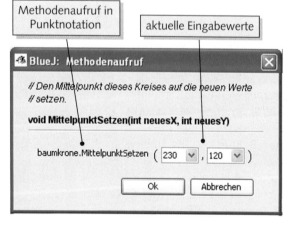

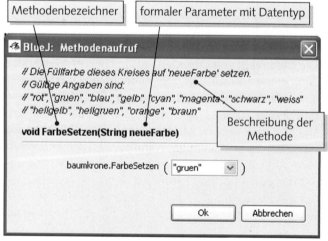

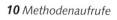
10 *Methodenaufrufe*

Mit dem Klick auf die Schaltfläche „Ok" im Fenster Methodenaufruf (Abbildung 10) wird eine Botschaft an das Objekt baumkrone geschickt und damit die entsprechende Methode des Objekts aufgerufen. Beim Aufruf der Methode werden die formalen Eingangsparameter durch die aktuellen Eingabewerte ersetzt. Damit hat die Methode die nötigen Informationen und die Berechnungen und Anweisungen innerhalb der Methode können mit den aktuellen Werten ausgeführt werden.

Die Setzmethode *MittelpunktSetzen* hat keinen Ausgabewert, weshalb im Datenflussdiagramm von Abbildung 11 der Ausgabepfeil durchgestrichen ist.

Wichtig ist die Tatsache, dass eine Methode eines Objekts von sich aus keine Aktion ausführt. Erst wenn das Objekt eine entsprechende Botschaft bekommt, wird die zugehörige Methode ausgeführt.

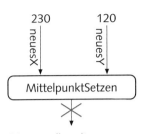

11 *Datenflussdiagramm für den Aufruf der Methode MittelpunktSetzen*

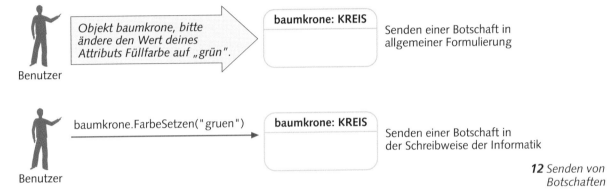

Senden einer Botschaft in allgemeiner Formulierung

Senden einer Botschaft in der Schreibweise der Informatik

12 *Senden von Botschaften*

Damit bei einer Attributwertänderung die Darstellung im Grafikdokument angepasst wird, muss die Setzmethode eine Botschaft an die Zeichenfläche schicken mit der Bitte, die Grafiksymbole entsprechend anzupassen.

13 *Senden von Botschaften, auch zwischen Objekten*

Datentypen

Wie bei den Tabellenkalkulationssystemen ist für die Parameter einer Methode festzulegen, von welcher Art die Eingabewerte sein dürfen. Jeder Eingangsparameter hat einen definierten Datentyp. Ebenso wird für die Attribute der Objekte genau festgelegt, von welcher Art die Attributwerte sein dürfen; das heißt, auch sie haben einen Datentyp.

Aus der funktionalen Modellierung sind bei Tabellenkalkulationssystemen die Datentypen Zahl, Text, Zeitangabe und Wahrheitswert bekannt. Bei den Datenbanken kommen z. B. die Datentypen Varchar, Int, Float, Decimal und Date zum Einsatz.

Jede Programmiersprache hat ihre eigenen erlaubten Datentypen; vor allem bei den Zahlen wird fein unterteilt, z. B. in Ganzzahlen und Kommazahlen mit unterschiedlichen Wertebereichen. Die wichtigsten Datentypen der Sprache Java finden sich umseitig:

Für die Füllfarben der Grafikobjekte gibt es in unserem Beispiel noch eine Einschränkung des Wertebereichs (Abb. 10, rechts).

Wie die Funktionen bei der funktionalen Modellierung können auch die Methoden der Objekte einen Ausgabewert haben, auch Rückgabewert genannt. Der Datentyp des Rückgabewertes wird bei der Definition der Methode festgelegt. Die Setzmethoden in unserem Beispiel haben keinen Rückgabewert, was durch die Angabe ❭ void gekennzeichnet ist (siehe Abbildung 10).

Datentyp	Wertebereich
int	ganze Zahlen
float	Kommazahlen
boolean	Wahrheitswert
String	Zeichenfolge
char	einzelnes Zeichen

❭ engl. void: nichtig, ungültig

Sequenz von Methodenaufrufen

Jetzt soll mit Objekten der Klassen KREIS, RECHTECK und DREIECK ein Grafikdokument mit dem Aussehen wie in Abbildung 14 entstehen.

? Welche Objekte von welchen Klassen sind zur Erstellung dieses Grafikdokuments erforderlich? Welche Methodenaufrufe sind zur Gestaltung nötig? Wie können die Methodenaufrufe sinnvoll notiert werden?

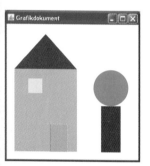

14 *Haus mit Baum*

Dieses Grafikdokument lässt sich, wenn auch sehr aufwendig, durch direktes Erzeugen der Objekte in der Entwicklungsumgebung und anschließendes Aufrufen der Methoden mit den geeigneten Parameterwerten erzeugen. Um diese ganze Abfolge zu dokumentieren, verwenden wir die **Punktschreibweise** für Methodenaufrufe. Es empfiehlt sich, zuerst einen Entwurf der Abbildung auf Papier anzufertigen, anhand dessen man sich die Koordinaten der Objekte überlegt.

Ablauf zur Erstellung des Grafikdokuments in einer allgemeinen Schreibweise:

```
Erzeuge ein neues Objekt der Klasse KREIS mit dem Namen baumkrone;
baumkrone.MittelpunktSetzen(230,120);
baumkrone.RadiusSetzen(40);
baumkrone.FarbeSetzen("gruen");

Erzeuge ein neues Objekt der Klasse RECHTECK mit dem Namen baumstamm;
baumstamm.PositionSetzen(210,160);
baumstamm.GroesseSetzen(40,100);
baumstamm.FarbeSetzen("braun");

Erzeuge ein neues Objekt der Klasse RECHTECK mit dem Namen haus;
haus.PositionSetzen(20,80);
haus.GroesseSetzen(140,180);
haus.FarbeSetzen("hellgruen");

Erzeuge ein neues Objekt der Klasse RECHTECK mit dem Namen fenster;
fenster.PositionSetzen(50,100);
fenster.GroesseSetzen(30,30);
fenster.FarbeSetzen("gelb");

Erzeuge ein neues Objekt der Klasse RECHTECK mit dem Namen tuere;
tuere.PositionSetzen(100,200);
tuere.GroesseSetzen(40,60);
tuere.FarbeSetzen("orange");

Erzeuge ein neues Objekt der Klasse DREIECK mit dem Namen dach;
dach.PositionSetzen(90,20);
dach.GroesseSetzen(140,60);
dach.FarbeSetzen("rot");
```

Führt man alle Methodenaufrufe durch, erhält man ein Grafikdokument wie in Abbildung 14. Beim Schließen des Projekts bzw. der Entwicklungsumgebung geht das Bild jedoch verloren. Bei einem Neustart der Entwicklungsumgebung müsste man diese Vorgänge noch einmal einzeln nachvollziehen, um das Grafikdokument erneut zu erstellen. In Kapitel 4 wird vorgestellt, wie man diese Folge von Anweisungen in der Programmiersprache Java formuliert und dann abspeichert, um sie ohne Aufwand später wieder aufrufen zu können.

4

Algorithmus

Durch die Abfolge der Anweisungen haben wir einen Algorithmus zum Erzeugen des Grafikdokuments beschrieben. Unter einem **Algorithmus** versteht man eine Verarbeitungsvorschrift, die durch eine endliche Folge von elementaren, eindeutigen und ausführbaren Anweisungen festgelegt ist.

Eine Folge nacheinander auszuführender Anweisungen bezeichnet man als **Sequenz**. Bei komplexen Vorgängen sind zur Steuerung des Ablaufs neben der Sequenz weitere **Kontrollstrukturen** erforderlich. Kontrollstrukturen können beliebig ineinander geschachtelt werden. Im Anfangsunterricht Informatik wurden folgende Kontrollstrukturen behandelt:

- einseitige Auswahl: Wird verwendet, um eine Sequenz abhängig von einer Bedingung auszuführen („wenn – dann").
- zweiseitige Auswahl: Wird verwendet, um abhängig von einer Bedingung eine von zwei verschiedenen Sequenzen auszuführen („wenn – dann – sonst").
- Wiederholung mit fester Anzahl: Wird verwendet, wenn eine Sequenz mehrmals ausgeführt werden soll und die Anzahl der Wiederholungen feststeht („wiederhole n mal").
- Wiederholung mit (Anfangs-)Bedingung: Wird verwendet, wenn eine Sequenz mehrmals ausgeführt werden soll, solange eine Bedingung wahr ist. Die Überprüfung der Bedingung erfolgt zu Beginn jedes Wiederholungsdurchlaufs, sodass die Sequenz innerhalb der Wiederholung in Abhängigkeit von der Bedingung gar nicht, einmal oder mehrfach abgearbeitet wird („wiederhole solange gilt").

In den folgenden Kapiteln werden wir zum Beispiel den Ablauf der Methoden durch Algorithmen definieren.

Aufgaben

Für die Aufgaben 1 und 2 wird das Grafik-Beispielprojekt aus diesem Kapitel benötigt. Schreibe jeweils zuerst die Sequenz der erforderlichen Methodenaufrufe in einer allgemeinen Schreibweise auf. Dann sollst du durch direktes Erzeugen (Instanzieren) von Objekten und direktes Aufrufen von Methoden in der Entwicklungsumgebung die jeweiligen Grafikdokumente erstellen.

1 **Haus und Baum**
  a Erstelle ein Grafikdokument wie in Abbildung 14.
  b Erstelle ein Grafikdokument mit einem einfachen Baum (ähnliches Aussehen wie in Abb. 14, aber etwas größer). Der Baum soll zusätzlich zwei rote Äpfel haben.
  c Ändere deine Methodenaufrufe von Aufgabe b) so ab, dass der Baum ein „herbstliches" Aussehen bekommt.

2 **Ampel**
  Erstelle ein Grafikdokument (Abbildung 15) für eine einfache Ampel (Rechteck), die drei Lampen (Kreise) enthält, die alle leuchten.

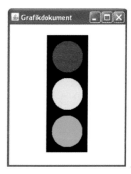

15 Ampel

17

3 Nicht alles geht auf Anhieb

16 Kunstwerk

a Welche Methode ist bei welcher Klasse zusätzlich erforderlich, damit das Grafikdokument aus Abbildung 16 erstellt werden kann?

b Schreibe in allgemeiner Form die Methodenaufrufe auf, die zum Erzeugen dieser Grafik erforderlich sind (unter Verwendung der neuen Methode von Teilaufgabe a).

Aufgaben – Grundwissen

Für die Grundwissensaufgaben sind Kenntnisse aus dem Informatikunterricht der Vorjahre als Grundlage für den Stoff dieses Jahres erforderlich. Informiere dich in Schulbüchern der Vorjahre oder im Internet, falls dir die Begriffe nicht mehr geläufig sind.

4 Objekte haben in der Informatik eine große Bedeutung

a Erkläre mit allgemeinen Worten die Begriffe Klasse, Methode, Attribut, Instanzieren, Objekt, Attributwert, Methodenaufruf, Punktnotation.
Verwende kurze, prägnante Sätze, die den Sachverhalt treffen.

b Verwende Gegenstände aus einem Klassenzimmer zur Erläuterung der Begriffe.

5 Klassen bringen Ordnung

In einer Datenbank soll die Schulbibliothek verwaltet werden.

a Erstelle ein Klassendiagramm der Bibliotheksverwaltung mit den erforderlichen Klassen (ohne Attribute, nur Klassennamen), den Beziehungen und den Kardinalitäten der Beziehungen. Benutze die im Informatikunterricht erlernte grafische Darstellungsform.

b Beschreibe die Kardinalitäten 1:1, 1:n, n:1, m:n für Beziehungen in einer allgemeinen Formulierung. Gib für jede Kardinalität ein Beispiel aus dem Alltag an.

6 Abläufe formulieren

Beschreibe mit einem umgangssprachlich formulierten Algorithmus den Vorgang des Telefonierens mit einem Handy (nur ein Einzelgespräch). Gehe von der Situation aus, dass das Handy ausgeschaltet ist. Verwende bei der Beschreibung jede Kontrollstruktur mindestens einmal. Ebenso sollten die Kontrollstrukturen an den erforderlichen Stellen geschachtelt werden, wobei geeignete Texteinrückungen bei der Schreibweise hilfreich sind.

7 Karten sortieren

Die 52 Karten eines Bridgespieles sollen in aufsteigender Reihenfolge (2, 3, 4, 5, 6, 7, 8, 9, 10, Bube, Dame, König, Ass) und in aufsteigender Farbfolge (Karo, Herz, Pik, Kreuz) nach folgendem Verfahren sortiert werden:

– Bilde vier Stapel in den vier Farben!

– Nimm jeweils den Stapel mit der niedrigsten Farbe und sortiere nach Zahlwerten, indem du jeweils die kleinste Karte aus dem Stapel nimmst und auf den Zielstapel legst!

Formuliere mit den Kontrollstrukturen „wenn – dann – sonst", „wiederhole solange" und „wiederhole n mal" den oben angedeuteten Algorithmus genauer!

2 Zustand eines Objekts

Vielen wird aus dem Anfangs-unterricht noch die kleine Roboter-figur Karol bekannt sein. Wir ver-wenden hier die Version JavaKarol, die in der Java-Entwicklungsumge-bung einsetzbar ist.

Es werden zwei Klassen benötigt. Eine Klasse ROBOTER mit allen Fähigkeiten der kleinen Roboterfi-gur und eine Klasse WELT, die den Raum verwaltet, in dem die Robo-terfigur sich bewegt und arbeitet. Die Klasse WELT ist auch für die grafische Darstellung der Roboter-

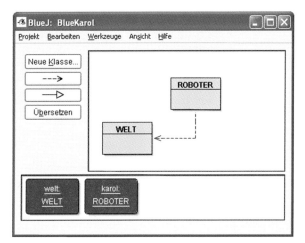

1 Projekt BlueKarol in der Entwicklungsumgebung

figur und der Welt zuständig. Es muss immer erst ein Objekt der Klasse WELT erzeugt werden und dann ein Objekt der Klasse ROBOTER. Beim Anlegen des Objekts der Klas-se ROBOTER wird gefragt, in welchem Objekt der Klasse WELT die Roboterfigur lebt. In Abbildung 1 gibt es ein Objekt karol der Klasse ROBOTER, das in der Welt welt lebt.

Welche Attribute und Methoden hat die Klasse ROBOTER?

Die Klasse ROBOTER hat die Attribute positionX, positionY und blickrichtung. Die Blick-richtung wird durch die Himmelsrichtungen angegeben, wie sie aus Abbildung 3 ersicht-lich sind. Die Werte dieser Attribute können sich verändern, wenn Karol sich bewegt. Er kann durch Aufruf der Methode *Schritt* einen Schritt nach vorne gehen. Dabei ändert sich der Wert des Attributs positionX bzw. positionY, je nach Blickrichtung. Er kann sich durch Aufruf der Methoden *RechtsDrehen* bzw. *LinksDrehen* nach rechts oder links drehen. Dabei verändert sich der Wert des Attributs blickrichtung. Allerdings kennt das Objekt karol keine Methoden zum direkten Setzen der Attributwerte wie *BlickrichtungSetzen* oder *PositionSetzen*. Die Attribute positionX und positionY haben den Datentyp Ganzzahl und können Werte zwischen 1 und Breite bzw. Länge der Welt annehmen, in der der Robo-ter lebt. Für das Attribut blickrichtung sind nur die Werte 'N', 'W', 'S' und 'O' möglich.

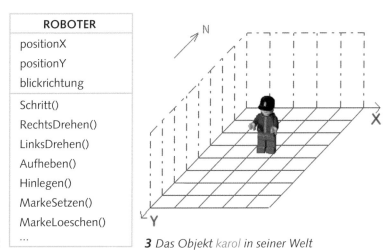

ROBOTER
positionX
positionY
blickrichtung
Schritt()
RechtsDrehen()
LinksDrehen()
Aufheben()
Hinlegen()
MarkeSetzen()
MarkeLoeschen()
...

2 Die Klasse ROBOTER

3 Das Objekt karol in seiner Welt

Je nach seiner aktuellen Position und seiner aktuellen Blickrichtung hat Karol einen anderen **Zustand**. Betrachten wir drei Situationen:

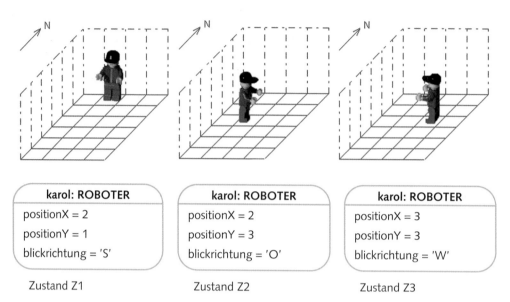

karol: ROBOTER
positionX = 2
positionY = 1
blickrichtung = 'S'

Zustand Z1

karol: ROBOTER
positionX = 2
positionY = 3
blickrichtung = 'O'

Zustand Z2

karol: ROBOTER
positionX = 3
positionY = 3
blickrichtung = 'W'

Zustand Z3

4 *Drei Zustände für* karol

Durch die Änderung der Attributwerte ändert sich der Zustand des Objekts karol. Stimmen in zwei Situationen alle drei Attributwerte überein, so befindet es sich im selben Zustand.

In der Informatik wird der Begriff Zustand wie folgt definiert:

Der Zustand eines Objekts wird durch die Gesamtheit der Werte aller seiner Attribute festgelegt. Ein Objekt ändert seinen **Zustand**, wenn sich der Wert mindestens eines seiner Attribute ändert; man sagt, es vollzieht einen **Zustandsübergang**.

Auch für Grafikobjekte wie in Abbildung 1 von Kapitel 1 lässt sich über die Attributwerte eindeutig ein Zustand festlegen. Haben aber zufällig zwei Objekte aus zwei unterschiedlichen Klassen dieselben Attribute mit denselben Attributwerten, so sind diese Objekte dennoch nicht im selben Zustand!

Zwei Objekte verschiedener Klassen können nie im gleichen Zustand sein.

? In der Abbildung 4 sind die Zustände Z1 und Z2 dargestellt. Wie kann man Karol vom ersten in den zweiten Zustand überführen?

Durch den Aufruf von Methoden, die die Attributwerte ändern, kann man ein Objekt von einem in einen anderen Zustand überführen. Um Karol in Abbildung 4 vom Zustand Z1 in den Zustand Z2 zu überführen, sind zum Beispiel die folgenden Methodenaufrufe erforderlich:

```
karol.Schritt()
karol.Schritt()
karol.LinksDrehen()
```

Dazwischen nimmt das Objekt karol zwei Zwischenzustände ein. Im Laufe einer Aufgabenstellung wird sich Karol durch die Welt bewegen und dabei eine Reihe von Zuständen annehmen. Meist wird er dabei aber nicht alle theoretisch möglichen Zustände einnehmen.

Wie viele Zustände sind für ein Objekt karol in einer Welt der Breite n und der Länge m theoretisch möglich?

Für das Attribut positionX gibt es n mögliche unterschiedliche Werte, für das Attribut positionY sind es m und für die Blickrichtung 4. Also sind theoretisch insgesamt n*m*4 verschiedene Zustände möglich.
Die Menge aller theoretisch möglichen Zustände nennt man **Zustandsraum**.

> Der **Zustand** eines Objekts wird durch die Gesamtheit der Werte aller seiner Attribute festgelegt. Durch das Ändern von Attributwerten ändert sich der Zustand, das Objekt vollzieht einen **Zustandsübergang**.

Aufgaben

Zur Bearbeitung der Aufgaben 1 bis 3 und von Aufgaben in späteren Kapiteln ist die Java-Bibliothek JavaKarol erforderlich. Deshalb musst du zuerst JavaKarol für die Erstellung von Programmen mit der Entwicklungsumgebung verfügbar machen, entsprechend den Angaben im Werkzeugkasten.
Verwende für die Aufgaben 1 bis 3 das Beispiel-Projekt BlueKarol. Erstelle zuerst durch Aufruf von new WELT(int breite, int laenge, int hoehe) im Kontextmenü ein Objekt der Klasse WELT mit geeigneter Größe und dann mit new ROBOTER(WELT inWelt) ein Objekt der Klasse ROBOTER, das in dieser Welt arbeitet. Siehe auch Abbildung 1.

1 Auf zweierlei Wegen
   a Erstelle für die beiden Zustände Z1 und Z2 von karol jeweils ein Objektdiagramm.
   b Formuliere in einer allgemeinen Notation zwei verschiedene Sequenzen von Methodenaufrufen, die einen Übergang von Zustand Z1 nach Zustand Z2 bewirken.
   c Führe diese Sequenz von Methodenaufrufen in deiner Entwicklungsumgebung durch direktes Erzeugen von Objekten und direkten Aufruf von Methoden aus.

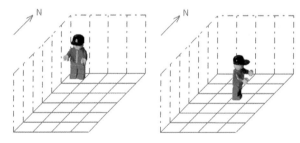

5 *karol im Zustand Z1 (links) und Zustand Z2*

2 Anders, aber doch nicht anders
   a Wieso ist, entsprechend der Klassendefinition von Abbildung 2, karol in der linken und der rechten Situation von Abbildung 6 im selben Zustand?
   b Welches Objekt befindet sich dann in einem anderen Zustand?
   c Welche Methodenaufrufe von karol sind nötig, damit das Objekt aus b) vom Zustand ‚BildLinks' in den Zustand ‚BildRechts' übergeführt wird?

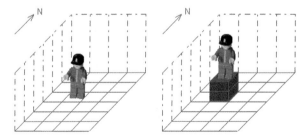

6 *Zwei verschiedene Situationen*

3 Zustände anderer verändern

a Formuliere in einer allgemeinen Notation eine Sequenz von Methodenaufrufen für karol, die für die Objekte karol und welt einen Übergang von den Zuständen ‚KarolLinks' und ‚WeltLinks' in die Zustände ‚KarolRechts' und ‚WeltRechts' bewirken.

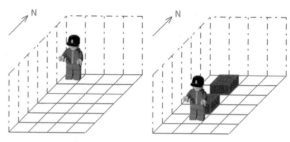

7 *karol und* welt *ändern sich.*

b Führe diese Sequenz von Methodenaufrufen in deiner Entwicklungsumgebung durch direktes Erzeugen von Objekten und direkten Aufruf von Methoden aus.

c Wie könnte man die Zustände ‚WeltLinks' und ‚WeltRechts' des Objekts welt umgangssprachlich formulieren?

4 Immer gleicher Endzustand

Beschreibe umgangssprachlich einen Algorithmus, der karol immer in den Grundzustand (Abbildung 7 links) bringt. Dieser Algorithmus sollte unabhängig vom Ausgangszustand von karol und von der Breite und der Länge der Welt sein, die keine Ziegel enthält.

Verwende für die Kontrollstrukturen allgemeine Formulierungen wie: „wenn – dann – sonst", „wiederhole solange" etc. Es steht die Bedingung „karol blickt nach Süden" zur Verfügung [Kurzschreibweise karol.IstSueden()].

5 Wo führt das hin?

Der Roboter karol befindet sich im Grundzustand: positionX = 1; positionY = 1; blickrichtung = 'S' (siehe Abbildung 7 links). In welchem Zustand befindet sich karol nach dem Ablauf des folgenden Algorithmus (in der Sprache RobotKarol):

```
wiederhole 4 mal
    karol.Schritt()
*wiederhole
wiederhole 2 mal
    karol.LinksDrehen()
    karol.Schritt()
    karol.Schritt()
*wiederhole
```

Beschreibe den Zustand durch die zugehörigen Attributwerte von karol.

6 Viele Zustände

a Welche Zustände hat ein portabler MP3-Player?

b Welche Zustände hat eine Armbanduhr mit digitaler Anzeige? Untersuche dies an einer Uhr in deiner Reichweite.

3 Klassen und Beziehungen

Im Rahmen der Modellierungsarbeit im Teil „Grundkonzepte der Informatik" entstand ein Klassendiagramm mit Beziehungen. Schrittweise müssen nun die einzelnen Klassendiagramme verfeinert und die Klassen und deren Beziehungen implementiert werden. Wie dies geht, erfährst du im Folgenden.

Ins Detail gehen, aber im Kleinen

Das Klassendiagramm zur Kreuzung, das den Abschnitt „Komplexe Arbeitsaufträge" abschließt, ist umfangreich. Für die Überlegungen zu den Details greift man sich nun einzelne Klassen heraus und beginnt mit dieser Auswahl. Im Kapitel 1 haben wir uns mit der Erzeugung von Grafikdokumenten beschäftigt. Auch Peter Cody und Jenni Zirbnich, die beim Softwarehaus Sim-SoftLab für die Entwicklung der Kreuzungssimulation zuständig sind, beginnen mit der grafischen Darstellung einer Lampe. Jenni hat schon viel Erfahrung mit der Erstellung grafischer Objekte und liefert als Vorarbeit eine Klasse für das Lampensymbol, die sie kurz LAMPE nennt. Sie wählt als grafische Darstellung einen Kreis mit einem umgebenden Quadrat.

Peter erkennt, dass die Positionsangaben x und y allein nicht ausreichend sind. Es muss noch ein Koordinatensystem festgelegt werden, das den Positionsangaben zugrunde liegt. Als Bezug für das gesamte Projekt dient ein Plan mit Koordinatensystem wie in der Abbildung 2. Die Position einer Lampe (präziser: eines Lampensymbols) lässt sich über x- und y-Werte eindeutig beschreiben. Die Positionsangaben gelten aus Sicht des Betrachters für die linke obere Ecke der Lampe und die Lampe ist immer eine Einheit breit.

1 *Klassendiagramm der Klasse LAMPE*

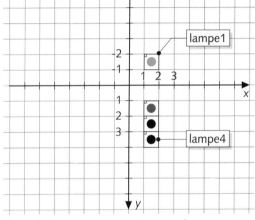

2 *Darstellung von Lampen im Koordinatensystem*

Welche Attributwerte hat das Objekt lampe1 in Abbildung 2? Mit welchem Attributwert wird eine ausgeschaltete Lampe dargestellt? Wie sieht jeweils das Objektdiagramm der Objekte der Klasse LAMPE aus der Abbildung 2 aus? **?**

Peter beginnt nun, auf der Basis der Klasse LAMPE die Klasse AMPEL zu modellieren. Ein Objekt der Klasse AMPEL benötigt in der Zeichnung drei Objekte der Klasse LAMPE zur Anzeige, das ist klar. Peter überlegt, welche Attribute die Klasse AMPEL braucht.

3 *Objektdiagramm zu lampe4*

Wie könnte ein Klassendiagramm der Klasse AMPEL (nur mit Attributen) aussehen? **?**

Für die Klasse AMPEL sind zur grafischen Darstellung ebenfalls die Positionsangaben x und y als Attribute nahe liegend, weil unterschiedliche Ampel-Objekte unterschiedliche Orte im Koordinatensystem haben können. Bei der Darstellung einer Ampel durch Lampen legt die linke obere Ecke der oberen Lampe die Ampelposition im Koordinatensystem fest.

Weiterhin ist es von Bedeutung, in welcher Phase die Ampel sich gerade befindet, also ob sie rot, grün usw. anzeigt. Diese Information wird im Attribut ampelphase gespeichert.

4 *Klassendiagramm (nur Attribute) der Klasse AMPEL*

Die erste Klasse selbst erstellt

Nach dem Modellieren beginnt Peter mit dem Programmieren der Klasse AMPEL. Die Struktur einer Klassendefinition in Java-Programmen entspricht genau der eines Klassendiagramms einer einzelnen Klasse. Der Klassenname bildet sozusagen die Überschrift, dann werden die Attribute beschrieben und danach die Methoden:

5 Vergleich eines allgemeinen Klassendiagramms mit dem allgemeinen Aufbau einer Klasse in Java

KLASSENNAME
Bezeichner aller Attribute
Bezeichner aller Methoden

```
class KLASSENNAME
{
    //Hier kommen die Beschreibungen der Attribute

    //Dann kommen die Beschreibungen der Methoden
}
```

Zu Beginn steht immer das Wort class. Danach folgt der Name der Klasse. Die eigentliche Beschreibung wird von geschweiften Klammern eingeschlossen. Dies entspricht dem Rechteck beim Klassendiagramm.

Wörter wie class, die in einer Programmiersprache eine feste Bedeutung haben, nennt man **Schlüsselwörter**.

Hinweise:
- Bei Namen und Schlüsselwörtern muss bei Java, wie bei vielen anderen Programmiersprachen, die Groß-/Kleinschreibung beachtet werden.
- Um den Quelltext besser lesen zu können, sollte Text innerhalb der geschweiften Klammern deutlich eingerückt werden. Vier Leerzeichen sind dafür empfehlenswert.
- In Quelltexten gibt es Erläuterungen, die nur für menschliche Leser bestimmt sind, nicht aber für den Compiler. In Java können diese **Kommentare** mit zwei Schrägstrichen // beginnen; sie gelten dann bis zum Ende der Zeile. Größere Kommentarbereiche oder Einschübe innerhalb einer Zeile beginnen mit /* und enden mit */.

Um die Attribute näher zu beschreiben, ist in den meisten Sprachen nicht nur ihr Name wichtig, sondern auch ihr Datentyp. Deshalb erweitert Peter das Klassendiagramm von AMPEL. Für die Position wählt er den Datentyp int und für die Beschreibung der Ampelphase Text, d. h. den Datentyp String. Diese Datentypen notiert man vor dem Attributnamen.

Damit hat er alle wichtigen Überlegungen zu den Attributen abgeschlossen und kann die Attributbeschreibung (❯ **Deklaration**) in Java umsetzen.

❯ Deklaration von Attributen: Festlegung von Bezeichner und Datentyp

AMPEL
int positionX
int positionY
String ampelphase

```
class AMPEL
{
    // Attribute
    int positionX;
    int positionY;
    String ampelphase;

    // Methoden
}
```

6 *erweitertes Klassendiagramm und Quelltext der Klasse AMPEL*

Die Gegenüberstellung in der Abbildung 6 zeigt, dass der Aufbau von **erweitertem Klassendiagramm** (mit Datentypen) und **Quelltext** identisch ist.

Hinweis:
Im Gegensatz zu einfachen Datentypen wie int oder char, die keine innere Struktur haben, besitzen Objekte der Klasse AMPEL (ebenso Objekte der Klasse LAMPE) mehrere unterscheidbare Attribute. Betrachtet man nur die Attribute und nicht die Methoden einer Klasse, so kann man eine Klasse als einen Datentyp sehen, der aus mehreren, identifizierbaren Teildaten zusammengesetzt ist. Ein solcher Datentyp heißt **zusammengesetzter Datentyp**.

Immer wieder Testen

Jedes Mal, wenn Peter Cody einen neuen Abschnitt programmiert hat, startet er den Compiler. Dieser überprüft die Syntax des Programms und übersetzt es in eine vom Computer ausführbare Form.

Dann erzeugt Peter entsprechende Objekte und testet, ob sie die gewünschten Eigenschaften haben.

Die Betrachtung eines Objekts der Klasse AMPEL im Inspektor zeigt, dass die Attributwerte für positionX und positionY auf 0 gesetzt wurden. Die Angabe null bei dem Attribut ampelphase weist darauf hin, dass es dafür noch keinen Wert gibt. Das Schlüsselwort null für „kein Wert" wird in dieser Bedeutung auch bei Datenbanken verwendet.

7 Objektinspektor von ampel

Korrekt starten mit dem Konstruktor

Um ein Objekt in einen sinnvollen Anfangszustand zu versetzen, wird sofort nach seiner Erzeugung automatisch eine Methode aufgerufen, die geeignete Attributwerte setzt. Diese Methode nennt man **Konstruktor**. In Java hat er die Form:

```
KLASSENNAME()
{
    // Anweisungen
}
```

Um nun der Ampel die Position (1|1) zu geben und ihr die Ampelphase „rot" zuzuordnen, ergänzt Peter im Programmtext von Abbildung 6 im Bereich der Methoden den folgenden Konstruktor:

```
AMPEL()
{
    positionX = 1;
    positionY = 1;
    ampelphase = "rot";
}
```

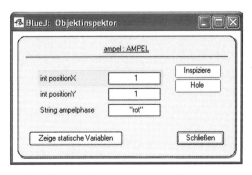

8 Konstruktor der Klasse AMPEL

9 Objektinspektor von ampel nach dem automatischen Aufruf des Konstruktors AMPEL()

Über die Anweisung der Form

```
Attributname = WertNeu;
```

wird einem Attribut ein Wert zugewiesen. Anweisungen dieser Art heißen **Zuweisungen** oder Wertzuweisungen.

Nach erneutem Übersetzen des Quelltexts und Erzeugen eines Objekts der Klasse AMPEL ergibt dessen Überprüfung mithilfe des Objektinspektors nun die gewünschten Attributwerte (Abbildung 9).

Hinweis:

In der Informatik muss man die Zeile

```
positionX = 1;
```

wie folgt lesen: „Dem Attribut positionX wird der Wert 1 zugewiesen" oder „Der Wert des Attributs positionX wird auf 1 gesetzt".

Diese Formulierungen machen deutlich, dass die Zeile keinen Zustand des Attributs anzeigt, sondern eine Handlung beschreibt. Objektorientiert gesehen entspricht die gesamte Zeile einem Methodenaufruf folgender Art: „Setze das Attribut positionX auf den Wert 1."

Allerdings kann man hier keinen exakten Methodenaufruf angeben, da keine Methode spezifiziert wurde und man deshalb den Methodennamen nicht kennt.

Variablenkonzept

Ein Attribut eines Objekts besitzt immer einen Bezeichner (Namen), einen Datentyp und einen aktuellen Wert. Über eine Zuweisung kann man den Wert eines Attributs verändern. Die Attribute werden deshalb in der Informatik auch als **Variable** bezeichnet.

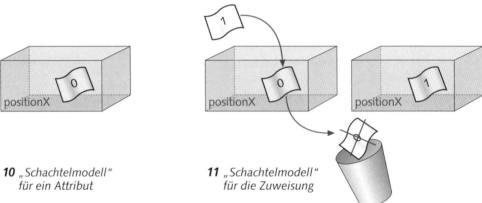

10 *„Schachtelmodell"*
für ein Attribut

11 *„Schachtelmodell"*
für die Zuweisung

Man kann sich das Attribut wie eine Schachtel mit einem Zettel vorstellen. Die Beschriftung entspricht dem Bezeichner, der Eintrag auf dem Zettel dem Wert, die Schachtelgröße dem Datentyp. Eine Zuweisung bedeutet: Den alten Zettel in der Schachtel wegwerfen und durch einen neuen Zettel ersetzen.

Objektbeziehungen

Bisher wurde die Klasse AMPEL entsprechend dem Klassendiagramm in Abbildung 6 umgesetzt. Etwas Wichtiges fehlt jedoch noch: Wo sind die Lampen der Ampel?

Dazu muss die Beziehung zwischen den beiden Klassen näher betrachtet werden.

Welche Beziehung besteht in der Zeichnung zwischen einem Objekt der Klasse AMPEL und Objekten der Klasse LAMPE? Welche Kardinalität hat die Beziehung zwischen der Klasse AMPEL und der Klasse LAMPE?

Objekte der Klasse AMPEL benötigen zur Anzeige der Ampelphase genau drei Lampen, die übereinander positioniert sind. Das zugehörige Objektdiagramm ist in Abbildung 13 dargestellt.

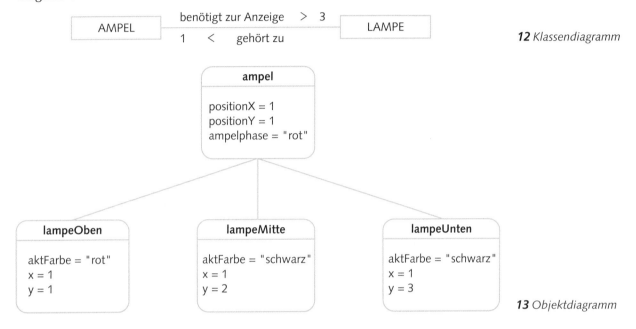

12 Klassendiagramm

13 Objektdiagramm

Hinweis:
Die Kardinalität sagt aus, wie viele Objekte der Klasse LAMPE ein Objekt der Klasse AMPEL verwalten muss.

Objektbeziehungen im Programm realisieren
Wechselt die Ampelphase, muss sich auch die Anzeige der Lampen passend verändern. Dazu muss es Objekten der Klasse AMPEL möglich sein, den zu ihr gehörenden Lampen-Objekten (Lampensymbolen) Botschaften mit Aufrufen der Methode *FarbeSetzen* zu schicken. Die Kommunikation kann aber nur erfolgen, wenn die Ampel die Lampen-Objekte ansprechen kann. Bei der Umsetzung in ein Programm löst man dies dadurch,

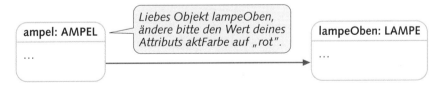

14 Das Objekt ampel kann nur dann eine Botschaft an ein anderes Objekt schicken, wenn es dessen eindeutigen Bezeichner kennt.

dass jedes Ampel-Objekt von jeder von ihr verwalteten Lampe einen eindeutigen Bezeichner hat, der auf das Objekt verweist (> **referenziert**). Die Abbildung 15 auf der nächsten Seite veranschaulicht die Referenzen:

> Vgl. engl. to reference: verweisen auf, beziehen auf

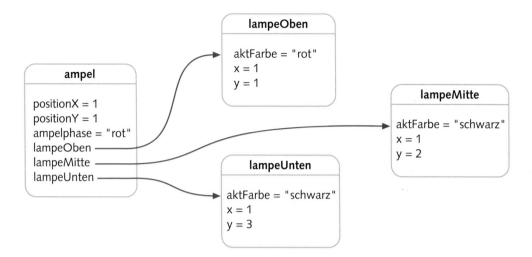

15 Referenzen auf Objekte

Ein Unterschied zum Objektdiagramm aus Abbildung 13 ist, dass jedes Objekt der Klasse AMPEL um drei Attribute lampeOben, lampeMitte und lampeUnten erweitert wurde. Solche Attribute, die andere Objekte referenzieren, werden **Referenzattribute** genannt. Weiterhin sind die Beziehungslinien aus Abbildung 13 durch Pfeile mit der Bedeutung „referenziert" ersetzt worden. Aus ihrer Richtung wird deutlich, dass beispielsweise das Referenzattribut lampeMitte das Objekt lampeMitte referenziert und nicht umgekehrt. Unter Einbeziehung von Konstruktor und Referenzattributen ergibt sich das Klassendiagramm in Abbildung 16. Dieses lässt sich sehr einfach in ein Java-Programm umsetzen. Die eigentliche Arbeit wurde ja bereits durch das Modellieren bzw. durch das Umsetzen der Beziehung erledigt.

AMPEL
int positionX
int positionY
String ampelphase
LAMPE lampeOben
LAMPE lampeMitte
LAMPE lampeUnten
AMPEL()

```
class AMPEL
{
    // Attribute
    int positionX;
    int positionY;
    String ampelphase;
    // Referenzattribute
    LAMPE lampeOben;
    LAMPE lampeMitte;
    LAMPE lampeUnten,
    // Konstruktor
    AMPEL()
    {...}
}
```

16 Erweitertes Klassendiagramm und Quelltext zur Klasse AMPEL

Das sogenannte „erweiterte Klassendiagramm" in Abbildung 16 stellt einen Zwischenschritt vom objektorientierten Modell zur Implementierung in einer konkreten Programmiersprache dar. Es dient also der Vorbereitung der Implementierung, wie es auch beim Datenbankschema für Datenbanken der Fall war.

Testet Peter nun das Programm, werden keine Fehler angezeigt, aber bei lampeOben und den anderen Referenzattributen wird im Inspektor noch nicht auf die entsprechenden Objekte verwiesen; stattdessen zeigt das Schlüsselwort null an, dass etwas fehlt. Nicht nur die Referenz fehlt, es fehlen auch die zu referenzierenden Lampenobjekte. Sie existieren noch nicht, da der Quelltext in Abb. 16 nur die Deklaration der Referenzattribute, jedoch keine Anweisungen zur Erzeugung der Lampenobjekte enthält. Deshalb muss Peter den Konstruktor der Ampel anpassen.

Wie wurden in Kapitel 1 Objekte erzeugt? Mit welchen Anweisungen innerhalb des Konstruktors der Klasse AMPEL kann man Lampenobjekte erzeugen und richtig zusammenstellen?

Um ein Objekt zu erzeugen, benötigt man den Operator new. Bisher wurde er immer über Mausklick aufgerufen, aber natürlich kann dies auch über eine Anweisung im Quelltext geschehen. So wird durch die folgende Zeile ein Objekt der Klasse LAMPE erzeugt und dabei automatisch der zugehörige Konstruktor aufgerufen:

```
new LAMPE();
```
Um das Objekt für Methodenaufrufe ansprechen zu können, muss es einem Referenzattribut zugewiesen werden.
```
lampeOben = new LAMPE();
```
Nur so gibt es einen Namen, der es ermöglicht, Botschaften zielgerichtet an das Objekt zu senden. Die Botschaften sind im Prinzip Methodenaufrufe und werden in der bekannten Punktnotation formuliert.

So weist zum Beispiel der Methodenaufruf *lampeOben.FarbeSetzen("rot")* die obere Lampe (und nicht eine der anderen beiden Lampen) an, sich rot zu färben.

17 *Das Objekt* ampel *sendet eine Botschaft an das Objekt* lampeOben.

Der gesamte Konstruktor der Klasse AMPEL lautet:
```
AMPEL()
{
    positionX = 1;
    positionY = 1;
    ampelphase = "rot";

    lampeOben = new LAMPE();
    lampeMitte = new LAMPE();
    lampeUnten = new LAMPE();
    lampeOben.PositionSetzen(1, 1);
    lampeMitte.PositionSetzen(1, 2);
    lampeUnten.PositionSetzen(1, 3);
    lampeOben.FarbeSetzen("rot");
    lampeMitte.FarbeSetzen("schwarz");
    lampeUnten.FarbeSetzen("schwarz");
}
```

Wird die ergänzte Klasse AMPEL compiliert und dann ein Objekt instanziert, so zeigt der Objektinspektor bei den Referenzattributen zu den Lampen-Objekten Pfeile an, ähnlich zur Abbildung 15. Durch einen Doppelklick auf den Pfeil erhält man zusätzliche Informationen: Es erscheint ein weiteres Objektinspektor-Fenster, in dem man die Attributwerte des referenzierten Objekts einsehen kann, siehe Abb. 18 auf der nächsten Seite.

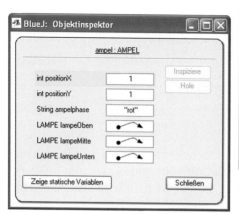
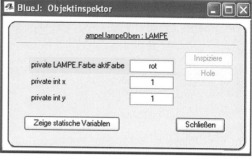

18 Objektinspektor-Anzeige für ampel und lampeOben

Hinweis:
Bei Datenbanken werden die Beziehungen zwischen Objekten (Datensätzen) ähnlich umgesetzt. Die Referenzen sind dort über die Fremdschlüssel realisiert.

Eine Objektbeziehung hat zwei Seiten
Wenn eine Beziehung zwischen den Objekten zweier Klassen in einem Programm umgesetzt werden soll, dann stellt sich die Frage, bei welcher der beiden Klassen die Referenzattribute benötigt werden. Die Antwort: Sie werden bei den Objekten benötigt, die Botschaften an andere Objekte senden müssen.

Objekte verfügen mit ihren Methoden über Fähigkeiten. Diese Fähigkeiten können nicht nur vom Objekt selbst genutzt werden, sondern auch von anderen Objekten. Ein Objekt kann man somit als Dienstleister sehen, der Aufträge in Form von Methodenaufrufen erhält. Einen Dienst kann man jedoch nur dann in Anspruch nehmen, wenn man den Dienstleister mit Namen ansprechen kann. Nur so sind Methodenaufrufe an den richtigen Adressaten möglich (Abbildung 17).

Müssen Botschaften in beide Richtungen versandt werden, so muss es in beiden Klassen Referenzattribute geben. Solche Fälle treten erst in Teil III auf.

Objektbeziehungen werden durch Attribute realisiert, in denen eine Referenz auf ein anderes Objekt gespeichert wird. Man nennt diese Attribute **Referenzattribute**. Referenzattribute werden in der Klasse benötigt, deren Objekte Botschaften (durch Methodenaufrufe) an Objekte der referenzierten Klasse senden müssen.

Das **erweiterte Klassendiagramm** ist ein Zwischenschritt von der objektorientierten Modellierung zur Implementierung in einer konkreten Programmiersprache. Dabei werden im Klassendiagramm die Datentypen der Attribute ergänzt und Referenzattribute hinzugefügt.

Durch eine **Zuweisung** kann man den Wert eines Attributs ändern.

In Programmiersprachen fest vorgegebene Wörter nennt man **Schlüsselwörter**.

Das Übertragen des Programmiersprachentextes in eine für den Computer abarbeitbare Form heißt **übersetzen** (compilieren).

Teile des Quelltextes, die sich nur an den menschlichen Leser richten, nennt man **Kommentare**.

Die Notation einer Klasse in Java beginnt mit dem Schlüsselwort class.
Innerhalb der Beschreibung werden als Erstes die Attribute vereinbart (**deklariert**), wobei jedem Attributnamen der Datentyp vorangestellt ist. Bei Referenzattributen steht vor dem Bezeichner die Klasse (Objekttyp) des Objekts, das referenziert wird. Es folgt der **Konstruktor**, eine Methode, die nach dem Erzeugen eines Objekts automatisch aufgerufen wird und es in einen sinnvollen (Anfangs-)Zustand versetzt. Es ergibt sich folgende Form:

```
class KLASSENNAME
{
    // Attribute
    Datentyp1 Attributname1
    Datentyp2 Attributname2
    ...
    // Referenzattribute
    Objekttyp1 Referenzattributname1
    Objekttyp2 Referenzattributname2
    ...
    // Konstruktor
    KLASSENNAME()
    {
        // Anweisungsfolge
    }
}
```

Über die Anweisung der Form
```
    Attributname = WertNeu;
```
werden Attributen Werte zugewiesen.

Objekte werden über den new Operator erzeugt. Die Referenz auf ein Objekt wird mit der folgenden Zuweisung gesetzt:
```
    Referenzattributname = new KLASSENNAME();
```

Methodenaufrufe an referenzierte Objekte werden in der Punktnotation formuliert:
```
    Referenzattributname.IrgendwasSetzen(WertNeu)
```

Aufgaben – Kreuzung

Für die folgenden Aufgaben brauchst du für deine Entwicklungsumgebung ein Beispielprojekt mit einer Klasse LAMPE.

1 Mit mehreren Lampen eine Ampel bauen
Diese Aufgabe soll durch direktes Erzeugen der Objekte und direkten Aufruf der Methoden in der Entwicklungsumgebung bearbeitet werden. Schreibe die Sequenz der erforderlichen Methodenaufrufe in einer allgemeinen Schreibweise auf.
Eine Ampel besteht aus drei Lampen. Für ausgeschaltete Lampen verwenden wir im Folgenden die Farbe schwarz.

a Erzeuge drei Objekte der Klasse LAMPE mit den Namen lampeOben, lampeMitte und lampeUnten.

b Positioniere die drei Objekte über Methodenaufrufe entsprechend der Abb. 2 (ohne lampe1).

c Setze die Farben der Lampen so, dass die Ampel wie in Abbildung 2 rot zeigt.

2 Ampel

a Schreibe in deiner Entwicklungsumgebung eine Klasse AMPEL mit den in Abbildung 4 angegebenen Attributen. Ergänze den Konstruktor so, dass eine auf rot stehende Ampel an der Position (1|1) des Rasters angezeigt wird.

b Übersetze das bisher erstellte Programm und erzeuge ein Objekt dieser Klasse. Teste mithilfe des Objektinspektors.

3 Fußgängerampel

Eine Fußgängerampel hat nur zwei Lampen. Erzeuge nach dem Schema der normalen Ampel auch eine Klasse FUSSGAENGERAMPEL. Zeichne vor der Umsetzung in ein Programm das erweiterte Klassendiagramm für diese Klasse.

Aufgaben – Klasse mit Attributen und Konstruktor erstellen

4 Landschaft erstellen

In Kapitel 1 hast du eine Grafik mit einem Haus und einem Baum mittels Objekten der Klassen KREIS, RECHTECK und DREIECK erstellt. Beim Schließen der Projektdatei ging die Zeichnung jedoch verloren. Dies soll sich nun ändern: Ein Objekt einer Klasse LANDSCHAFT soll eine Grafik mit einem Haus und zwei Bäumen zeichnen können, die mit den einfachen grafischen Klassen aus Kapitel 1 dargestellt werden.

a Zeichne ein Klassendiagramm mit Beziehungen und Kardinalitäten, das die eben genannten Anforderungen modelliert.

b Erstelle nun ein erweitertes Klassendiagramm der Klasse LANDSCHAFT.

c Verwende zum Schreiben der Klasse LANDSCHAFT deine Projektdatei und deine Aufzeichnungen von Aufgabe 1a) in Kapitel 1.

Aufgaben – Variablenkonzept und Zuweisung

5 Schachtelmodell

a Erkläre, warum man die „Schachtel eines Attributs" vom Datentyp boolean kleiner darstellt als die eines Attributs vom Datentyp int.

b Wie kann man sich ein Objekt im Schachtelmodell vorstellen? (Diese Vorstellung bezieht sich nur auf die Attribute und Attributwerte. Methoden können nicht mit dem Schachtelmodell erklärt werden.)

c Abbildung 9 zeigt die Attribute und Attributwerte eines einfachen Ampelobjekts. Beschreibe mithilfe des Schachtelmodells, welche Vorgänge bei der Objekterzeugung und der Ausführung des Konstruktors abgelaufen sind.

6 Zuweisung

In einer Klasse CDPLAYER werden u. a. die Attribute istFunktionsfaehig, cdIstEingelegt, maximaleLiedNr und aktuelleLiedNr festgelegt. Schreibt man keinen Konstruktor und erzeugt ein Objekt, so hat dieses die im Objektdiagramm angezeigten Attributwerte.

Wie sieht das Objektdiagramm nach dem Erzeugen des Objekts aus, wenn der Konstruktor rechts in der Klasse ergänzt wird?

cdPlayer: CDPLAYER
istFunktionsfaehig = false
cdIstEingelegt = false
maximaleLiedNr = 0
aktuelleLiedNr = 0
...

19 Objektdiagramm von cdPlayer

```
CDPLAYER()
    {
        istFunktionsfaehig = true;
        cdIstEingelegt = false;
        maximaleLiedNr = 99;
        aktuelleLiedNr = 0;
    }
```

4 Keine Objektkommunikation ohne Methoden

Bisher hast du dich nur mit Attributen und der Konstruktor-Methode beschäftigt. Jetzt werden weitere Methoden hinzukommen. Weiterhin lernst du Sequenzdiagramme kennen, mit denen sich die Objektkommunikation planen und veranschaulichen lässt.

Vervollständigen des Klassendiagramms
Peter Cody widmet sich nun der Steuerung der Ampelphasen. Bisher zeigen die Objekte der Klasse AMPEL nur rot an. Ein Ampel-Objekt muss jedoch mehr können, um sinnvoll zur Verkehrsregelung beitragen zu können.
In der Abbildung 1 sind einige Kombinationen von Lampenfarben abgebildet.

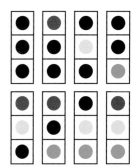

1 Lampenfarben-Kombinationen

Welche Lichtzeichen kennzeichnen erlaubte Ampelphasen? Welche Methoden sind bei Objekten der Klasse AMPEL für die Verkehrsregelung wichtig? Welche Informationen benötigen die Methoden jeweils, um ihren Auftrag ausführen zu können?

In Deutschland gibt es die Ampelphasen rot, grün, gelb und rotgelb. Eine Ampel muss, unter Zuhilfenahme der Lampen, alle vier Phasen anzeigen können. Peter entwickelt deshalb die Methoden *Gruen-Setzen*, *GelbSetzen*, *RotSetzen* und *RotgelbSetzen*. Weiterhin ist es sicherlich hilfreich, die Position einer Ampel über Methodenaufrufe ändern zu können, damit leichter mehrere Ampeln in der Zeichnung positioniert werden können.

Grundsätzlich muss man sich bei der Entwicklung von Methoden als Erstes überlegen, ob sie Eingabeparameter benötigen. Beim Zeichnen von Grafikdokumenten in Kapitel 1 hatten viele Methoden Eingabeparameter. Beispielsweise benötigt ein Aufruf der Methode *FarbeSetzen* einen Eingabewert, nämlich die Information, welche Farbe das Objekt nach dem Methodenaufruf haben soll. Karol in Kapitel 2 hat nur Methoden ohne Eingabeparameter. Ein Methodenaufruf wie *RechtsDrehen* oder *Umdrehen* benötigt keine zusätzlichen Werte, um ausgeführt werden zu können.

Bei den Methoden der Klasse AMPEL benötigt nur *PositionSetzen* weitere Informationen zur Ausführung: die neuen Koordinaten. Nach diesen Überlegungen kann Peter nun dem Klassendiagramm für AMPEL die Methoden hinzufügen (Abbildung 2).

Wie schon bei den Attributen kann das Klassendiagramm auch bei den Methoden um die Datentypen der Eingabeparameter erweitert werden. Bei der Methode *PositionSetzen* sind die neuen Koordinaten vom Datentyp int. Diese Datentypen wurden in Abbildung 3 ergänzt.

AMPEL
positionX
positionY
ampelphase
AMPEL()
GruenSetzen()
GelbSetzen()
RotSetzen()
RotgelbSetzen()
PositionSetzen(xNeu, yNeu)

2 *Klassendiagramm der Klasse AMPEL, ergänzt durch Methoden*

3 *Klassendiagramm der Klasse AMPEL, mit Datentypen erweitert*

Hinweis:
Manche Entwicklungsumgebungen lassen im erweiterten Klassendiagramm die Parameterbezeichner bei den Methoden weg und geben nur die Datentypen an.
In diesem Buch sind die Parameterbezeichner zunächst in allen erweiterten Klassendiagrammen enthalten, erst ab Teil III wird darauf verzichtet.

Einfache Methoden in Java

 Welche Änderungen am Zustand eines Objekts der Klasse AMPEL müssen vorgenommen werden, um auf grün zu schalten? Welche Methoden müssen dazu aufgerufen werden?

Soll eine Ampel geschaltet werden, muss man den Wert des Attributs ampelphase entsprechend verändern. Weiterhin müssen die Farben der einzelnen Lampen dazu passend gesetzt werden.

Peters Implementierung der Methode *GruenSetzen* sieht folgendermaßen aus:

```
void Methodenname()
{
    //Beschreibung der
    //Anweisungsfolge
}
```

```
void GruenSetzen()
{
    ampelphase = "gruen";
    lampeOben.FarbeSetzen("schwarz");
    lampeMitte.FarbeSetzen("schwarz");
    lampeUnten.FarbeSetzen("gruen");
}
```

4 *Aufbau einer Methode ohne Eingangsparameter- und Rückgabewert allgemein und am Beispiel der AMPEL-Methode* GruenSetzen

Der allgemeine Aufbau einer Methode ist ebenfalls in Abbildung 4 dargestellt. Die Bestandteile einer Methode sind in der folgenden Tabelle erklärt:

Bestandteil einer Methode ohne Ein- und Ausgabewert	Erläuterung
void	Signalisiert, dass die Methode keinen Rückgabewert hat.
GruenSetzen	Bezeichner der Methode
()	Ein Klammernpaar nach einem Bezeichner ist ein Kennzeichen für eine Methode. Wenn innerhalb der Klammern nichts steht, hat die Methode keine Eingangsparameter.
{ ... }	Kennzeichnet Beginn und Ende des Anweisungsteils.
ampelphase = "gruen"; lampeOben.FarbeSetzen("schwarz"); lampeMitte.FarbeSetzen("schwarz"); lampeUnten.FarbeSetzen("gruen");	Eine Folge von Anweisungen, die festlegt, was in dieser Methode zu tun ist. Im Beispiel wird in der ersten Zeile dem Attribut ampelphase der Wert „gruen" zugewiesen. Die restlichen drei Zeilen rufen in Punktschreibweise Methoden der Objekte lampeOben, lampeMitte und lampeUnten auf.

5 *Bestandteile einer Methode*

Man nennt die erste Zeile einer Methode **Methodenkopf** und die durch geschweifte Klammern eingerahmte Anweisungsfolge **Methodenrumpf**.

 Hinweis:
Der Konstruktor ist eine besondere Methode. Anders als bei den hier beschriebenen beginnt sein Methodenkopf nicht mit dem Wort void.

Wie immer: Durch Testen den richtigen Programmablauf sichern

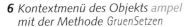

Peter übersetzt die veränderte Klassenbeschreibung und erzeugt eine Instanz dieser Klasse. Im Kontextmenü des Objekts ampel wird die eben geschriebene Methode *GruenSetzen* angezeigt. Bevor Peter die Methode ausführen lässt, ruft er den Objektinspektor auf, weil er dort sehr gut die Veränderung der Attributwerte beobachten und kontrollieren kann.

6 *Kontextmenü des Objekts* ampel *mit der Methode GruenSetzen*

Die beiden folgenden Abbildungen veranschaulichen seinen Testablauf: Sie zeigen das Objektdiagramm vor und nach dem Methodenaufruf *ampel.GruenSetzen()*.

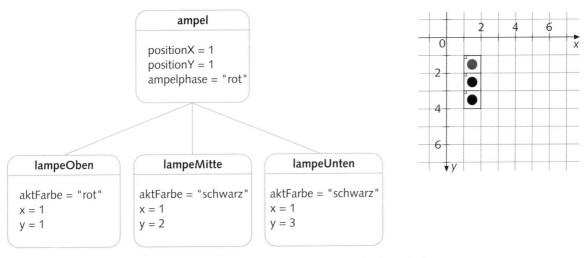

7 *Objektdiagramm und Darstellung im Koordinatengitter <u>vor</u> dem Methodenaufruf*
ampel.GruenSetzen()

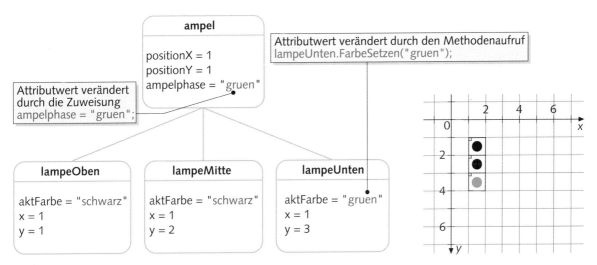

8 *Objektdiagramm und Darstellung im Koordinatengitter <u>nach</u> dem Methodenaufruf*
ampel.GruenSetzen()

35

Überlegungen zur Objektkommunikation

Die Objektdiagramme in den Abbildungen 7 und 8 zeigen, dass an der Ausführung der Methode *GruenSetzen* des Objekts ampel vier eigenständige Objekte beteiligt sind.

? Wie arbeiten die beteiligten Objekte zusammen?

Objekte führen Methoden aus, wenn sie eine Botschaft mit einem korrekten Methodenaufruf erhalten. Dabei spielt es keine Rolle, ob ein menschlicher Aufrufer per Mausklick die Botschaft sendet oder ob dies ein anderes Objekt tut.

Die Kommunikation über Methodenaufrufe kann in einem **Sequenzdiagramm** veranschaulicht werden. Wird die Methode *GruenSetzen* von einem externen Aufrufer aufgerufen, dann wird das Objekt ampel aktiv. Dies ist im Diagramm dadurch erkennbar, dass die vom Objekt ampel ausgehende, senkrechte gestrichelte Linie (Lebenslinie) in einen Balken übergeht. Das Objekt ampel sendet nun eine Botschaft mit dem Methodenaufruf *FarbeSetzen("schwarz")* an das Objekt lampeOben. Durch den waagrechten gestrichelten Pfeil zurück zum Ampel-Objekt wird visualisiert, dass die Methode *FarbeSetzen* ihre Aufgabe beendet hat und die Ampel ihre Arbeit fortsetzen kann. Sie fährt dann mit dem nächsten Methodenaufruf *FarbeSetzen("schwarz")* an das Objekt lampeMitte fort.

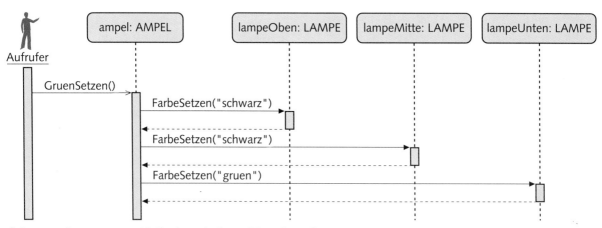

9 *Sequenzdiagramm zum Methodenaufruf* ampel.GruenSetzen()

Zusammenfassend kann man festhalten, dass Objekte dadurch miteinander kommunizieren, dass sie sich Botschaften in Form von Methodenaufrufen schicken.

Methoden mit Parametern in Java

Nachdem Peter die Methoden *GruenSetzen*, *RotSetzen* usw. erfolgreich implementiert hat, beschäftigt er sich nun mit der Methode *PositionSetzen*.

? Welche Änderungen am Zustand eines Objekts der Klasse AMPEL bzw. an Zuständen der zugehörigen Lampen-Objekte müssen bei einem Positionswechsel des AMPEL-Objekts vorgenommen werden? Welche Methoden müssen dafür aufgerufen werden? Welche Informationen benötigen diese Methoden?

Um die Positionierung der Ampel durchführen zu können, benötigt die Methode *PositionSetzen* der Klasse AMPEL Eingabewerte mit den neuen Koordinaten. Im Methodenkopf dieser Methode (in Abbildung 10 die rote Zeile) werden die Namen der Eingangsparameter und ihrer Datentypen notiert.

```
void Methodenname(Parameterliste)        void PositionSetzen(int xNeu, int yNeu)
{                                        {
    //Beschreibung der                       positionX = xNeu;
    //Anweisungsfolge                        positionY = yNeu;
}                                            lampeOben.PositionSetzen(positionX, positionY);
                                             lampeMitte.PositionSetzen(positionX, positionY+1);
                                             lampeUnten.PositionSetzen(positionX, positionY+2);
                                         }
```

10 *Aufbau einer Methode mit Eingangsparametern allgemein und am Beispiel der AMPEL-Methode PositionSetzen*

Im Methodenrumpf müssen die Attribute positionX und positionY aktualisiert werden. Weiterhin müssen auch die Positionen der einzelnen Lampen richtig gesetzt werden. Durch den Aufruf entsprechender Methoden der Objekte lampeOben, lampeMitte und lampeUnten ist dies schnell erreicht. Die aktuellen Eingabewerte für xNeu und yNeu der AMPEL-Methode *PositionSetzen* fließen zu den Eingängen der Methoden *PositionSetzen* der Lampen. Dabei muss der aktuelle Eingabewert für den y-Wert bei lampeMitte um 1 und bei lampeUnten um 2 erhöht werden.

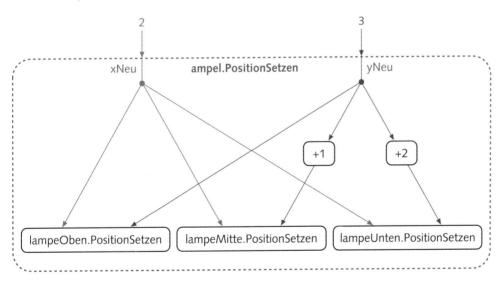

11 *Datenflussdiagramm für den Methodenaufruf ampel.PositionSetzen(2, 3) (ohne die Zuweisung)*

Abbildung 11 gibt eine Übersicht über die Datenflüsse. Die Details lassen sich zum Beispiel anhand des zweiten Eingabewertes des Methodenaufrufs *lampeMitte.PositionSetzen* in Abbildung 12 auf der nächsten Seite verfolgen.

Die Erhöhung des y-Werts um 1 wird in der aus der funktionalen Modellierung bekannten Termnotation positionY+1 formuliert. Die Termauswertung wird wie folgt gelesen: „Zum aktuellen Wert des Attributs positionY wird 1 addiert und dieser Wert wird zum aktuellen y-Eingangswert der Methode *lampeMitte.PositionSetzen*".

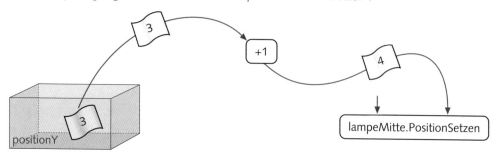

12 *Die Termauswertung im „Schachtelmodell"*

 Hinweis:
Neben der Addition sind in Java durch die **mathematischen Operatoren** -, * und / auch die anderen Grundrechenarten verfügbar.

Die Ausführung des Methodenaufrufs *ampel.PositionSetzen(2, 3)* wird im Sequenzdiagramm veranschaulicht:

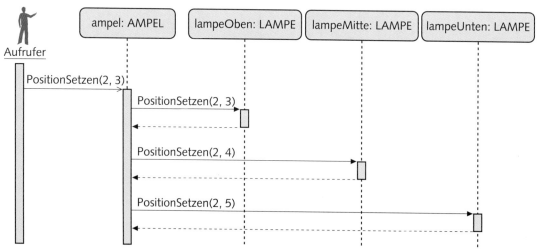

13 *Sequenzdiagramm zum Methodenaufruf ampel.PositionSetzen(2, 3)*

Schnittstellen sind Berührungspunkte

Objekte bilden in sich geschlossene Komponenten, die durch den Aufruf von Methoden angesprochen werden können (vergleiche im Beispiel oben die Objekte ampel, lampe Oben, lampeMitte, lampeUnten). Die „von außen" aufrufbaren Methoden bilden die **Schnittstelle des Objekts** mit seiner Umgebung. Neben dem Namen einer Methode muss bekannt sein, was sie leistet, welche Eingangsparameter erforderlich sind und von welchem Datentyp die Parameter sind.

Softwareschnittstellen sind die Berührpunkte zwischen den einzelnen Komponenten der Software. In großen Softwareprojekten muss und kann sich nicht jeder Entwickler mit den Implementierungseinzelheiten aller Klassen auseinandersetzen, das wäre ineffektiv. Er benutzt die Objekte dieser Klassen als Blackbox, deren Schnittstelle ihm über die Dokumentation, beispielsweise durch ein Klassendiagramm, bekannt ist.

Ein erster Rückblick

In den beiden zurückliegenden Kapiteln hast du zum ersten Mal ein erweitertes Klassendiagramm erstellt und dieses dann in ein Java-Programm übertragen. Die Vorgehensweise wird weitgehend immer dieselbe sein; man kann sie so zusammenfassen:

Erstellen eines Klassendiagramms
- Analyse der für eine Aufgabenstellung wichtigen Objekte, ihrer Eigenschaften (Attribute), Fähigkeiten (Methoden) und der Beziehungen zwischen Objekten
- Abstraktion von Objekten gleichen Typs zu Klassen

Erstellen eines erweiterten Klassendiagramms
- Bestimmung des Datentyps für jedes Attribut
- Falls Beziehungen zu Objekten vorhanden sind: Auflistung der Referenzattribute einschließlich der zugehörigen Klassen als Datentyp.
- Bestimmung der Eingangsparameter und ihrer Datentypen bei Methoden

Übertragen des Klassendiagramms in Java-Quelltext
- Implementierung der Attribute
- Hinzufügen des Konstruktors
- Testen des Programms
- Realisierung von Beziehungen durch Referenzattribute
- Testen des Programms
- schrittweise Implementierung der Methoden
- Testen des Programms

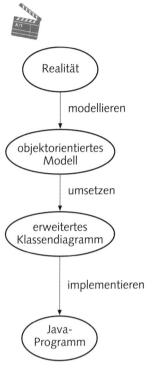

14 *Von der Realität zum Java-Programm*

Sollen Attributwerte eines referenzierten Objekts veränderbar sein, muss dieses Objekt dafür eine Methode zur Verfügung stellen. Zum Ändern des Attributwertes wird eine Botschaft durch einen Methodenaufruf an das referenzierte Objekt gesendet. Die Kommunikation zwischen Objekten über Methodenaufrufe lässt sich in **Sequenzdiagrammen** veranschaulichen.

Hat eine Methode Eingangsparameter, werden diese beim Aufruf durch die aktuellen Werte ersetzt und damit Termauswertungen oder/und weitere Methodenaufrufe durchgeführt.

Methoden ohne Rückgabewerte haben in Java die Form:

```
void Methodenname(Parameterliste)
{
    //Beschreibung der
    //Anweisungsfolge
}
```

Die erste Zeile einer Methode wird **Methodenkopf** genannt, der Rest **Methodenrumpf**.

Berechnungen werden in Java unter anderem mit den **mathematischen Operatoren** +, -, * und / durchgeführt.

Aufgaben – Kreuzung

1 Ampel ergänzen

Benutze das Ampel-Projekt aus Aufgabe 3 in Kapitel 3.

a Erstelle vier Methoden *RotSetzen*, *GelbSetzen*, *GruenSetzen* und *RotGelbSetzen*, die die Ampel auf die entsprechenden Anzeigen schaltet. Übersetze und teste.

b Erstelle die Methode *PositionSetzen* und teste sie.

c Mit den neuen Methoden kannst du den Konstruktor der Klasse AMPEL deutlich kürzer als bisher verfassen. Überlege dir wie, dann führe die Änderung durch.

2 Fußgängerampel

Benutze das Projekt aus Aufgabe 1.

Ergänze die Klasse FUSSGAENGERAMPEL um die Methoden *RotSetzen*, *GruenSetzen* und *PositionSetzen*.

3 Sequenzdiagramme

Mit Sequenzdiagrammen lässt sich auch die Erzeugung von Objekten veranschaulichen. In der Abbildung 15 ist der Anfang des Sequenzdiagramms für den Aufruf des Konstruktors der Klasse AMPEL aus dem Kapitel 3 dargestellt. Wichtig in der Darstellung ist die Lebenslinie von Objekten (senkrechte gestrichelte Linie). Ihr Anfang kennzeichnet den Beginn des Lebenszyklus eines Objekts.

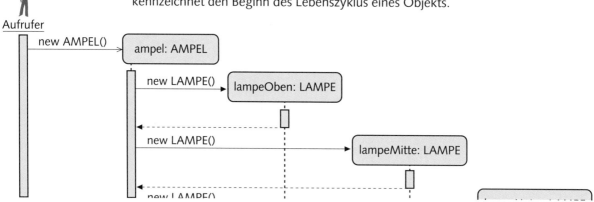

15 *Teil des Sequenzdiagramms zum Methodenaufruf new AMPEL()*

a Warum sind die Objekte nicht wie bisher horizontal nebeneinander, sondern schräg untereinander angeordnet?

b Objekte können in der Entwicklungsumgebung von externen (menschlichen) Aufrufern mit einem Mausklick erzeugt werden. Nenne eine weitere Möglichkeit, Objekte zu erzeugen, und die Gemeinsamkeiten beider Verfahren.

c Ergänze das Sequenzdiagramm in Abbildung 15 entsprechend dem Konstruktor AMPEL() aus dem Kapitel 3.

d Wann endet der Lebenszyklus eines Objekts? Erfahrungen mit dem „Lebensende" von Objekten hast du unter anderem in den ersten beiden Aufgaben in Kapitel 1 gemacht.

Aufgaben – Methoden

4 Besondere Methoden der Klasse AMPEL

Benutze das Ampel-Projekt aus Aufgabe 1. Arbeite jedoch mit einer Kopie davon, weil diese Aufgabe zum Einüben von Methoden dient und nicht das Projekt Kreuzung weiterführt.

Erstelle folgende Methoden der Klasse AMPEL und teste sie:

a *HorizontalVerschieben(int laenge)* verschiebt die Darstellung der Ampel in der Koordinatenfläche in horizontaler Richtung.

b *VertikalVerschieben(int laenge)* verschiebt die Darstellung der Ampel in der Koordinatenfläche in vertikaler Richtung.

c *LinksDrehen()* dreht die Darstellung der Ampel um 90° nach links.

5 Landschaft besser strukturiert – Fortsetzung

In Aufgabe 4 von Kapitel 3 hast du eine Klasse LANDSCHAFT entwickelt. Objekte dieser Klasse zeichnen eine Grafik mit einem Haus und zwei Bäumen.

Schreibe nun die Klassen HAUS und BAUM. Sie sollen Bauplan für ein Haus bzw. einen Baum sein, die mittels Objekten der Klassen KREIS, RECHTECK und DREIECK dargestellt werden. Beide Klassen sollen eine Methode *PositionSetzen(neuesX, neuesY)* zur Positionierung besitzen.

a Fertige für jede der Klassen HAUS und BAUM ein Klassendiagramm mit Beziehungen und Kardinalitäten an.

b Erstelle als nächsten Schritt für jede der Klassen HAUS und BAUM ein erweitertes Klassendiagramm mit Attributen, Datentypen und Methoden.

c Erweitere die Projekt-Datei aus Kapitel 1 um die neuen Klassen. Verwende zu deren Definition deine Aufzeichnungen aus der Aufgabe 1a) in Kapitel 1.

d Erstelle für den Methodenaufruf *baum.PositionSetzen(100, 200)* ein Sequenzdiagramm.

e Entwickle eine neue Klasse LANDSCHAFT2, die unter Verwendung von Objekten der Klassen HAUS bzw. BAUM Bauplan für die oben beschriebene Grafik ist. Erstelle erst ein Klassendiagramm mit Beziehungen und Kardinalitäten und erweitere dann die Projekt-Datei aus Teilaufgabe c) um die Klasse LANDSCHAFT2. Der Konstruktor soll die ganze Zeichnung realisieren.
Teste durch das Erzeugen eines Objektes der Klasse LANDSCHAFT2.

6 Landschaft beleben – Fortsetzung

a Ergänze in der Klasse LANDSCHAFT2 aus Aufgabe 5 die drei Methoden *SommerWerden*, *HerbstWerden* und *FrühlingWerden*. Die Unterschiede im Aussehen der Landschaft sollen sein:
Frühjahr: Die Baumkronen sind (hell)grün, die Bäume tragen keine Äpfel.
Sommer: Die Baumkronen sind dunkelgrün, die Bäume tragen Äpfel.
Herbst: Die Baumkronen sind dunkelgelb, die Bäume tragen keine Äpfel.
Beachte bei der Umsetzung, dass du in der Klasse BAUM Apfel-Symbole ergänzen musst.
Erstelle zur Planung der Methode *SommerWerden* ein Sequenzdiagramm in deinem Heft.

b Für die Schnellen: Überlege dir auch eine grafische Darstellung für den Winter.

7 Methoden

In Abbildung 5 werden die Bestandteile einer Methode in der Programmiersprache Java aufgelistet und erklärt. Vergleiche mit der Sprache RobotKarol.

8 Gleich geblieben?

In Abbildung 7 ist beim Objekt lampeMitte der Wert des Attributs aktFarbe vor dem Methodenaufruf *ampelGruenSetzen()* identisch zum Wert in Abbildung 8 nach dem Methodenaufruf *ampelGruenSetzen()*.

Erkläre, warum dennoch eine Wertzuweisung stattgefunden hat. Wie sieht diese Wertzuweisung im Schachtelmodell aus?

Aufgabe – Roboter

9 Erste Arbeit

In Kapitel 2 hast du den Roboter durch direktes Erzeugen der Objekte und direkten Aufruf der Methoden in der Entwicklungsumgebung arbeiten lassen. Jetzt sollst du ein Objekt erstellen, das dir diese Arbeit abnimmt (ähnlich zu den Aufgaben 5 und 6 mit der Klasse LANDSCHAFT). Für diese und weitere Aufgaben benötigst du immer eine Kopie des Projekts BlueKarol, das du entsprechend benennst und dann bearbeitest.

Erstelle eine Klasse ARBEIT, die als einzige Attribute die Referenzattribute welt und karol hat. Beim Aufruf des Konstruktors der Klasse ARBEIT soll zuerst ein Objekt welt der Klasse WELT und dann ein Objekt karol der Klasse ROBOTER erzeugt werden. Die Welt muss von geeigneter Größe sein und der Roboter muss an der richtigen Startposition stehen. Verwende dafür die Konstruktoren

`WELT(int breite, int laenge, int hoehe)` bzw.

`ROBOTER(int startX, int startY, char startBlickrichtung, WELT inWelt)`.

Schreibe dann für die Klasse ARBEIT eine Methode *Ausfuehren*, die karol über geeignete Anweisungsfolgen anleitet, seine Aufgaben zu bearbeiten. Verwende in dieser Aufgabe keine Wiederholungsanweisung.

a Karol soll ein kleines Ziegelquadrat legen und dann wieder vor dem Quadrat stehen (siehe Abb. 16).

b Karol soll eine „Viererreihe" aus Ziegeln legen und dann wieder am Anfang der Reihe stehen.

c Karol soll den Übergang wie in Aufgabe 3b) aus Kapitel 2 vollziehen.

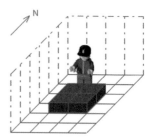

16 *Nach dem Legen des Quadrats*

II Zustandsorientierte Modellierung

5 Abläufe und Zustände

Eine neue Modellierungstechnik, die zustandsorientierte Modellierung, wird in diesem Kapitel vorgestellt. Sie dient dazu, mithilfe von Zustandsdiagrammen Abläufe zu planen und umzusetzen.
Ebenso lernst du, wie man in Java Bedingungen und bedingte Anweisungen formulieren kann.

Übersichtliche Bedienungsanleitung

Peter Cody fährt jeden Tag mit dem Fahrrad in die Firma. Als ehrgeiziger Sportler möchte er schrittweise die Zeit für seinen Weg zur Arbeit verkürzen. Seine Kollegin Jenni hat ihm dafür eine Armbanduhr mit Stoppuhrfunktion geschenkt. Als Peter die Gebrauchsanleitung zur Stoppuhr liest, schüttelt er den Kopf. „Warum sind Gebrauchsanleitungen immer so kompliziert geschrieben?" fragt er Jenni. „Als Informatiker kennen wir doch das **Zustandsdiagramm**. Damit wäre eine Erklärung viel klarer, auch für Nicht-Informatiker." Während er spricht, hat er auch schon den größten Teil des Diagramms gezeichnet.

Stoppuhr

Um in den Stoppuhr-Modus zu kommen, müssen die Tasten T1 und T2 gleichzeitig gedrückt werden. Ist der Wechsel in diesen Modus erfolgt, ist im Anzeigefeld 00:00:00 zu sehen. Mit der Taste T1 kann man die Stoppuhr nun starten und auch wieder stoppen. Die gemessene Zeit wird auf hundertstel Sekunden genau angezeigt. Die unterbrochene Messung kann mit T1 wieder fortgesetzt werden. Durch das Drücken der Taste T2 kann die Zeitanzeige auf null zurückgesetzt werden. Dies ist jedoch nur möglich, wenn die Stoppuhr nicht läuft.

Durch das gleichzeitige Drücken von T1 und T2 kann man jederzeit in den Uhrzeit-Modus zurückkehren. Eine eventuell laufende Messung wird dadurch abgebrochen.

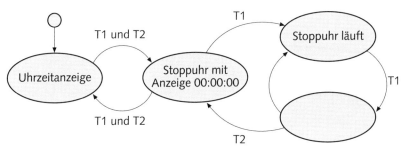

2 Zustandsdiagramm einer Stoppuhrbedienung

1 Bedienungsanleitung einer Stoppuhr

Bestandteile eines Zustandsdiagramms sind Ellipsen (**Zustände**) und Pfeile (**Zustandsübergänge**).

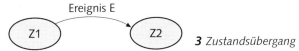

3 Zustandsübergang

Zustandsübergänge werden von **Ereignissen** ausgelöst, wie dem Drücken einer Taste im Stoppuhr-Beispiel.
Der Zustand, bei dem alles beginnt, wird **Startzustand** genannt. Er ist am kleinen Kreis erkennbar (links oben in der Abbildung 2).

Ein Zustand und ein Zustandübergang sind nicht beschriftet. Wie lauten die fehlenden Beschriftungen? Vergleiche den Text mit dem Diagramm. Welche Zustandübergänge fehlen in dem Diagramm sonst noch?

Hinweis:
Ereignisse werden auch auslösende Aktionen genannt.

43

Ampelsteuerung

Die Darstellung der Ampel ist mittlerweile gelöst. Für die richtige Schaltreihenfolge muss Peter Cody aber noch per Mausklick die richtige Sequenz von Methoden aufrufen. Selbstverständlich soll dies automatisiert werden. Zur Analyse der Ampelsteuerung macht sich Peter die zustandsorientierte Denkweise zunutze.

? Welche Zustände kennt eine Ampel in Deutschland? Welche Zustandsübergänge treten bei einer Ampelschaltung auf?

Wie in Kapitel 4 bei den möglichen Farbkombinationen überlegt wurde, sind vier Zustände möglich, die Peter mit „rot", „gruen", „gelb" und „rotgelb" bezeichnet. Bei einer Ampelschaltung werden diese Zustände in Deutschland in der Reihenfolge „rot" → „rotgelb" → „gruen" → „gelb" → „rot" und so weiter aufgerufen – bis man die Ampel ausschaltet oder bis sie defekt ist.

2

AMPEL
positionX
positionY
ampelphase
AMPEL()
GruenSetzen()
GelbSetzen()
RotSetzen()
RotgelbSetzen()
PositionSetzen(xNeu, yNeu)
Weiterschalten()

4 Klassendiagramm der Klasse AMPEL, ergänzt durch die Methode Weiterschalten

Peter überlegt sich, wie er die Zustände eines Ampelobjekts geeignet festlegen kann. Der Zustand eines Objekts ist in der Informatik durch die Gesamtheit der Werte aller seiner Attribute festgelegt. Wenn wir nun davon ausgehen, dass sich die Position der Ampel in der Zeichnung während der Schaltung nicht ändert, dann muss Peter sein Augenmerk nur auf das Attribut ampelphase richten. Der Wert des Attributs ampelphase ist somit eine sinnvolle Zustandsbeschreibung eines Objekts der Klasse AMPEL innerhalb eines Ablaufs.

Bisher hat Peter die passenden Methoden *RotgelbSetzen*, *GruenSetzen* usw. jeweils von Hand in der richtigen Reihenfolge aufgerufen. Diesen Entwicklungsstand zeigt das Zustandsdiagramm in Abbildung 5 links. Die Methodenaufrufe sind die Ereignisse, die einen Zustandsübergang auslösen.

Ziel ist nun die Automatisierung der Phasenumschaltung: Als einzige Methode zum Auslösen der Zustandsübergänge soll nur noch eine Methode *Weiterschalten* aufgerufen werden (Abbildung 5 rechts).

Innerhalb der Methode *Weiterschalten* wird in Abhängigkeit vom aktuellen Zustand entschieden, welcher Methodenaufruf nötig ist, um entsprechend den deutschen Regelungen in den nächsten Zustand zu kommen.

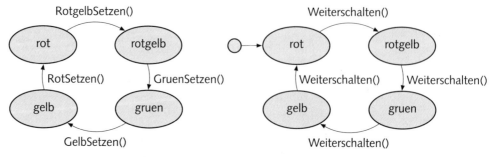

5 Zustandsdiagramme zur Entwicklung der Methode Weiterschalten

Im rechten Zustandsdiagramm in Abbildung 5 wurde noch der Startzustand ergänzt: Die Ampel soll aus Sicherheitsgründen mit der roten Phase beginnen.

Hinweis:
Neben einem Methodenaufruf, der den Wert eines Attributs ändert, kann auch eine Zuweisung ein Ereignis sein, das einen Zustandsübergang auslöst.

Jetzt sind Entscheidungen gefragt
Wie kann der Ablauf in der Methode *Weiterschalten* beschrieben werden? Welche Kontrollstruktur wird dazu benötigt? Wie wurden bei Karol Kontrollstrukturen grafisch dargestellt?

Umgangssprachlich kann die Aufgabe der Methode *Weiterschalten* leicht beschrieben werden:

wenn die Ampelphase rot ist,
dann
    schalte auf rotgelb;
sonst
    wenn die Ampelphase rotgelb ist,
    dann
        schalte auf grün;
    sonst
        wenn die Ampelphase grün ist,
        dann
            schalte auf gelb;
        sonst
            schalte auf rot.

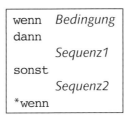

6 Syntax der bedingten Anweisung in der Sprache RobotKarol

Struktogramm

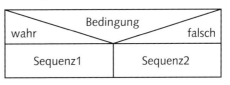

7 Struktogramm einer bedingten Anweisung

Zur Steuerung des Ablaufs ist also eine **bedingte Anweisung** erforderlich. Ist die Bedingung erfüllt, werden die Anweisungen im „dann-Teil" ausgeführt, ist die Bedingung nicht erfüllt, werden die Anweisungen im „sonst-Teil" ausgeführt.
Für die Methode *Weiterschalten* bedeutet dies konkret: Ist die Aussage „Die Ampelphase ist rot" wahr, (d. h.: ist die Bedingung erfüllt), dann wird die Methode *Rotgelbsetzen* aufgerufen. Ist die Aussage „Die Ampelphase ist rot" falsch, werden andere Anweisungen ausgeführt.
Zur sprachunabhängigen grafischen Darstellung von Abläufen verwendet man **Struktogramme**. Damit kann der Methodenrumpf von *Weiterschalten* so dargestellt werden:

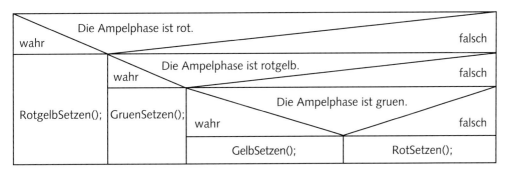

8 Struktogramm zur Entwicklung der Methode Weiterschalten

45

Bedingte Anweisungen und Bedingungen in Java

Um die Methode *Weiterschalten* in Java implementieren zu können, muss man wissen,
① wie man bedingte Anweisungen in Java notiert;
② wie man eine Bedingung in Java formuliert.

In Java haben bedingte Anweisungen (①) folgende Formen:

```
if (Bedingung)
{
    //dann-Teil
}
else
{
    //sonst-Teil
}
```

(zweiseitige bedingte Anweisung)

```
if (Bedingung)
{
    //dann - Teil
}
```

(einseitige bedingte Anweisung)

ungleich	!=
gleich	==
kleiner	<
größer	>
kleiner gleich	<=
größer gleich	>=

9 *Vergleichsoperatoren in Java*

Bedingungen (②) sind aus der funktionalen Modellierung als *Aussagen* bekannt. Auch in Java ist eine Bedingung ein Ausdruck, der bei der Auswertung nur die Werte true oder false ergeben kann.

Ausdrücke mit einem booleschen Wert als Ergebnis nennt man **logische Ausdrücke**. Um sie bilden zu können, werden **Vergleichsoperatoren** wie in der Abbildung 9 verwendet. Es sind Aussagefunktionen, wie sie auch in Rechenblättern und Datenbankabfragen verwendet werden. Nur die Schreibweise der ersten beiden Operatoren ist etwas anders.

Hinweise

- Vorsicht Verwechslungsgefahr: Ein einzelnes Gleichzeichen „=" steht für eine Wertzuweisung. Der Vergleichsoperator besteht aus zwei Gleichzeichen „=="!
- Nur die beiden Vergleichsoperatoren „ungleich" und „gleich" können sowohl auf Zeichenketten als auch auf Zahlen angewendet werden!

Nun lässt sich die Methode *Weiterschalten* entsprechend den Überlegungen im Struktogramm umsetzen:

```
void Weiterschalten()
{
    if (Ampelphase == "rot")
    {
        RotgelbSetzen();
    }
    else
    {
        if (Ampelphase == "rotgelb")
        {
            GruenSetzen();
        }
        else
        {
            if (Ampelphase == "gruen")
            {
                GelbSetzen();
            }
            else
            {
                RotSetzen();
            }
        }
    }
}
```

Schneller ohne Zeichnen

Ein Zustandsdiagramm ist sehr anschaulich. Ist die Anschaulichkeit nicht so wichtig und reicht die Information aus, welche Zustandsübergänge aufgrund welcher Ereignisse ausgelöst werden, so kann man eine **Zustandsübergangstabelle** verwenden. In der ersten Spalte links stehen alle Zustände; für jedes Ereignis gibt es eine eigene, weitere Spalte (hier der Methodenaufruf *Weiterschalten()*). In der Spalte des Ereignisses wird der Folgezustand eingetragen, der sich durch den von diesem Ereignis ausgelösten Zustandsübergang aus dem Zustand in der ersten Spalte ergibt. Abbildung 10 zeigt die Zustandsübergangstabelle zu dem Diagramm in Abbildung 5 rechts.

	Weiterschalten()
rot	rotgelb
rotgelb	gruen
gruen	gelb
gelb	rot

10 *Zustandsübergangstabelle zur Methode Weiterschalten*

> Durch **Zustandsdiagramme** oder **Zustandsübergangstabellen** lassen sich Abläufe als eine Folge von **Zuständen** modellieren. Übergänge von einem Zustand zum nächsten werden durch **Ereignisse** ausgelöst (auslösende Aktion). Der Ablauf beginnt bei einem festgelegten **Startzustand**.
>
> grafische Darstellung eines Zustandsübergangs:
>
> Ereignis E
> Z1 → Z2
>
> In Programmen sind alle Zuweisungen und Methodenaufrufe, die mindestens einen Attributwert ändern, Ereignisse. Zustandsübergänge werden in Programmen unter Verwendung von bedingten Anweisungen realisiert.

> In Java wird eine **bedingte Anweisung** in der folgenden Form realisiert:
>
> ```
>     if  (Bedingung)
>     {
>         //dann - Teil
>     }
>     else
>     {
>         //sonst - Teil
>     }
> ```
>
> **Bedingungen** in Java sind logische Ausdrücke. Zur Formulierung logischer Ausdrücke stehen die **Vergleichsoperatoren** !=, ==, <, >, <=, >= zur Verfügung.

Aufgaben – Kreuzung

1 Ampel ergänzen

Benutze das Ampel-Projekt aus Aufgabe 2 in Kapitel 4.

a Ergänze in der Klasse AMPEL die Methode *Weiterschalten*. Übersetze und teste.

b Warum würde folgender Ablauf zu einem falschen Ergebnis führen?

    wenn die Ampelphase rot ist,
        dann schalte auf rotgelb;
    wenn die Ampelphase rotgelb ist,
        dann schalte auf grün;
    wenn die Ampelphase grün ist,
        dann schalte auf gelb;
    wenn die Ampelphase gelb ist,
        dann schalte auf rot.

2   Fußgängerampel
Ergänze in der Klasse FUSSGAENGERAMPEL des Projekts aus Aufgabe 1 die Methode *Weiterschalten*. Übersetze und teste.

Aufgaben – Zustandsdiagramme

3   Zustandsdiagramm – einfache Beispiele
   a   Eine Tür kann offen, geschlossen oder zugesperrt sein. Zeichne ein Zustandsdiagramm mit geeigneten Übergängen.
   b   Wasser kann drei Aggregatzustände annehmen. Zeichne ein Zustandsdiagramm und beschrifte alle Übergänge.
   c   Technische Geräte wie Computer und Fernseher haben in der Regel nicht nur die Betriebszustände ‚an' und ‚aus', sondern noch einen dritten. Wie heißt dieser Betriebszustand und warum ist er im Rahmen der Diskussion um den Klimawandel sehr umstritten? Zeichne ein Zustandsdiagramm zu den Betriebszuständen.
   d   Überlege dir selbst weitere einfache Beispiele.

4   Redakteursystem
Moderne Homepages werden häufig mit Content Management Systemen (CMS) erstellt. Neben der strikten Trennung von Inhalt und Darstellung ist ein sogenanntes Redakteursystem eine wichtige Funktionalität eines CMS. Das Redakteursystem ermöglicht folgenden Arbeitsprozess:
Ein (normaler) Nutzer verfasst einen Artikel. Er kann diesen einreichen, aber nicht sofort veröffentlichen. Ein als „Redakteur" ausgezeichneter Benutzer liest den Artikel gegen und kann ihn je nach Qualität zurückweisen oder freigeben. Zurückgewiesene Artikel kann der Autor nach dem Überarbeiten neu einreichen.
   a   Erstelle ein Zustandsdiagramm, das die Zustände eines Artikels und im oben beschriebenen Zusammenhang sinnvolle Zustandsübergänge enthält. Beschrifte die Zustandsübergänge.
   b   Überprüfe, ob dein Zustandsdiagramm auch folgende zwei Fragen beantwortet:
      • Was passiert, wenn ein Autor einen von ihm verfassten, aber noch nicht freigegebenen Text ohne Aufforderung durch einen Redakteur nochmals überarbeitet?
      • Was passiert, wenn ein Autor einen veröffentlichten Artikel aktualisiert?
   c   Stelle den bisherigen Ablauf der Zustände als Zustandsübergangstabelle dar.
   d   Notiere ein Klassendiagramm für die Klassen BENUTZER und ARTIKEL und trage dort wesentliche Attribute ein, die nötig sind, um das Konzept des Redakteursystems umzusetzen.
   e   Trage im Klassendiagramm von ARTIKEL wichtige Methoden ein.

5   Rolltreppe
   a   Erstelle ein Zustandsdiagramm einer Rolltreppe, die die Fahrtrichtung nach dem Anschalten nicht mehr umschalten kann, so wie es in Kaufhäusern üblich ist.
   b   Erstelle ein Zustandsdiagramm einer Rolltreppe, die in einem Wechselrichtungsmodus betrieben wird. Damit ist gemeint, dass die Rolltreppe nach einer gewissen Zeit anhält und sich abhängig davon, ob oben oder unten jemand den Bereich der Treppe betritt, abwärts oder aufwärts wieder in Bewegung setzt.
   c   Ergänze bei a) und b) den Zustand ‚defekt', falls er noch nicht vorhanden ist.
   d   Versuche die Zustandsdiagramme aus a) und b) sinnvoll zu verbinden. Erläutere knapp deinen Lösungsvorschlag.

6 Garagentor

Das Tor einer Tiefgarage hat die Zustände „offen", „geschlossen", „Aufwärtsbewegung" und „Abwärtsbewegung". Es kann von außen durch Fernbedienung und von innen durch einen Seilzug bedient werden. Zwei Kontakte stellen fest, ob das Tor sich in der oberen bzw. unteren Endposition befindet.

Erstelle ein Zustandsdiagramm für dieses Garagentor. Überlege dir verschiedene praktikable Möglichkeiten der Reaktion auf die Bedienung, vor allem, wenn das Tor in Bewegung ist.

7 Zustände

a Wie ist der Zustand eines Objekts festgelegt?

b Abbildung 5 enthält vier Zustände. Begründe, warum dies nicht Objektzustände (Teilaufgabe a) sind!

c Es gibt auch bei Lampen Objektzustände. Erkläre, warum rein nach der Festlegung aus a) die Zustände der Lampen-Objekte unabhängig von dem Zustand eines Ampel-Objekts sind.

Hinweis: Dies ist eine theoretische Überlegung, die zur Reflexion des Begriffs „Objektzustand" führen soll. Selbstverständlich wird in der Praxis der Programmierer dafür sorgen, dass die Lampenzustände zum Zustand der Ampel passen.

Aufgaben – Roboter

8 Dreiertausch

Karol ist in einer Welt, in der vor ihm entweder ein Ziegel oder eine Marke liegen oder sich ein freies Feld befindet. Karol soll nun die Feldbelegungen tauschen und sich dann einen Schritt nach vorn bewegen:

- Liegt ein Ziegel vor ihm, soll er diesen entfernen und eine Marke vor sich legen.
- Liegt eine Marke vor ihm, soll er sie entfernen; damit hat er ein freies Feld vor sich.
- Ist vor ihm ein freies Feld, dann soll Karol einen Ziegel legen.

Erstelle hierzu eine Klasse ARBEIT mit einer Methode *Ausfuehren* (analog zu Aufgabe 9 in Kapitel 4). Führe die Methode *Ausfuehren* über das Kontextmenü mehrfach aus. Eine geeignete Welt wie in Abb. 11 kannst du mit dem Programm RobotKarol erzeugen. Verwende für die Erzeugung des Objekts welt den Konstruktor WELT(). Beim Aufruf dieses Konstruktors öffnet sich ein Dateiauswahlfenster, in dem du die mit dem Programm RobotKarol erstellte Karolwelt auswählen kannst.

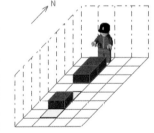

11 Welt für Dreiertausch

9 Dreh dich, aber nicht zu oft!

Auf dem Feld vor Karol liegen zwischen null und drei Ziegel. Karol soll sich entsprechend der Anzahl dieser Ziegel keinmal bis dreimal nach rechts drehen.

Erstelle hierzu eine Klasse ARBEIT mit einer Methode *Ausfuehren*. Verwende eine Welt mit geeigneter Größe. Teste die Anweisungssequenz, indem Karol vorher 0, 1, 2 oder 3 Ziegel vor sich hinlegt.

Hinweise:

- Der Ziegelstapel soll nach dem Ende seiner Arbeit identisch zur Startsituation vorhanden sein.
- Eine Wiederholungsanweisung würde die Lösung ein wenig verkürzen. Verwende sie nicht und betrachte es als Herausforderung, eine Methode zu schreiben, die nur mit der bedingten Anweisung auskommt.

10 Wir sind jetzt mehr

Jetzt arbeiten in der Welt drei Roboter: karol, karoline und karola. Bei jedem Aufruf der Methode *Ausfuehren* der Klasse ARBEIT soll jeder einen Schritt nach vorne machen unter den Bedingungen:
- Steht ein Roboter vor einer Wand, so dreht er sich um.
- Steht vor dem Roboter ein anderer Roboter, so führt er keinen Schritt aus.
Nach dem Schritt setzt der Roboter eine Marke. Definiere die Klasse ARBEIT mit drei Referenzattributen und der Methode *Ausfuehren*. Teste die Methode *Ausfuehren* durch mehrfachen Aufruf. Schau im Handbuch nach, wie man einen Roboter fragen kann, ob vor ihm ein anderer Roboter steht.

Aufgaben – Bedingungen

11 Bedingung, ja oder nein

Entscheide für Abbildung 12, ob folgende Ausdrücke eine Bedingung sein können:
a aktuelleLiedNr < maximaleLiedNr
b cdIstEingelegt
c aktuelleLiedNr = 3
d maximaleLiedNr - 1
e aktuelleLiedNr + 1 == 20

CDPLAYER
boolean istFunktionsfaehig
boolean cdIstEingelegt
int maximaleLiedNr
int aktuelleLiedNr
...
...

12 *Auszug aus dem Klassendiagramm der Klasse CDPLAYER*

12 Verschiedene Bedeutungen des Zeichens „="

a Erkläre jeweils die Bedeutung von „=" in einer Zuweisung, im Objektdiagramm und in der Mathematik.
b Erkläre die Bedeutung von „==". Schaffe Abgrenzungen bzw. Vernetzungen zu Teilaufgabe a).

Aufgabe – Grundwissen – Klassendiagramm

13

Erstelle für den unten beschriebenen Ausschnitt aus der Realität ein Klassendiagramm mit Attributen, Methoden und den Beziehungen zwischen den Klassen. Beschränke dich auf die im Text angesprochenen Gesichtspunkte.

Das Spiel Uno ist beliebt bei alt und jung. Ziel des Spiels ist es, als erster alle Karten abzulegen. Lässt man die Spezialkarten außer Acht, so tragen die Karten jeweils eine der vier Farben rot, blau, gelb, grün und einen Zahlenwert von 0 bis 9. Neben den Karten, die jeder Spieler in der Hand hält, gibt es noch Karten in zwei Stapeln. Auf den einen werden Karten offen abgelegt. Dies ist nur erlaubt, wenn Farbe oder Zahl der abzulegenden Karte und der auf dem Stapel oben liegenden Karte übereinstimmen. Falls der Spieler, der an der Reihe ist, keine passende Karte hat, muss er vom anderen Stapel die oberste der verdeckten Karten ziehen. Sollte er eine passende Karte gezogen haben, dann kann er ablegen. Falls nicht, hat er Pech gehabt und der nächste Spieler ist sofort an der Reihe.

6 Es geht kürzer mit Mehrfachauswahl

In diesem Kapitel lernst du die Mehrfachauswahl kennen, die Programme kürzer und übersichtlicher machen kann. Weiterhin wird besprochen, wie unsinnige Objektzustände mithilfe von Absicherungen vermieden werden können und welchen Zusammenhang es zwischen Objektzuständen und Zuständen in einem Zustandsdiagramm gibt.

Vorausschauender Blick auf eine Kreuzung

Für die Kreuzungssimulation wurde bisher mit den Klassen AMPEL und LAMPE gearbeitet. Der nächste Schritt wäre, mehrere Ampeln zu einer rechtwinkligen Kreuzung zusammenzusetzen, wie mit dem Auftraggeber der Software vereinbart.

Welche Anordnungsmöglichkeiten von vier Ampeln in unserem Koordinatensystem gibt es, um eine übersichtliche Darstellung einer Kreuzung zu erhalten? Welche Erweiterungen der Klasse AMPEL wären notwendig?

Weil die Fahrzeuge an einer Kreuzung aus unterschiedlichen Richtungen ankommen, wäre eine Anordnung wie in Abbildung 1 sinnvoll. Dafür muss die Klasse AMPEL jedoch um ein Attribut ausrichtung und die dazugehörige Methode *AusrichtungSetzen* ergänzt werden. Sinnvolle Attributwerte für die Ausrichtung wären im Rahmen der Aufgabenstellung beispielsweise die vier Himmelsrichtungen.

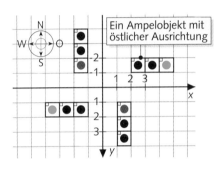

1 Anordnung der Ampeln an einer Kreuzung

Umsetzung in Java

Welche Datentypen wären für das Attribut ausrichtung möglich? Wie sieht der Methodenkopf der Methode *AusrichtungSetzen* aus? Welche Auswirkung hat die Ausrichtung auf bereits vorhandene Methoden der Klasse AMPEL?

Peter Cody wählt aus mehreren Möglichkeiten für das Attribut ausrichtung den Datentyp char, da die Buchstaben S, W, N, O für die Himmelsrichtung aussagekräftig sind. Abhängig von der Ausrichtung ändert sich die Anordnung der Lampen in der Grafik. Dies muss sowohl bei der Methode *AusrichtungSetzen* als auch bei *PositionSetzen* berücksichtigt werden. Da der Vorgang „richtig Anordnen" in mehreren Methoden benötigt wird, entschließt sich Peter, eine zusätzliche Methode *AmpelAnordnen* zu implementieren. Sie ist verantwortlich für das Anordnen der Lampen in der Grafik. Seine Überlegungen spiegeln sich wider in dem erweiterten Klassendiagramm von Abbildung 2. Bei der Umsetzung ergeben sich die sehr kurzen Methodenrümpfe auf der nächsten Seite.

AMPEL
int positionX
int positionY
String ampelphase
char ausrichtung
LAMPE lampeOben
LAMPE lampeMitte
LAMPE lampeUnten
AMPEL()
void GruenSetzen()
void GelbSetzen()
void RotSetzen()
void RotgelbSetzen()
void PositionSetzen(int xNeu, int yNeu)
void AusrichtungSetzen(char ausrichtungNeu)
void AmpelAnordnen()

2 Erweitertes Klassendiagramm, ergänzt durch das Attribut ausrichtung und die Methoden AusrichtungSetzen und AmpelAnordnen.

```
void AusrichtungSetzen(char ausrichtungNeu)
{
    ausrichtung = ausrichtungNeu;
    AmpelAnordnen();
}

void PositionSetzen(int xNeu, int yNeu)
{
    positionX = xNeu;
    positionY = yNeu;
    AmpelAnordnen();
}
```

Bei der Implementierung der Methode *AmpelAnordnen* hält sich Peter an die Vereinbarung, dass in den Werten der Attribute positionX und positionY die Position des Objekts lampeOben festgehalten wird. Nun könnte er wie im letzten Kapitel den Methodenrumpf mit geschachtelten bedingten Anweisungen formulieren. Damals lauteten die Bedingungen zum Beispiel ampelphase == "rot", ampelphase == "rotgelb". Auch jetzt würden die Bedingungen die Form „Wert eines Attributs == ...“ haben. Der Datentyp des Attributs ist dieses Mal allerdings char! Mit den Datentypen int und char kann in Java eine Kontrollstruktur verwendet werden, die diesen Ablauf einfacher beschreibt. Diese Sonderform der bedingten Anweisung heißt **Mehrfachauswahl**. Abbildung 3 zeigt das zugehörige Struktogramm:

'S'	'W'	ausrichtung		
		'N'	'O'	sonst

lampeOben.PositionSetzen(positionX, positionY);
lampeMitte.PositionSetzen(positionX, positionY+1);
lampeUnten.PositionSetzen(positionX, positionY+2);
	lampeOben.PositionSetzen(positionX, positionY);
	lampeMitte.PositionSetzen(positionX-1, positionY);
	lampeUnten.PositionSetzen(positionX-2, positionY);
		...	...	

3 *Struktogramm zur Mehrfachauswahl der Methode AmpelAnordnen*

Hat das Attribut ausrichtung den Wert 'S', so werden die Anweisungen in der darunter liegenden Spalte ausgeführt. Ist der Attributwert von ausrichtung 'W', so gibt die zweite Spalte an, was zu tun ist usw.

In Java sieht der Quelltext der Methode *AmpelAnordnen* wie folgt aus:

```
void AmpelAnordnen()
{
    switch (ausrichtung)
    {
        case 'S':
            lampeOben.PositionSetzen(positionX, positionY);
            lampeMitte.PositionSetzen(positionX, positionY+1);
            lampeUnten.PositionSetzen(positionX, positionY+2);
            break;
        case 'W':
            lampeOben.PositionSetzen(positionX, positionY);
            lampeMitte.PositionSetzen(positionX-1, positionY);
            lampeUnten.PositionSetzen(positionX-2, positionY);
            break;
        case 'N':
            lampeOben.PositionSetzen(positionX, positionY);
            lampeMitte.PositionSetzen(positionX, positionY-1);
```

```
            lampeUnten.PositionSetzen(positionX, positionY-2);
            break;
        case 'O':
            lampeOben.PositionSetzen(positionX, positionY);
            lampeMitte.PositionSetzen(positionX+1, positionY);
            lampeUnten.PositionSetzen(positionX+2, positionY);
            break;
        }
    }
```

Hinweise

- Zeichen, also Objekte vom Datentyp char, müssen von einfachen Anführungszeichen eingeschlossen sein. Dies ermöglicht eine Unterscheidung von Zeichenketten (Objekte vom Datentyp String!) mit der Länge 1.
- Das Schlüsselwort break verhindert, dass nach einer Verzweigung auch noch alle nachfolgenden Anweisungen in den anderen Verzweigungen ausgeführt werden. Würde das Schlüsselwort im Beispiel oben fehlen, so würden zum Beispiel alle zwölf Anweisungen ausgeführt werden, falls der Wert von ausrichtung 'S' wäre.
- Die Mehrfachauswahl in Java akzeptiert beim Auswahlkriterium von den bisher bekannten Datentypen nur int und char, nicht jedoch float und String.

Allgemein hat die Mehrfachauswahl in Java folgende Syntax:

```
    switch (Auswahlkriterium)
    {
        case wert1:
            //Anweisungen für Fall 1
            break;
        case wert2:
            //Anweisungen für Fall 2
            break;
        ...
        default:
            //Anweisungen für sonst
    }
```

Die nach dem Schlüsselwort default aufgelisteten Anweisungen werden nur ausgeführt, wenn es keine Übereinstimmung gibt. Der default-Teil ist optional, genauso wie der else-Teil bei der bedingten Anweisung.

Testen …

Da man als Entwickler nicht unvoreingenommen gegenüber seinen eigenen Programmen ist, führen die Mitarbeiter bei SimSoftLab gegenseitig Kontrollen der Softwarequalität durch. Deshalb übergibt Peter Cody die Klasse AMPEL zum Testen an Jenni Zirbnich, nachdem er mit seiner Implementierung zufrieden ist. Jenni erzeugt ein Objekt und testet die Funktionalitäten, die bislang gefordert sind. Dabei kann sie keine Mängel feststellen. Weiterhin führt Jenni auch Methodenaufrufe mit unsinnigen Eingabewerten aus. Abbildung 4 zeigt die Attributwerte, die sie dabei erhält.

ampel : AMPEL	
int positionX	100
int positionY	-100
String ampelphase	"rot"
char ausrichtung	'Z'

4 *Attributwerte des Objekts ampel*

Warum ist Jenni unzufrieden mit dem Verhalten der Ampel? Worin liegt die Ursache? Wie lassen sich die Fehler korrigieren?

... und Absichern

Da das Koordinatensystem zur Darstellung der Kreuzung nur 10 Einheiten in jede Richtung zur Verfügung hat, kann eine Ampel mit dem x-Koordinatenwert 100 dort nicht positioniert werden. Der Wert 'Z' für die Ausrichtung ist sinnlos, weil er keiner der Himmelsrichtungen zugeordnet werden kann.

Solche sinnlosen Attributwerte können verhindert werden, indem die Setzmethode die Eingabewerte überprüft und nur erlaubte Werte zulässt. Solche Absicherungen, die unsinnige Situationen verhindern, werden durch das Erfüllen von Bedingungen erreicht. So muss die Methode *AusrichtungSetzen* die Bedingung "Dem Attribut ausrichtung werden nur die Werte 'S', 'W', 'N' oder 'O' zugewiesen." erfüllen. Für die Methode *PositionXSetzen* wäre $-8 \leq positionX \leq 7$ eine sinnvolle Absicherung, da damit unabhängig von der Ausrichtung die Ampel immer im begrenzten Koordinatengitter gezeichnet werden kann.

Logische Operatoren in Java

Peter verwendet die Vergleichsoperatoren <= und >=, um in der Methode *PositionSetzen* die ausschließliche Verarbeitung von korrekten Eingabewerten zu garantieren. Mit geschachtelten if-Anweisungen könnte man dies umsetzen, wenn auch ein wenig umständlich. Es geht einfacher: Aus der funktionalen Modellierung sind für das Zusammensetzen von Bedingungen die logischen Funktionen UND, ODER und NICHT bekannt. In Java werden diese durch die Operatoren &&, || und ! realisiert. So formuliert Peter mithilfe des Operators && die Bedingung knapp und übersichtlich:

```
void PositionSetzen(int xNeu, int yNeu)
{
   if ((xNeu <= 7) && (xNeu >= -8) && (yNeu <= 7) && (yNeu >= -8))
   {
        positionX = xNeu;
        positionY = yNeu;
        AmpelAnordnen();
   }
}
```

 Bei der Infixnotation („4+5") steht der Operator zwischen den Eingabewerten; im Gegensatz zur Präfixnotation („plus(4, 5)"), wo der Funktionsname davor notiert ist.

Hinweis:

Die Operatoren || und && werden in ❯ Infixnotation verwendet, der Operator ! wird dagegen vorangestellt (Präfixnotation).

? Wie lautet ein verbesserter Rumpf der Methode *AusrichtungSetzen*, der sinnlose Werte für das Attribut ausrichtung ausschließt?

Bei der Absicherung der Methode *AusrichtungSetzen* muss Peter sicherstellen, dass eine der Bedingungen „ist S", „ist W", „ist N" oder „ist O" für den Eingabewert erfüllt ist. Er verbessert die Implementierung der Methode wie folgt:

```
void AusrichtungSetzen(char ausrichtungNeu)
{
   if ((ausrichtungNeu == 'S') || (ausrichtungNeu == 'W') ||
       (ausrichtungNeu == 'N') || (ausrichtungNeu == 'O'))
   {
        ausrichtung = ausrichtungNeu;
        AmpelAnordnen();
   }
}
```

Überlegungen zu Zuständen

In Kapitel 2 wurde ein Zustand eines Objektes wie folgt definiert: "Der Zustand eines Objektes wird durch die Gesamtheit der Werte aller seiner Attribute definiert."

2

Wie viele verschiedene Zustände sind bei einem Objekt der Klasse AMPEL theoretisch möglich? Welchen Einfluss hat die eben durchgeführte Veränderung der Methode *AusrichtungSetzen* auf die Anzahl der Zustände?

?

Objekte der Klasse AMPEL haben die Attribute positionX, positionY, ampelphase und ausrichtung. Die ersten beiden Attribute sind vom Typ int. Java kann mit ganzen Zahlen bis zur Größe von ca. 2 Milliarden arbeiten. Von diesen sehr vielen Möglichkeiten ist bei der gewählten Art der Darstellung der Kreuzung nur jeweils der Bereich von –8 bis 7 sinnvoll. Das ergibt 16 Möglichkeiten für positionX und ebenso viele für positionY. Berücksichtigt man auch die Einschränkungen des Wertebereichs bei der Ausrichtung und die vier verschiedenen Ampelphasen, kann eine Ampel 16*16*4*4 = 4096 verschiedene Zustände annehmen, die sinnvoll sind.

Die Gesamtheit aller Zustände teilt sich innerhalb des Modells in sinnvolle und nicht sinnvolle. In Abbildung 5 wird dies durch rote bzw. graue Kreise visualisiert, wobei die Darstellung durch das Weglassen der Attribute ampelphase und positionY vereinfacht wurde.

Über Methodenaufrufe verändert sich der Zustand des Ampelobjekts. Arbeitet der Programmierer gut, werden nicht alle theoretisch möglichen Zustände erreicht, sondern nur die im Modell vorgesehen. In den Abbildungen 5 und 7 sind Zustandsübergänge des Objekts ampel durch Methodenaufrufe mit grünen Pfeilen veranschaulicht.

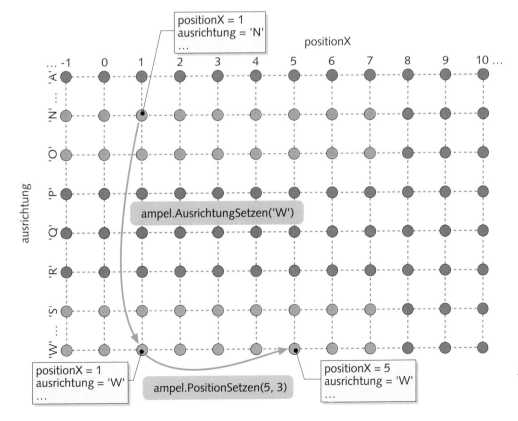

5 Wechsel von Zuständen am Beispiel zweier Methodenaufrufe

* Zustände zusammenfassen

In einem Zustandsdiagramm soll nun die Arbeitsweise der Methode *AusrichtungSetzen* veranschaulicht werden.

? Welche Zustände sind für das Zustandsdiagramm sinnvoll? Welchen Zusammenhang gibt es zwischen den Zuständen des Diagramms und allen möglichen Objektzuständen eines Objekts der Klasse AMPEL?

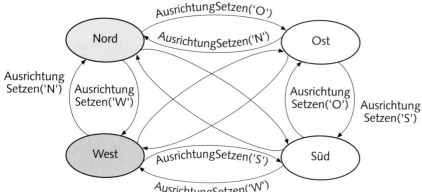

6 *Zustandsdiagramm zur Methode AusrichtungSetzen*

Da die Methode *AusrichtungSetzen* nur den Wert des Attributs ausrichtung verändert, ist es sinnvoll, für ihr Zustandsdiagramm die vier Zustände Nord, Ost, Süd, West zu wählen. Abbildung 6 zeigt das Diagramm, in dem allerdings der besseren Übersicht wegen die Beschriftung von vier Zustandsübergängen weggelassen wurde. Auch die Werte der Attribute positionX, positionY und ampelphase wurden nicht berücksichtigt, da sie bei Aufrufen der Methode *AusrichtungSetzen* unverändert bleiben.

In jedem der Zustände Nord, Ost, Süd, West des Zustandsdiagramms werden wie beschrieben 16*16*4 = 1024 Objektzustände einer Ampel zusammengefasst. Das Zusammenfassen wird in Abbildung 7 für die Zustände Nord bzw. West durch das hellblaue Rechteck bzw. lila Rechteck visualisiert.

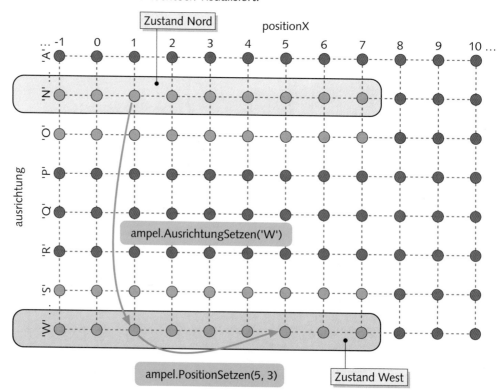

7 *Zusammenfassung von Objektzuständen; vereinfachte Darstellung wie in Abb. 5*

Allgemein lässt sich festhalten, dass Zustände eines Zustandsautomaten problemorientierte Zusammenfassungen von Objektzuständen sind. Je nach Ziel der Modellierung kann es unterschiedliche Zustände und damit unterschiedliche Zustandsdiagramme zu einem Objekt geben.

Beispielsweise enthalten die Zustandsdiagramme in Abbildung 6 in diesem Kapitel und in Abbildung 5 im letzten Kapitel völlig unterschiedliche Zustände, weil hier ampelphase zur Entwicklung der Methode *Weiterschalten* wichtig ist. Im letzten Kapitel war es ausrichtung zur Entwicklung der Methode *AusrichtungSetzen*. Die Objektzustände sind jedoch in beiden Fällen gleich, sie sind nur unterschiedlich zusammengefasst.

In Setzmethoden muss die Einhaltung sinnvoller Werte für die Attribute gewährleistet werden. Die Bedingungen, die erfüllt sein müssen, nennt man **Absicherungen**.

In Java wird eine **Mehrfachauswahl** mit folgender Syntax realisiert:

```
switch (Auswahlkriterium)
{
    case wert1:
        //Anweisungen für Fall 1
        break;
    case wert2:
        //Anweisungen für Fall 2
        break;
    ...
    default:
        //Anweisungen für sonst
}
```

Die **logischen** Funktionen UND, ODER, NICHT sind in Java durch die **Operatoren** &&, || bzw. ! implementiert.

Aufgaben – Kreuzung

1 **Ampel ergänzen**

    a Erweitere die Klasse AMPEL um das Attribut ausrichtung.

    b Implementiere die Methode *AmpelAnordnen*, die die Lampen der Ampel in Abhängigkeit von den Attributen positionX, positionY und ausrichtung anordnet und zeichnet.

    c Ergänze die Methode *AusrichtungSetzen* und passe *PositionSetzen* an die neue Situation an. Auch der Konstruktor muss geändert werden; zuerst werden alle Attribute auf einen definierten Anfangswert gesetzt, danach kann *AmpelAnordnen* verwendet werden.

    d Versuche bei einem Objekt der Klasse AMPEL Attributwerte zu erzeugen, die nicht sinnvoll sind.

    e Optimiere die Methoden *AusrichtungSetzen* und *PositionSetzen* so, dass nur noch sinnvolle Werte für die Attribute möglich sind.

2 Fußgängerampel ergänzen

Erweiterte die Klasse FUSSGAENGERAMPEL analog zur Klasse AMPEL um die Möglichkeiten einer Ausrichtung.

* 3 Ausgabefenster

Durch die Verbesserung der Methode *AusrichtungSetzen* wurde zwar verhindert, dass falsch eingegebene Werte zum Attribut ausrichtung gelangen. Es wäre aber von Vorteil, wenn man im Fehlerfall eine Fehlermeldung sehen könnte. Für Fehlermeldungen kann man die in Java implementierte Methode *println* verwenden, wie im folgenden Quelltextausschnitt gezeigt:

```java
void AusrichtungSetzen(char ausrichtungNeu)
{
    if ((ausrichtungNeu == 'S') || (ausrichtungNeu == 'W') ||
        (ausrichtungNeu == 'N') || (ausrichtungNeu == 'O'))
    {
        ausrichtung = ausrichtungNeu;
        AmpelAnordnen();
    }
    else
    {
        System.out.println("Unzulässiger Eingabewert
        in der Methode AusrichtungSetzen!");
    }
}
```

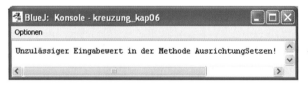

8 *Ausgabefenster*

3

Der Aufruf der Methode *println* im default-Teil gibt die als Eingabewert übergebene Zeichenkette als Fehlerhinweis in einem Fenster aus. *println* ist eine Methode, die im Java-System als Methode eines Objekts System.out implementiert ist. Wie gewohnt erfolgt ein Methodenaufruf in Punktnotation so, dass der Objektname System.out vor dem eigentlichen Methodennamen *println* stehen muss. Wird nun die Methode *AusrichtungSetzen* mit einem unzulässigen Wert aufgerufen, öffnet sich ein Ausgabefenster mit der Fehlermeldung (Abbildung 8).

a Ergänze die Fehlermeldung in der Methode *AusrichtungSetzen* und teste.

Mit dem Ausgabefenster können auch Attributwerte angezeigt werden. Dies wäre im Quelltext oben beispielsweise durch folgende Zeile möglich:

```java
System.out.println("Der Attributwert zu Ausrichtung ist " + ausrichtung);
```

- Der erste Teil innerhalb des Klammerpaares ist eine Zeichenkette, erkennbar an der Einrahmung mit Anführungszeichen. Diese Zeichenkette wird exakt so ausgegeben, wie sie im Quellcode steht.
- Der hintere Teil ist der Name des Attributs (ohne Anführungszeichen!). Der Attributname dient als Platzhalter, ausgegeben wird der Attributwert.
- *println* erwartet als Parameter eine einzige Zeichenkette (String). Hat die Zeichenkette mehrere Bestandteile, müssen diese aneinandergehängt werden. Dazu verwendet man das Zeichen „+".

b Ergänze die neue Zeile in der Methode *AusrichtungSetzen* und teste.

c Ändere die eben eingefügte Zeile so um, dass du auch das Wort ausrichtung mit Anführungszeichen einrahmst. Teste wieder und erkläre das Ergebnis.

Hinweis:

Das Ausgabefenster ist insbesondere bei Entwicklungsumgebungen ohne Objektinspektor ein wichtiges Hilfsmittel, Fehler zu entdecken.

＊ 4   Aufzählungstypen (⟩ enumeration class)

⟩ engl. enumeration: Aufzählung

Hinweis: Diese Aufgabe ist nur für Spezialisten, die keine Berührungsängste vor neuen Elementen einer Programmiersprache haben und viel ausprobieren wollen.

Genauso wie SQL kennt auch Java Aufzählungstypen. Sie sind spezielle Klassen, die nur aus einer Menge fester Werte ohne weitere Eigenschaften bestehen. In Java werden enum-Klassen wie folgt notiert:

```
enum BezeichnerDesAufzaehlungstyps
{
        wert1, wert2, wert3, ..., wertn
}
```

Der Aufzählungstyp für die Ausrichtung lautet somit:

```
enum Ausrichtungen
{
        nord, sued, ost, west
}
```

Hat man den Aufzählungstyp Ausrichtungen festgelegt, kann man den Datentyp des Attributs ausrichtung der Klasse AMPEL von char auf Ausrichtungen ändern.

a Welchen Vorteil hat der Datentyp Ausrichtungen für das Attribut ausrichtung im Vergleich zum Datentyp char?

Um auf einen Wert der Aufzählungsklasse zugreifen zu können, muss man eine Punktnotation verwenden, z. B. Ausrichtungen.nord.

So wäre ein korrekter Methodenaufruf: *AusrichtungSetzen(Ausrichtungen.nord);*

b Ergänze in deinem Projekt die eben beschriebene Aufzählungsklasse und passe die Klassen AMPEL bzw. FUSSGAENGERAMPEL entsprechend an.

c Ergänze eine Aufzählungsklasse enum Ampelphasen {rot, rotgelb, gruen, gelb} und passe wie in Teilaufgabe a) die Ampelklassen an.

Aufgaben – logische Operatoren

5 Einfache Stromkreise

Rechts ist der Schaltplan einer Oderschaltung abgebildet.

a Übertrage die Tabelle in dein Heft und ergänze in den freien Feldern die Information, ob die Lampe leuchtet (an) oder nicht (aus).

ODERSCHALTUNG	S1 geschlossen	S1 offen
S2 geschlossen		
S2 offen		

9 Schaltplan zur Oderschaltung

ODERSCHALTUNG
s1geschlossen
s2geschlossen
lampeLeuchtet
ODERSCHALTUNG()
S1Druecken()
S2Druecken()

10 *Klassendiagramm*
ODERSCHALTUNG

b Schreibe in der Programmiersprache eine Klasse ODERSCHALTUNG entsprechend dem Klassendiagramm in Abbildung 10. Erstelle vor der Umsetzung das erweiterte Klassendiagramm.

c Ergänze die Klasse ODERSCHALTUNG durch ein Referenzattribut auf ein Objekt der Klasse LAMPE, das dazu dient, den Wert des Attributs lampeLeuchtet in einem Grafikfenster zu veranschaulichen („schwarz" ist aus, „gelb" ist an).

d Erstelle in analoger Weise eine Klasse UNDSCHALTUNG; zuerst als Klassendiagramm, dann als Programm.

6 Bedingungen

Formuliere mit geeigneten Vergleichsoperatoren und logischen Operatoren folgende Bedingungen:

a Ist „1.1 * 1.1" gleich dem Wert „1.21"?

b Liegt der Wert eines Attributs spannungswert zwischen −3 und +3?

c Ist der Wert eines Attributs wertentwicklung entweder negativ oder größer als 50?

In der Abb. 11 ist ein Ausschnitt eines Klassendiagramms der Klasse CDPLAYER zu sehen. Die letzten beiden Teilaufgaben beziehen sich darauf.

d Wird gerade das Lied mit der Nummer 7 gespielt?

e Ist keine CD eingelegt?

CDPLAYER
boolean cdIstEingelegt
int aktuelleLiedNr
...
...

11 *Ausschnitt eines Klassendiagramms der Klasse CDPLAYER*

Aufgaben – Roboter

7 Immer zur Sonne – Mehrfachauswahl

Karol soll immer nach Süden blicken, egal in welche Richtung er vorher schaute. Erstelle hierzu eine Klasse ARBEIT mit einer Methode *Ausfuehren* (analog Aufgabe 9 in Kapitel 4). Benutze als Kontrollstruktur die Mehrfachauswahl, aber keine Wiederholung. Informiere dich über eine Abfragemethode für die Blickrichtung. Teste mit verschiedenen Startblickrichtungen für Karol.

8 Unsichtbares Quadrat – logische Operatoren

Karol wohnt in einem Quadrat aus unsichtbaren Wänden der Länge 5 und Dicke 1. Die linke obere Ecke des Quadrats liegt bei (2|2). Bei jedem Aufruf der Methode *Ausfuehren* soll Karol einen Schritt nach vorn gehen. Wenn er an einer unsichtbaren Wand des Quadrats anstößt, soll er eine Meldung ausgeben und dann umdrehen.
Löse die Aufgabe mithilfe logischer Operatoren, auch wenn der Weg über eine Mehrfachauswahl ebenfalls möglich ist.
Erstelle hierzu eine Klasse ARBEIT mit einer Methode *Ausfuehren*. Verwende eine Welt mit geeigneter Größe und erzeuge ein Objekt karol, das innerhalb des Quadrats lebt. Teste durch mehrfaches Aufrufen der Methode *Ausfuehren* und durch verschiedene Startpositionen für karol. Informiere dich im Handbuch über Methoden der Klasse ROBOTER, die die Position abfragen bzw. eine Meldung ausgeben können.

7 Dokumentieren

Neu wird für dich sein, dass man mehrere Methoden mit gleichem Namen in einer Klasse implementieren kann. Im Folgenden wird erklärt, wie dies geht und wann so etwas sinnvoll ist. Weiterhin wird erläutert, warum selbstverfasste Klassen unbedingt dokumentiert werden müssen. Ein Werkzeug wird vorgestellt, das die Dokumentation unterstützt.

Eine Kreuzung nur für Kraftfahrzeuge

Nachdem nun die Klasse AMPEL ausreichend getestet ist, macht sich Peter Cody an die Erstellung der Klasse KREUZUNG. Sie muss vier Kraftfahrzeugampeln und acht Fußgängerampeln koordinieren (Abbildung 1).

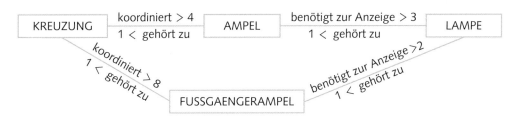

1 Klassendiagramm der gesamten Kreuzung

Im ersten Schritt beschäftigt sich Peter nur mit den vier Ampeln für die Kraftfahrzeuge. Wie sieht das erweiterte Klassendiagramm für die Klasse KREUZUNG aus? Welches weitere Diagramm sollte man noch erstellen, bevor man beginnt, die KREUZUNG in einer Sprache zu implementieren? Welche Überlegungen sind dazu wichtig?

Die Klasse KREUZUNG hat neben den vier Referenzattributen für die Ampeln die Schaltphase als einziges Attribut. Sie legt fest, welche Lichtzeichen bei den vier Ampeln zur selben Zeit angezeigt werden. Beispielsweise bedeutet eine der Schaltphasen grünes Signal der Ampeln in Ost/West-Richtung und gleichzeitig rotes Signal in Nord/Süd-Richtung. Diese Schaltphase soll der Startzustand der Kreuzung sein, da die Straße in Ost/West-Richtung der simulierten Kreuzung die Vorfahrtsstraße ist. Weil die Simulation nur eine einzige Kreuzung betrachtet, liegt die Position der Kreuzung im Koordinatenursprung der Simulationsgrafik. Peter braucht sie nicht zu speichern.

Welcher Datentyp ist für das Attribut schaltphase geeignet? Eine Zeichenkette wie bei der Ampelphase wäre eine Möglichkeit, da für die verschiedenen Zustände der Kreuzung aussagekräftige Namen gewählt werden könnten. Leider ist aber bei Java eine Mehrfachauswahl mit Zeichenketten als Vergleichsparameter nicht möglich, sodass Peter Cody Zahlen des Typs int wählt. Insgesamt identifiziert er sechs verschiedene Schaltphasen. Als einzige Methode von KREUZUNG implementiert er *Weiterschalten*, die einen korrekten Ablauf der einzelnen Schaltphasen garantieren soll.

Seine Überlegungen zu den Zuständen der Kreuzung fasst er im Zustandsdiagramm in Abbildung 3 zusammen. Dabei beschriftet er die Zustände folgendermaßen: Er notiert das angezeigte Signal der Ampeln in Ost/West-Richtung horizontal und das der Ampeln in Nord/Süd-Richtung vertikal und er fügt noch in blau den Zahlenwert des Attributs schaltphase hinzu.

KREUZUNG
int schaltphase
AMPEL ampelNord
AMPEL ampelOst
AMPEL ampelSued
AMPEL ampelWest
KREUZUNG()
Weiterschalten()

2 Klassendiagramm von der Klasse KREUZUNG mit Datentypen

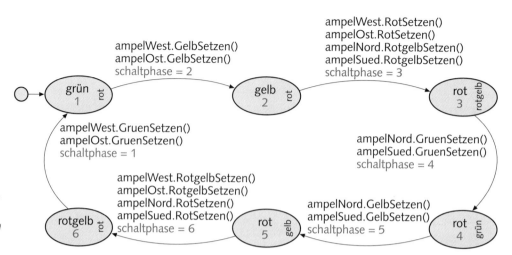

3 *Zustandsdiagramm zur Entwicklung der Methode Weiterschalten der Klasse KREUZUNG*

Hinweise

Das entscheidende Ereignis für die Zustandswechsel des Kreuzungsobjekts ist jeweils die Wertzuweisung des Attributs schaltphase. Die Methodenaufrufe, die ebenfalls Ereignisse bei den Zustandsübergängen in Abbildung 3 kennzeichnen, ändern Zustände von Ampelobjekten.

Mehrere Konstruktoren

Im Konstruktor der Klasse KREUZUNG muss Peter jede Ampel erzeugen und dann ihre Ausrichtung und Position setzen. Das sind jeweils die gleichen drei Schritte. Es wäre günstig, wenn er diese zusätzlichen Setzvorgänge im Konstruktor direkt erledigen könnte. Er nutzt die Möglichkeit, dass eine Klasse mehrere Konstruktoren haben kann. Dies ist jedoch nur erlaubt, wenn sich die Konstruktoren in den Datentypen der Eingabeparameter unterscheiden. Dabei sind die Namen und die Bedeutung der Parameter egal, nur die Liste der zugehörigen Datentypen muss eindeutig sein.

So fügt Peter der Klasse AMPEL einen Konstruktor hinzu, der passend zu seinem Anliegen drei Eingabeparameter hat: die beiden Positionsangaben und die Ausrichtung für das zu erzeugende Objekt. Bei der Ausführung des Konstruktors werden die Attributwerte entsprechend den Eingabewerten gesetzt, wie der folgende Quelltext zeigt:

```
AMPEL(int xNeu, int yNeu, char ausrichtungNeu)
{
    lampeOben = new LAMPE();
    lampeMitte = new LAMPE();
    lampeUnten = new LAMPE();
    lampeOben.FarbeSetzen("rot");
    lampeMitte.FarbeSetzen("schwarz");
    lampeUnten.FarbeSetzen("schwarz");

    PositionSetzen(xNeu, yNeu);
    ampelphase = "rot";
    AusrichtungSetzen(ausrichtungNeu);
}
```

Damit ergibt sich ein kompakter Konstruktor für die Klasse KREUZUNG:

```
KREUZUNG()
{
    schaltphase = 1;
```

```
        ampelNord = new AMPEL(-2, -2, 'N');
        ampelNord.RotSetzen();
        ampelOst = new AMPEL(2, -2, 'O');
        ampelOst.GruenSetzen();
        ampelSued = new AMPEL(1, 1, 'S');
        ampelSued.RotSetzen();
        ampelWest = new AMPEL(-2, 1, 'W');
        ampelWest.GruenSetzen();
    }
```

Hinweise

- Innerhalb des Konstruktors AMPEL wurden die Methoden *PositionSetzen* und *AusrichtungSetzen* verwendet, um auch hier die Absicherungen für den Wertebereich zu garantieren.
- Es ist auch erlaubt, andere Methoden einer Klasse mehrfach zu implementieren. Ebenso wie beim Konstruktor müssen sie sich in den Datentypen der Eingabeparameter unterscheiden. Man nennt dies **Überladen** einer Methode.
  Somit muss innerhalb einer Klasse nicht der Methodenname eindeutig sein, sondern der Methoden*kopf*!

Die Umsetzung der Methode *Weiterschalten* ist durch die Vorüberlegungen im Zustandsdiagramm nicht mehr schwierig:

```
public void Weiterschalten()
{
    switch (schaltphase)
    {
        case 1:
            ampelWest.GelbSetzen();
            ampelOst.GelbSetzen();
            schaltphase = 2;
            break;
        case 2:
            ampelWest.RotSetzen();
            ampelOst.RotSetzen();
            ampelNord.RotgelbSetzen();
            ampelSued.RotgelbSetzen();
            schaltphase = 3;
            break;
        case 3:
            ampelNord.GruenSetzen();
            ampelSued.GruenSetzen();
            schaltphase = 4;
            break;
        case 4:
            ampelNord.GelbSetzen();
            ampelSued.GelbSetzen();
            schaltphase = 5;
            break;
        case 5:
            ampelWest.RotgelbSetzen();
            ampelOst.RotgelbSetzen();
            ampelNord.RotSetzen();
            ampelSued.RotSetzen();
            schaltphase = 6;
```

```
                    break;
            case 6:
                ampelWest.GruenSetzen();
                ampelOst.GruenSetzen();
                schaltphase = 1;
                break;
        }
    }
```

Wissen teilen über eine gute Dokumentation

Mit dem Nummerieren der Zustände (anstelle der Verwendung "sprechender Namen")
hat Peter Cody einen Weg gewählt, der es für Außenstehende schwieriger macht, das
Programm zu verstehen. Man müsste sich erst mühsam in den Quelltext einlesen. Auch
für den Programmierer selbst wird dies umso schwieriger, je weiter die Implementierung
zurückliegt und je umfangreicher der Quellcode ist.

Deshalb dokumentiert Peter die von ihm erstellten Klassen. Dadurch kann sie Jenni Zirbnich mit relativ geringem Einarbeitungsaufwand an einer anderen Baustelle des Projekts
verwenden. Auch einem späteren Bearbeiter dieses Kreuzungsprojekts gibt er so die
Chance, das Projekt weiterzuführen.

Neben den Klassendiagrammen und Zustandsdiagrammen sind Kommentare innerhalb
des Programms wesentlicher Bestandteil jeder Dokumentation. Die direkte Nähe zum
Quelltext hat den Vorteil, dass man Details sofort nachsehen kann. Andererseits muss
man viel blättern, wenn man nicht an Details interessiert ist, denn wenige Zeilen Kommentar stehen oft vielen Zeilen Programmtext gegenüber. Ein weiterer Nachteil ist, dass
bei Kommentaren keine Strukturierung durch Überschriften möglich ist.

Automatische Erzeugung einer Dokumentation als Webseite

Java stellt ein eigenes Werkzeug für eine externe Dokumentation in Form von Webseiten zur Verfügung. Die Information holt sich das Werkzeug aus einer speziellen Form der
Quelltext-Kommentare, den Javadoc-Kommentaren. So muss die Dokumentation nur
einmal erstellt werden und man hat trotzdem die Auswahl zwischen dem Lesen der Kommentare im Quelltext und auf einer Webseite. Javadoc-Kommentare sind dadurch
gekennzeichnet, dass sie nicht wie einfache Kommentare mit „/*", sondern mit der
erweiterten Zeichenfolge „/**" beginnen. Die Javadoc-Dokumentation der Klasse
KREUZUNG ist in der nächsten Abbildung zu sehen.

Klasse KREUZUNG
Die Klasse KREUZUNG beschreibt eine Kreuzung, die aus vier um den Koordinatenursprung positionierten Ampeln
besteht. Die Ampeln signalisieren verschiedene Schaltphasen, wobei mit der Grünphase in Ost/West-Richtung und
gleichzeitig der Rotphase in Nord/Süd-Richtung begonnen wird.
Version 1.0
Autor Peter Cody

Attribute	
int	**schaltphase**
	Das Attribut schaltphase beschreibt, welche Verkehrsströme innerhalb der Kreuzung freigegeben bzw. gesperrt sind; nur die Werte 1 bis 6 sind erlaubt.
	1: grün in Ost/West-Richtung | rot in Nord/Süd-Richtung
	2: gelb in Ost/West-Richtung | rot in Nord/Süd-Richtung
	3: rot in Ost/West-Richtung | rotgelb in Nord/Süd-Richtung
	4: rot in Ost/West-Richtung | grün in Nord/Süd-Richtung
	5: rot in Ost/West-Richtung | gelb in Nord/Süd-Richtung
	6: rotgelb in Ost/West-Richtung | rot in Nord/Süd-Richtung

Referenzattribute	
AMPEL	**ampelNord**
AMPEL	**ampelOst**
AMPEL	**ampelSued**
AMPEL	**ampelWest**
Konstruktor	
KREUZUNG ( ) Erzeugt die vier Ampeln, positioniert sie um den Ursprung und setzt die Lichtsignale so, dass eine Grünphase in Ost/West-Richtung und gleichzeitig eine Rotphase in Nord/Süd-Richtung vorliegt.	
Methoden	
void	**WEITERSCHALTEN** ( ) Schaltet die Ampeln an der Kreuzung, ausgehend vom Wert im Attribut schaltphase, in den nächsten Zustand entsprechend einer vorgegebenen Reihenfolge.

4 *Dokumentation der Klasse KREUZUNG als Webseite*

Die Dokumentation blendet den Quelltext und damit alle Implementierungsdetails aus. Es wird nur angezeigt, was eine Klasse leistet und wie sie benutzt werden kann. Damit beschreibt die Dokumentation die Schnittstelle einer Klasse.

Die **Dokumentation** einer Klasse muss alle wesentlichen Informationen enthalten. So kann ein anderer Programmierer zum Beispiel Objekte mit ihren Attributen und Methoden zielgerichtet verwenden, ohne einen Blick auf den Quelltext werfen zu müssen.

In Java kann es in einer Klasse mehrere Methoden mit dem gleichen Namen geben, wenn sie sich in den Datentypen der Eingabeparameterliste unterscheiden. Dies wird häufig beim Konstruktor genutzt, um in unterschiedlichen Anwendungsfällen schnell und passend Objekte erzeugen zu können.

65

Aufgaben – Kreuzung

1   Die Klasse KREUZUNG

a   Ergänze in der Klasse AMPEL einen Konstruktor mit folgendem Methodenkopf:
`AMPEL(int xNeu, int yNeu, char ausrichtungNeu)`

b   Schreibe eine Klasse KREUZUNG, zunächst nur für Kraftfahrzeugampeln. Der Konstruktor setzt die Ampeln auf ihre Position und versetzt sie in den Startzustand.

c   Entwirf das Struktogramm für eine Methode *Weiterschalten*, die die Kreuzung der Reihe nach durch die in Abbildung 3 angegebenen Zustände schaltet.

d   Ergänze in der Klasse KREUZUNG die Methode *Weiterschalten*.

2   Unterschiedliche Konstruktoren

a   Ergänze einen weiteren Konstruktor in der Klasse AMPEL, der als zusätzlichen vierten Eingabewert die Start-Ampelphase hat.
Hinweis: Es ist sinnvoll, dabei die Methoden *GruenSetzen* usw. zu verwenden.

b   Teste den Konstruktor, indem du mit ihm mehrere Objekte der Klasse AMPEL erzeugst, jeweils mit verschiedenen Eingabewerten.

c   Verkürze den Konstruktor der Klasse KREUZUNG, indem du den Konstruktor aus Teilaufgabe a) verwendest.

d   Vergleiche den Mehraufwand in a) mit dem verringerten Aufwand in c). Lohnt sich der Umbau unterm Strich?

3   Dokumentation

a   Füge in der Klasse KREUZUNG Javadoc-Kommentare ein. Diese sollten die Klasse selbst, ihre Methoden und das Attribut schaltphase näher beschreiben.

b   Erzeuge mit deinem Werkzeug die Klassendokumentation als Webseite. Lies deine Javadoc-Kommentare von Teilaufgabe a) als Webseite aus. Optimiere deine Dokumentation, wenn du nicht zufrieden bist.

c   Ergänze auch bei den anderen Klassen deines Projekts die Kommentare.

4   Weitere Zustandsfolgen beim Ein- und Ausschalten der Ampel

a   Beim Einschalten wird zunächst die über die Verkehrsschilder definierte Vorfahrtsrichtung (bei uns: Ost/West) auf grün geschaltet, die andere Richtung auf rot. Ergänze dein Zustandsdiagramm.

b   Zum Ausschalten soll die Ampel auf grün für die Vorfahrtsstraße stehen. Ergänze dein Zustandsdiagramm so, dass von jedem Zustand aus eine passende Sequenz durchlaufen wird.
Kennzeichne das Ende des Ausschaltvorgangs durch einen Übergang von dem Zustand „ausgeschaltet" in das Symbol für einen Endzustand (Abbildung 5).

5 *Symbol für einen Endzustand*

5   Fußgängerampeln ergänzen
Ergänze die Klasse FUSSGAENGERAMPEL um einen Konstruktor, der sowohl die Eingabe der Position als auch der Ausrichtung erlaubt.

Aufgaben – Überladen einer Methode

6 Viele Konstruktoren

Eine Klasse AMPEL soll die Konstruktoren unten erhalten. Benenne diejenigen, bei denen der Compiler einen Konflikt meldet. Begründe knapp.

```
AMPEL()
AMPEL(int positionXNeu, int positionYNeu)
AMPEL(int XNeu, int YNeu)
AMPEL(int positionYNeu, int positionXNeu)
AMPEL(char ausrichtungNeu)
AMPEL(int positionXNeu, char ausrichtungNeu)
AMPEL(int positionYNeu, char ausrichtungNeu)
AMPEL(char ausrichtungNeu, int positionYNeu)
AMPEL(int positionXNeu, int positionYNeu, char ausrichtungNeu)
```

Hinweis zum praktischen Vorgehen:

Erstelle eine Kopie deines aktuellen Kreuzungsprojekts. Füge in der Klasse AMPEL die oben aufgelisteten Konstruktoren jeweils mit einem leeren Methodenrumpf ein, sofern sie noch nicht vorhanden sind, und übersetze dann.

Lösche die Konstruktoren, die eine Fehlermeldung verursachen, nachdem du die Ursache der Meldung verstanden hast.

Aufgaben – Roboter

7 Viele Konstruktoren

Die Klassen WELT und ROBOTER haben jeweils mehrere Konstruktoren. Welche sind das? Überlege dir für jeden der Konstruktoren einen sinnvollen Anwendungsfall.

8 Dokumentation eines BlueKarol-Projektes

Erzeuge mit deinem Werkzeug die Java-Dokumentation eines beliebigen von dir bearbeiteten BlueKarol-Projekts als Webseite. Du wirst feststellen, dass die Klassen ROBOTER und WELT ausführlich mit Javadoc-Kommentaren ausgestattet sind und alle wichtigen Informationen in der Webseite angezeigt werden.

Ergänze nun Javadoc-Kommentare in deiner Klasse ARBEIT und aktualisiere die Webseite.

Aufgabe – Grundwissen

9 Objektkommunikation

a Erläutere an einem Beispiel, wie Objekte miteinander kommunizieren.

b Erkläre, warum eine Beziehung zwischen Objekten eine notwendige Voraussetzung für die Objektkommunikation ist.

c Führe unter Anleitung deiner Lehrkraft mehrere Aufrufe der Methode *Weiterschalten* eines Ampelobjekts als Rollenspiel durch.

Folgende Fragen sind für die Vorbereitung hilfreich:

- Welche Objekte sind beteiligt?
- Welche Attributwerte der beteiligten Objekte werden geändert?
- Wie sieht das Sequenzdiagramm zum Methodenaufruf *ampel.Weiterschalten()* aus, wenn „rot" der Wert des Attributs ampelphase des Ampelobjekts vor dem Methodenaufruf ist?

8 Daten kapseln durch Zugriffsrechte

Bisherige Kenntnisse werden hier in neuen Beispielen angewendet und vertieft. Dabei erfährst du auch, wie man unerlaubte Verwendungen von Attributen oder Methoden unterbinden kann.

Noch mehr Ampeln
Nachdem die Kreuzung für Kraftfahrzeuge nun funktioniert, ergänzt Peter Cody die Fußgängerampeln.

 An welchen Stellen muss Peter Ergänzungen bzw. Änderungen vornehmen? Wie ist eine übersichtliche Anordnung der Ampeln möglich? Wie sieht das erweiterte Klassendiagramm der Kreuzung aus? Wie müssen die Ampeln schalten, damit die Fußgänger sicher über die Straßen gehen können?

Als einzige Änderung am erweiterten Klassendiagramm müssen acht Referenzattribute für die Fußgängerampeln hinzugefügt werden. Dadurch wird die Beziehung zwischen den Klassen KREUZUNG und FUSSGAENGERAMPEL entsprechend dem Klassendiagramm in Abbildung 1 von Kapitel 7 umgesetzt. Zur übersichtlichen Anordnung der Ampeln wählt Peter die Darstellung in Abbildung 2.

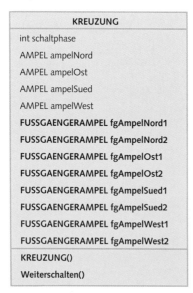

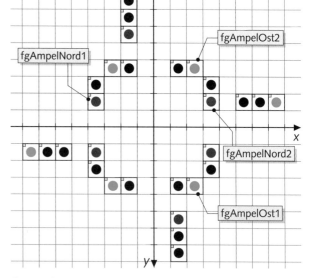

1 *Erweitertes Klassendiagramm nach der Ergänzung der Fußgängerampeln*

2 *Anordnung der Ampeln im Koordinatengitter*

Durch das Hinzufügen der Fußgängerampeln wird eine Änderung der Methode *Weiterschalten* nötig. Dazu zeichnet Peter wieder ein Zustandsdiagramm. Die Ampelphasen für die Kraftfahrzeuge und Fußgänger sind gekoppelt: Haben die Autos in eine Richtung rot, dann zeigen auch die Fußgängerampeln in diese Richtung rot. Allerdings müssen zwei wichtige Besonderheiten beachtet werden.
- Die Fußgängerampeln schalten bereits dann auf grün, wenn die Autos für die entsprechende Richtung rotgelb erhalten. Dadurch können Autofahrer beim Abbiegen die Fußgänger besser erkennen.

- Lange bevor die Ampeln für die Fahrzeuge auf gelb schalten, schalten die Fußgängerampeln bereits wieder auf rot. Dadurch können die Fußgänger die Straße noch in Ruhe
räumen.

Daraus ergeben sich acht verschiedene Schaltphasen für die Steuerung der Verkehrsströme auf der Kreuzung. Um das Zustandsdiagrammm möglichst aussagekräftig zu gestalten, ergänzt Peter in jedes Oval, das einen Zustand modelliert, auch die Ampelphasen der
beteiligten Fußgängerampeln. Die angezeigten Farben der Ost/West ausgerichteten
Ampeln notiert Peter horizontal, wobei Ampelphasen für die Fahrzeuge mit einem senk-
rechten Strich von denen der Fußgängerampeln abgetrennt sind. Analog schreibt er die
angezeigten Farben der Nord/Süd ausgerichteten Ampeln vertikal (Abbildung 3). Es ergibt
sich folgendes Zustandsdiagramm:

3 *Darstellung der Ampelphasen verschiedener
Ampeln in einem Zu-
stand der Kreuzung*

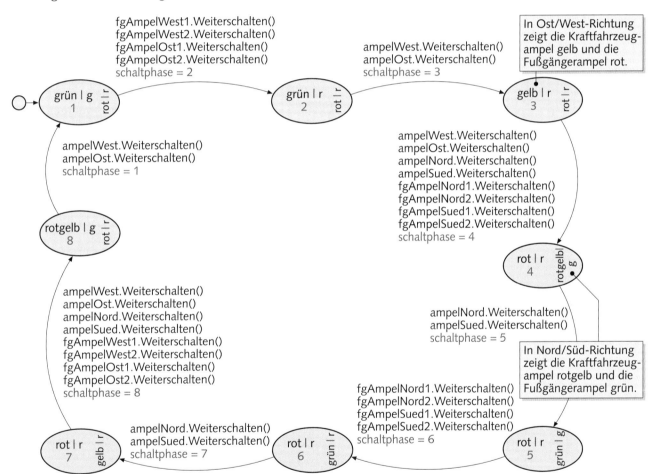

4 *Zustandsdiagramme zur Entwicklung der Methode Weiterschalten() der Klasse KREUZUNG*

Testen

Nachdem Peter Cody die Kreuzung implementiert und geprüft hat, übergibt er sie Jenni
Zirbnich zum Testen. Jenni erzeugt ein Objekt der Klasse KREUZUNG, überprüft die Funktionalitäten und ist soweit zufrieden. Sie ist aber eine „unangenehme" Testerin und hat
noch eine harte Prüfung parat: Wie verhält sich das Programm, wenn man Objekt-

20

referenzen in nicht vorgesehener Weise verwendet? Am Ende des Konstruktors der Klasse KREUZUNG fügt Jenni dazu folgende Zeile ein:

```
ampelWest.ausrichtung = 'Z';
```

? *Was verändert sich durch diese Zeile beim Erzeugen eines AMPEL-Objekts? Welche Auswirkung hat dies auf die Kreuzung?*

Jenni weist also dem Attribut ausrichtung des Objekts ampelWest den Wert 'Z' zu. Um das Objekt ampelWest anzusprechen, verwendet sie, wie gewohnt, die Punktnotation. Eine Wertzuweisung zu einem Attribut eines fremden Objekts und nicht zu den „eigenen" Attributen einer Klasse wurde bisher noch nie durchgeführt. Aber ein Blick in den Objektinspektor nach dem Erzeugen eines Objekts der Klasse KREUZUNG zeigt, dass Jennis Eingriff „erfolgreich" war.

Damit sind alle Bemühungen aus Kapitel 6, in der Methode *AusrichtungSetzen* Absicherungen zu garantieren, umgangen worden! Das ist in diesem Fall zwar unkritisch, da die Kreuzung nach wie vor korrekt arbeitet, aber ähnliche Zuweisungen können auch die gesamte Kreuzungssteuerung ins Chaos stürzen. Man könnte zum Beispiel der Position oder der Ampelphase von Ampelobjekten ungültige Werte zuweisen.

Diese Gefahr unterbindet man, indem man einen direkten Zugriff auf die Attribute fremder Objekte verbietet. Wenn der Zugriff nur über Methoden erfolgt, können diese dafür sorgen, dass Absicherungen eingehalten werden. Diesen Ansatz bezeichnet man als **Datenkapselung**: Die Methoden kapseln die Daten ein.

Zugriffsrechte

Wird keine Angabe zu den Zugriffsrechten gemacht, so ist der Zugriff für alle Klassen innerhalb des gleichen Java-Pakets erlaubt. Ein Java-Paket ist eine Gruppe von thematisch zusammengehörigen Klassen. In manchen Entwicklungsumgebungen heißen die Java-Pakete auch Projekte (z. B. BlueJ-Projekt).

Java kann aber die Zugriffsrechte auf Objekte, Attribute und Methoden einschränken und so den unbefugten Zugriff unterbinden.

Das Schlüsselwort private schränkt den Zugriff auf die eigene Klasse ein und erzwingt auf diese Weise die Datenkapselung. Objekte anderer Klassen können so gekennzeichnete (Referenz-)Attribute oder Methoden nicht verwenden, nur den Methoden der Klasse selbst ist dies gestattet.

Das Schlüsselwort public vor einer Klassen-, (Referenz-)Attribut- oder Methodenvereinbarung erweitert dagegen die Zugriffsrechte: Es erlaubt die Verwendung auch außerhalb des jeweiligen Java-Paketes. Da wir nur mit einem Projekt (Java-Paket) arbeiten, hat diese Angabe in unseren Beispielen keine Auswirkung.

5 *Datenkapselung*

Um die Datenkapselung sicherzustellen, müssen also alle Attribute in der Klasse AMPEL als private deklariert werden.

```
private int positionX;
private int positionY;
private String ampelphase;
private char ausrichtung;

private LAMPE lampeOben;
usw.
```

Damit ist der Sabotageversuch von Jenni nicht mehr möglich. Der Compiler gibt einen Fehler der Art „ausrichtung has private access" aus.

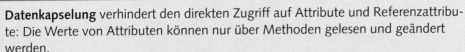

> **Datenkapselung** verhindert den direkten Zugriff auf Attribute und Referenzattribute: Die Werte von Attributen können nur über Methoden gelesen und geändert werden.
> Programmiersprachen unterstützen die Datenkapselung durch **Zugriffsrechte**.

Aufgaben

1 Erweiterung der Klasse KREUZUNG

  a Erweitere die Klasse KREUZUNG um die Fußgängerampeln. Nutze dabei die Konstruktoren der Ampeln mit Eingangsparametern.
     Tipp: Für die Positionierung der Ampeln ist eine Skizze auf kariertem Papier sehr hilfreich.

  b Ergänze das Zustandsdiagramm und die Methode *Weiterschalten* der Klasse KREUZUNG entsprechend. Vereinfache das Zustandsdiagramm unter Verwendung der Methode *Weiterschalten* der Klasse KREUZUNG.

  c Passe deine Javadoc-Kommentare an und aktualisiere deine Dokumentations-Webseite.

2 Zugriffsrechte

  a Ergänze in deinen Klassen für alle Attribute das Zugriffsrecht private.

  b Versuche auf eines der Attribute aus a) von außerhalb der Klasse zuzugreifen. Merke dir die dabei auftretende Fehlermeldung.

  c Welche Methoden kannst du als private vereinbaren?
     Was passiert, wenn du eine Methode als private vereinbarst, die in einer anderen Klasse verwendet wird?

3 Roboter – Datenkapselung

Die Attribute der Klasse ROBOTER haben das Zugriffsrecht private. Wer kann auf diese Attribute direkt zugreifen?

Für die Attribute gibt es keine öffentlichen Setzmethoden zum Ändern der Attributwerte. Welche öffentlichen Methoden muss man aufrufen, um den Wert der Attribute positionX bzw. blickrichtung zu ändern?

Welche Zugriffsrechte haben diese Methoden bei der Klasse ROBOTER? Erkläre, warum es wichtig ist, die Daten des Attributs positionX zu kapseln.

Aufgabe – Grundwissen – Klassendiagramm

4 Erstelle für den unten beschriebenen Ausschnitt aus der Realität ein Klassendiagramm mit Attributen, Methoden und den Beziehungen zwischen den Klassen. Beschränke dich auf die im Text angesprochenen Gesichtspunkte.
Mobilfunkanbieter ermöglicht ihren Kunden den Zugang in ihr Mobilfunknetz über SIM-Karten. Jeder SIM-Karte ist eindeutig eine Telefonnummer zugeordnet und sie ist durch eine PIN vor unbefugtem Zugriff geschützt. Nur mit der SIM-Karte im Mobiltelefon kann man Anrufe tätigen und empfangen. Da die Karte im Betrieb verborgen bleibt, sind für die Kunden das Äußere und die Funktionen ihres Mobiltelefons viel wichtiger. Dazu gehört neben Farbe und Marke auch, ob man Musik abspielen und Bilder aufnehmen kann.

Zum Weiterlesen

1 Entwicklung der Programmiersprachen

Was kann der Computer?

Ein Computer besteht im Wesentlichen aus folgenden Bauteilen: dem Prozessor, dem Arbeitsspeicher und den Peripheriegeräten wie Grafikkarte, Monitor, Tastatur, Maus, Festplatte, CD- oder DVD-Laufwerk. Die eigentliche Arbeit im Rechner leistet der Prozessor zusammen mit dem Arbeitsspeicher.

Der Arbeitsspeicher ist wie ein großer Schrank mit sehr vielen Fächern aufgebaut. Jedes Fach hat seine Nummer, die Maschinenadresse. Sein Inhalt ist eine Bitfolge, die je nach Bedarf als Zahl, Teil einer Zahl oder Zeichen interpretiert wird.

Der Prozessor des Rechners kennt einige Grundoperationen, die Maschinenbefehle. Er beherrscht die Grundrechenarten, kann zwei Zahlen vergleichen, kann Zahlen oder Zeichen an einer Maschinenadresse im Speicher ablegen

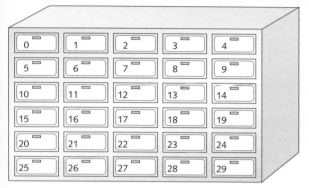

1 Modell für den Arbeitsspeicher

bzw. von dieser Stelle lesen und er ist in der Lage, den Programmablauf durch Sprünge zu anderen Stellen des Programms zu steuern. Allen diesen Grundoperationen des Prozessors (Maschinenbefehlen) sind Bitfolgen (Nummern) zugeordnet, die wie Daten im Speicher abgelegt werden. Jeder Maschinenbefehl benötigt keine, eine oder mehrere Zusatzinformationen. Der Befehl „Addieren" benötigt z. B. noch zwei Maschinenadressen für die Stellen im Arbeitsspeicher, in denen Zahlen abgelegt sind, die addiert werden sollen.

Würde man nun ein Programm so schreiben, dass es der Prozessor direkt bearbeiten kann, so könnte man dieses Programm als eine Abfolge von Zahlen darstellen: Zahlen für Maschinenbefehle, Maschinenadressen oder konstante Zahlenwerte. Man nennt diese Darstellung eines Programms auch Maschinencode.

2 Maschinencode, markierter Additionsbefehl

83df0004 83bf0008 7fdee9d6 3bde0005 93df0000

Dieser Maschinencode ist vom verwendeten Prozessor abhängig, denn verschiedene Prozessoren besitzen oft einen anderen Umfang an Maschinenbefehlen und erfordern für die Maschinenbefehle unterschiedliche Zusatzinformationen.

Es geht besser

> engl. to assemble: anpassen, montieren

In dieser Art und Weise zu programmieren ist nicht effektiv. Sehr früh in der Geschichte der Informatik wurden deshalb Werkzeuge, sogenannte > Assembler, entwickelt, die es erlauben, lesbare Abkürzungen für die Maschinenbefehle und Namen für die Speicheradressen anstatt der Zahlen zu verwenden. Der Assembler übersetzt diesen Code dann in Maschinencode. Aber sehr einfach ist auch das Erstellen von Assemblercode nicht.

3 Assemblercode, markierter Additionsbefehl

```
lwz     r30, 4(r31)
lwz     r29, 8(r31)
mullw   r30, r30, r29
addi    r30, r30, 5
stw     r30, 0(r31)
```

Seit etwa 1950 hat man daher Programmiersprachen entwickelt, die die Anweisungen in einer Schreibweise zur Verfügung stellen, die für den Entwickler wesentlich besser zu verstehen und zu handhaben ist. Der Entwickler erstellt den Programmtext mit den erlaubten Wörtern (Schlüsselwörter) und nach den Regeln der Sprache (der Syntax).

4 *Quellzeile in Modula-2*

i := j * k + 5;

Ein zur Programmiersprache gehöriges Werkzeug, der ❭ Compiler, übersetzt diesen Programmtext in einen für den jeweiligen Prozessor abarbeitbaren Maschinencode.

❭ engl. to compile: übersetzen

Anfangs orientierten sich die ersten Sprachen an der Forderung, den Compiler einfach schreiben zu können. Es entstanden COBOL (COmmon Bussiness Oriented Language) für geschäftliche Aufgaben und FORTRAN (FORmula TRANslation language) für den technisch-wissenschaftlichen Bereich (Abbildung 5). Mit der Vertiefung der Kenntnisse über Sprachstrukturen entstanden dann z. B. mit ALGOL60 (ALGOrithmik Language 1960) Sprachen zur gezielten Umsetzung algorithmischer Strukturen. Mit Smalltalk wurde Anfang der 1980er-Jahre das Zeitalter objektorientierter Sprachen eingeläutet.

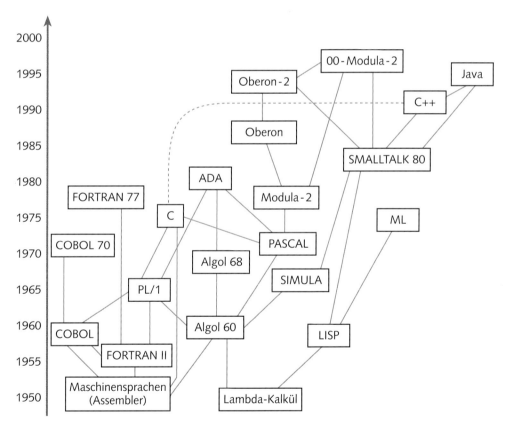

5 *Entwicklung der Programmiersprachen für Compiler*

III Beschreibung von Abläufen

9 Ein neuer Auftrag

In einem neuen Projekt werden zunächst zur Wiederholung und Vertiefung Erkenntnisse des vorangegangenen Kapitels aufgegriffen.

Der optimale Supermarkt

Im neu eröffneten Supermarkt Fixkauf ist Tag für Tag eine Menge los. Barbara Leidorn und Klaus van Dijkstran, zwei Informatiker von SimSoftLab, kaufen dort regelmäßig ein. In der langen Schlange vor der Kasse kommen sie zufällig mit Herrn Sparnix, dem Marktleiter, ins Gespräch. Eigentlich hatten sie gedacht, dass dieser sich über seinen großen Umsatz freut. Er klagt aber über die vielen Beschwerden. Die Kunden meckern, dass sie häufig lange an den Kassen anstehen müssen. Auch die Kassenkräfte beklagen sich über die anstrengenden Arbeitsbedingungen. Doch die Geschäftsführer aus der Zentrale von Fixkauf wollen ihm keine zusätzlichen unbefristeten Stellen für Kassierer genehmigen. Er solle die Situation durch die optimierte Einplanung von Zeitkräften verbessern, die je nach Bedarf im Verkaufsraum, im Lager oder an der Kasse arbeiten. Denn oft kommt es zu Staus an den Kassen, während die Kassenkräfte zu anderen Zeiten untätig herumsitzen. Um für verschiedene wiederkehrende Situationen das optimale Verhältnis von Kunden und offenen Kassen herauszufinden, wäre es notwendig, unter variierenden Bedingungen zuverlässig zu testen. „Da kommen wir ja zum richtigen Zeitpunkt!", denken sich Barbara und Klaus, „Wir hätten da eine Idee ..."

Ein paar Tage später sitzt Herr Sparnix bei SimSoftLab im Büro von Geschäftsführer Ulli Modellix. Von Anfang an hat ihm die Idee der beiden Informatiker gefallen. Rasch war man sich handelseinig und Barbara und Klaus wurden beauftragt, für Fixkauf ein Programm zu entwickeln, das für unterschiedlich viele offene Kassen das Anstellverhalten und die durchschnittliche Wartezeit der Kunden simuliert. Auch die Fixkauf-Zentrale hat mitgezogen, weil sie sich davon verspricht, ohne größeren Personalaufwand auch in den anderen Märkten die Kassensituation und damit die Zufriedenheit verbessern zu können.

 Welche Daten müssen erhoben werden, um die Situation beschreiben und in einem Modell durchspielen zu können?

1 Schlange im Supermarkt

Vor Ort wird zunächst eine Analyse der Situation durchgeführt. Es stehen maximal drei offene Kassen zur Verfügung. Durch Zählungen wird die Kundenanzahl zu verschiedenen Tageszeiten ermittelt. Es wird auch festgehalten, wie lange es dauert, bis für einen Kunden alle Artikel gescannt sind und er bezahlt hat. Die Beobachtungen ergeben, dass dies vor allem von der Anzahl der Artikel abhängt. Hinzu kommt eine feste Basiszeit für den Bezahlvorgang.

Barbara grenzt im Gespräch mit Herrn Sparnix die gewünschten Eigenschaften des Modells weiter ein:

- Das Modell soll sich allein auf die Zone bei den Kassen beschränken. Unregelmäßige Lastspitzen, die zum Beispiel bei plötzlichen Regenfällen auftreten können, sollen ebenso außer Acht gelassen werden wie die Staus durch Kunden, die vergessen haben, ihr Gemüse zu wiegen.
- Auch die Kassenzone selbst muss abstrakter gefasst werden. Natürlich ist es unwesentlich, ob neben der Kasse Kaugummis oder Zeitschriften verkauft werden. Aber auch die geringere Geschwindigkeit der neu angelernten Kassenkräfte soll ebenso wie das langsamere Bezahlverhalten mancher Kunden unberücksichtigt bleiben.
- Als wichtige Objekte im Modell werden zunächst die Kassen identifiziert. Dafür soll eine Klasse KASSE erstellt werden. Jede Kasse hat eine Kassennummer.
- Für den Betriebsablauf an der Kasse sind neben den Kassen die Kunden die wichtigen Objekte. Von besonderer Bedeutung für die Objekte der Klasse KUNDE ist das Attribut artikelzahl.

Im Weiteren geben die Klassendiagramme am Rand an, welche Klassen gerade betrachtet werden.

KASSE
int nummer

KUNDE
int artikelzahl

Darstellung der Objekte

Zwischen SimSoftLab und Herrn Sparnix wird vereinbart, dass die Simulation über eine geeignete grafische Oberfläche dargestellt werden soll. Klaus hat dazu alte Projekte ausgewertet und schon folgende Vorbereitungen getroffen: Er benutzt Objekte der Klassen KUNDENSYMBOL und KASSENSYMBOL zur Darstellung von Kunden und Kassen auf einem vordefinierten Oberflächenobjekt (Fenster mit Zeichenfläche).

? Welche Beziehungen bestehen zwischen den verschiedenen Klassen?

Ein Objekt der Klasse KUNDE wird von einem Objekt der Klasse KUNDENSYMBOL auf einer Oberfläche dargestellt. Jedes Kundenobjekt benötigt deshalb als Attribut eine Referenz auf ein Objekt der Klasse KUNDENSYMBOL. Entsprechendes gilt für die Klassen KASSE und KASSENSYMBOL. Im Klassendiagramm werden diese Beziehungen veranschaulicht. Außerdem enthält es die Attribute und Methodenbezeichner der neuen Klassen sowie wichtige Informationen über die bereits vorgefertigten Klassen KASSENSYMBOL, KUNDENSYMBOL und OBERFLAECHE.

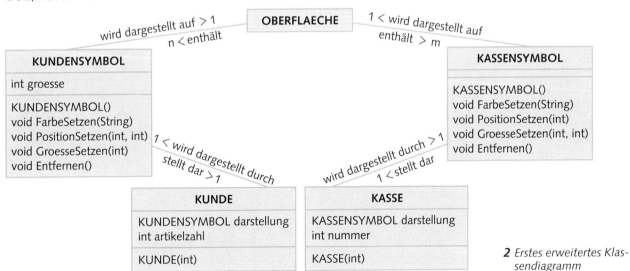

2 Erstes erweitertes Klassendiagramm

Klaus skizziert einen Vorschlag für die Anordnung der Symbole und gibt einen groben Einblick in die Funktionsweise der Methoden:

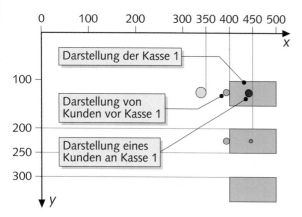

3 Grafische Darstellung mit Koordinatensystem

Als Kassensymbole werden Rechtecke festgelegter Höhe und Breite (Werte 50 und 100) verwendet. Die Position in x-Richtung erhält den festen Wert 400. Die Position in y-Richtung ist 100 für die Kasse 1, 200 für die Kasse 2, ...

Die Position des Kassensymbols hängt nur von der Kassennummer ab; sie ist deshalb der einzige Eingangsparameter. Die x-Position hat den festen Wert 400; die y-Position ist ein Vielfaches von 100, abhängig von der Kassennummer:

```
void PositionSetzen(int kassennummer)
{
    int x;
    int y;
    x = 400;
    y = 100*kassennummer;
    /*Nun folgt ein Methodenaufruf zum Positionieren
    des Darstellungssymbols mit den Werten x und y */
    ...
}
```

Die Attribute x und y werden nur innerhalb dieser Methode zur Berechnung der Position der Kasse benötigt. Deshalb werden sie innerhalb der Methode deklariert. Sobald die Ausführung der Methode beendet ist, müssen die Werte nicht länger aufbewahrt werden. Auf x und y kann nur innerhalb der Methode zugegriffen werden. Man nennt sie deshalb **lokale Attribute** (auch: lokale Variable).

Die Programmzeile `y = 100 * kassennummer` bedeutet: Der aktuelle Wert des Eingangsparameters kassennummer wird mit 100 multipliziert und dieser Termwert wird dem lokalen Attribut y zugewiesen (Abbildung 4).

Die Kunden werden durch Kreise dargestellt, wobei sich die Anzahl der gekauften Artikel in der Größe des Kreises widerspiegelt. Die Methode *GroesseSetzen* hat deshalb den Eingangsparameter artikelzahl vom Typ int. Ein Kunde mit einem Artikel soll 4 Pixel groß sein, ein Kunde mit zwei Artikeln 6 Pixel usw. Dahinter steckt die Berechnungsvorschrift:

```
groesse = 2 * artikelzahl + 2;
```

Diese Programmzeile bedeutet: Der aktuelle Wert des Eingangsparameters artikelzahl wird mit 2 multipliziert und dann wird dazu 2 addiert. Dieser Termwert wird dem Attribut groesse eines Objekts der Klasse KUNDENSYMBOL zugewiesen.

Daneben ist es auch notwendig, dass ein Kunde, der an einer Kasse an einer bestimmten Stelle der Warteschlange ansteht, durch sein zugehöriges Symbol an einer passenden Stelle des Koordinatensystems dargestellt wird.

Dazu besitzt die Methode *PositionSetzen* der Klasse KUNDENSYMBOL die Eingangsparameter kassennummer und kundennummer vom Typ int. Hinter der Bestimmung der Koordinaten auf der Oberfläche stecken folgende Berechnungsvorschriften:

```
x = 450-groesse-kundennummer*50;
y = 100*kassennummer+50/2-groesse/2;
```

4 Zuweisung
y = 100* kassennummer

Dabei sind x und y die Koordinaten der linken oberen Ecke des gedachten Rechtecks, das das Kundensymbol umgibt. 450 ist die x-Koordinate der Mitte des Kassensymbols und 50/2 ist die halbe Kassenhöhe.

? Rechne nach: Wo ist das Kundensymbol bei Aufruf der Methode *PositionSetzen* mit den Wertepaaren (1|1), (1|2), (1|0) und (2|1), wenn das Attribut groesse den Wert 10 hat? Zeichne die Symbole in ein geeignetes Koordinatensystem (wie Abbildung 3) ein!

Aus den Eingangsparametern kassennummer und kundennummer werden die folgenden Werte für x und y berechnet:

kassennummer	kundennummer	groesse	x	y
1	1	10	390	120
1	2	10	340	120
1	0	10	440	120
2	1	10	390	220

Die Kassennummer sorgt so dafür, dass der Kunde eine y-Position passend zur jeweiligen Kasse erhält. Für die vertikal zentrierte Ausrichtung sorgt groesse/2. Aufgrund der Kundennummer wird die passende x-Position berechnet. Eine Kundennummer 0 sorgt für die Anzeige auf dem Kassensymbol, der Wert 1 führt zur Anzeige unmittelbar vor der jeweiligen Kasse. Die Kunden einer Schlange sind jeweils 50 Pixel voneinander entfernt, gemessen vom rechten Rand des Symbols.

KUNDE und KASSE

Nachdem Klaus nun die Grundlagen für eine geeignete Darstellung gelegt hat, kann sich Barbara Leidorn an die Arbeit machen und die Klassen KUNDE und KASSE gemäß Abbildung 2 implementieren. Im Konstruktor von KUNDE wird durch den Eingangsparameter artikel die Anzahl der Artikel übergeben; analog erhält ein Objekt der Klasse KASSE die Kassennummer. Zu jedem Objekt beider Klassen muss außerdem jeweils ein zugehöriges Darstellungsobjekt erzeugt und geeignet in der Grafik platziert werden.

> Innerhalb von Methoden können **lokale Attribute** (auch: lokale Variable) deklariert werden. Ihre Lebensdauer ist auf die Dauer der Ausführung der Methode beschränkt. Nur innerhalb der Methode kann auf sie zugegriffen werden.

Aufgaben – Der optimale Supermarkt

1 **Symbole im Supermarkt**
   a Experimentiere durch direkten Methodenaufruf mit Objekten der Klassen KASSEN-SYMBOL und KUNDENSYMBOL und bilde die Situation von Abbildung 3 nach.
   b Implementiere die Klasse KASSE mit den in Abbildung 2 dargestellten Attributen, Referenzattributen und Methoden. Im Konstruktor soll das Kassensymbol erzeugt und mit dem zugehörigen Referenzattribut verbunden werden. Die Position ist wie beschrieben abhängig von der eingegebenen Nummer. Die Farbe der Kasse soll zunächst "gruen" sein.
   c Implementiere ebenso KUNDE. Im Konstruktor soll das Kundensymbol erzeugt und mit der zugehörigen Referenzvariablen verbunden werden. Der Kreis soll als Symbol für den ersten Kunden vor der ersten Kasse dargestellt werden. Er erhält die Farbe "gelb" und seine Größe ist abhängig von der Artikelzahl. Vergiss nicht, die Artikelmenge im zugehörigen Attribut des Kunden zu speichern.
   d Übersetze die bisher erstellte Beschreibung und erzeuge mehrere Objekte der Klassen KASSE und KUNDE, um deine Beschreibung zu testen.
   e Die Farbe des Kundensymbols hat im Modell keine inhaltliche Bedeutung. Wenn du der Methode *FarbeSetzen* als Aufrufparameter den String "zufall" übergibst, so wird eine zufällige Farbe ausgewählt. Ändere den Konstruktor von KUNDE entsprechend.

2 Größe des Kundensymbols

Zur Berechnung des Radius des Kundensymbols dient die Zuweisung:
```
groesse = 2*artikelzahl+2;
```
Welche anderen Kenngrößen eines Kreises könnten als Maß für die Artikelzahl dienen? Welche davon sind besser geeignet, welche schlechter? Gib an, wie der zur Darstellung notwendige Radius aus den Kenngrößen ermittelt werden kann.

Aufgabe – Kreuzung

In diesem und den folgenden Kapiteln wird das Verkehrsprojekt aus Teil II parallel zum Supermarkt weiterentwickelt. Die Aufgaben können jeweils kapitelweise bearbeitet werden oder später in projektartiger Form.

3 Autos darstellen und positionieren

Während Peter Cody und Jenni Zirbnich die Steuerung der Kreuzung entwickeln, beschäftigt sich ein zweites Team, bestehend aus Ali Chwarizmi und Heidrun Namweiden, mit der Modellierung der Fahrzeuge. Ihr Ziel ist es, die Fahrzeuge auf Richtungsfahrbahnen mit einer zugeordneten Ampel zu verwalten. Wenn dieser Teil ausgetestet ist, wird er in die vollständige Kreuzung integriert.

Um die Fahrzeuge anzuzeigen, steht Heidrun und Ali eine Klasse FAHRZEUGSYMBOL zur Verfügung, deren Objekte nach rechts, d. h. nach Osten fahrende Fahrzeuge darstellen.

Das Koordinatensystem hat seinen Ursprung in der Mitte des Fensters mit y-Achse nach unten. Die Koordinaten werden in Metern angegeben. Dem Koordinatensystem liegt der Datentyp float zugrunde.

FAHRZEUGSYMBOL
FAHRZEUGSYMBOL()
PositionSetzen(x, y)
FarbeSetzen(neueFarbe)
Entfernen()

5 *Klasse FAHRZEUGSYMBOL*

Hinweis:
Zur Unterscheidung der Datentypen float und double werden float-Zahlen durch den Zusatz f gekennzeichnet (z. B. 13.89f).

a Experimentiere mit den vorhandenen Methoden der Klasse FAHRZEUGSYMBOL!

b Implementiere eine Klasse FAHRZEUG, die ein Fahrzeug mithilfe der Klasse FAHRZEUGSYMBOL darstellt und als Attribute die x- und y-Koordinate des Fahrzeugs verwaltet. Im Konstruktor soll das Fahrzeugsymbol erzeugt, mit der zugehörigen Referenzvariablen verbunden und an geeigneter Position dargestellt werden. Die Farbe soll zunächst "blau" sein.

c Ergänze eine Methode *PositionSetzen(xneu, yneu)*, um das Fahrzeug an eine beliebige Position setzen zu können.

d Füge eine Methode *Fahren* hinzu, die ein Fahrzeugsymbol um 13,89 m nach rechts bewegt. Dies entspricht einer Bewegung mit einer Geschwindigkeit von 50 km/h, wenn die Methode im Sekundentakt aufgerufen wird.

10 Warteschlange

Nachdem im letzten Kapitel eine erste Strukturierung der Supermarktsimulation vorgenommen wurde, werden nun die grundlegenden Methoden eingeführt, die man zum Verwalten von Kunden, Warteschlangen und Kassen benötigt. Dabei tritt auch der aus dem Vorjahr bekannte Begriff „Funktion" im neuen Kontext wieder auf.

Schlange stehen will gelernt sein

Meist ist viel los bei Fixkauf und es findet sich keine freie Kasse – man muss Schlange stehen.

Welche Probleme entstehen, wenn man versucht, die Information über das Anstehen bei den Klassen KUNDE oder KASSE zu verwalten?

Die Objekte der Klasse KUNDE können die Information über das Anstehen nur sehr umständlich selbst verwalten. Ein sich neu anstellender Kunde müsste erst alle anderen Kunden fragen und herausfinden, ob sie anstehen und wo sie anstehen. Auch zur Kasse passt die Kundenverwaltung logisch nicht gut, denn es ist auch ein System denkbar, bei dem sich die Kunden in einer einzigen Warteschlange anstellen, die mehrere Kassen bedient.
In der Realität muss sich ein Kunde meist an einer der Warteschlangen anstellen. Von ihr wird er dann auf der ersten freien Position aufgenommen. Danach kümmert er sich in der Regel nicht darum, an welcher Position der Schlange er steht. Er rückt wie alle anderen automatisch einen Platz nach vorne, sobald ein Kunde die Warteschlange verlässt, weil für ihn der Kassiervorgang beginnt.
Für die Verwaltung dieser neuen Funktionalität führen Barbara und Klaus eine neue Klasse WARTESCHLANGE ein.

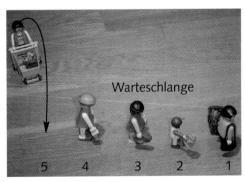

1 *Einreihen*

2 *Nächster Kunde an Kasse*

Welche Attribute und Methoden benötigt eine Klasse WARTESCHLANGE? Welche Beziehungen bestehen zu den Klassen KUNDE und KASSE?

Im Gespräch mit Herrn Sparnix ergänzen die Mitarbeiter von SimSoftLab die Aufgabenbeschreibung weiter:
• Die Warteschlange benötigt eine Methode *Einreihen*, die einen Kunden an der ersten freien Stelle positioniert.

- Die Warteschlange benötigt eine Methode *ErstenKundenGeben*, die den ersten Kunden zur Kasse schickt. Die Kasse kann diese Methode aufrufen, um den nächsten Kunden aus der Warteschlange zu erhalten.
- Rückt ein Kunde an die Kasse vor, so muss eine Methode *Aufruecken* dafür sorgen, dass die nachfolgenden Kunden jeweils einen Platz nach vorne rutschen.
- Zu jeder Warteschlange gibt es genau eine Kasse und umgekehrt.
- Jede Warteschlange enthält keinen, einen oder mehrere Kunden.
- Jede Kasse enthält keinen oder einen Kunden.

3 *Klassendiagramm*

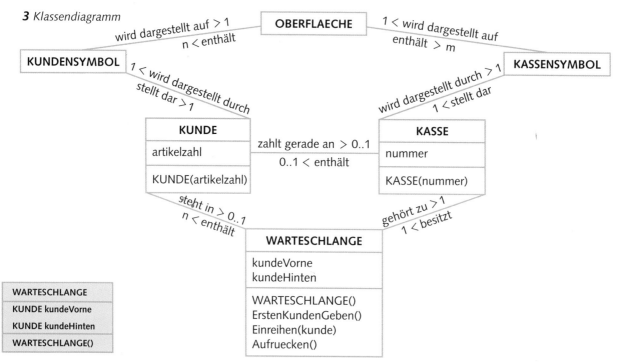

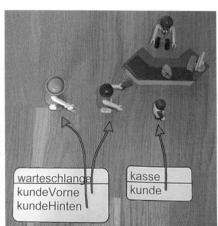

In einem ersten Schritt beginnen Barbara und Klaus mit einer sehr einfachen Warteschlange, die höchstens zwei Kunden aufnimmt. Damit lassen sich die neuen Methoden schon einmal testen und die Erweiterung auf mehr Kunden ist später ohne große Schwierigkeiten möglich. Um festzuhalten, ob bzw. welche Kunden gerade auf den beiden Plätzen der Warteschlange stehen, benötigt man zwei Referenzattribute der Klasse KUNDE: kundeVorne und kundeHinten.

Wenn der Supermarkt öffnet, ist die Warteschlange sicher leer. Weder kundeVorne noch kundeHinten referenzieren ein Objekt. Um dies auszudrücken, benutzen Barbara und Klaus den Wert null, der den Referenzattributen zugewiesen wird.

Erst einmal anstellen

Herr Sparnix ist mit der geplanten Umsetzung noch nicht ganz zufrieden. Schließlich ist es nicht so, dass eine Warteschlange „aus dem Nichts heraus" einen x-beliebigen Kunden einreiht. Die Kunden stellen sich gezielt in einer der Schlangen an.

4 *Warteschlange und Kasse*

? Wie kann die Kommunikation zwischen Objekten der Klassen KUNDE und WARTE-SCHLANGE beim Anstellvorgang sinnvoll ablaufen?

Um dies überhaupt versuchen zu können, benötigt der Kunde eine Methode *Anstellen*, die als Eingangsparameter die möglichen Warteschlangen hat, die zur Verfügung stehen. Der Kunde wählt eine der Warteschlangen aus und weiß, welchem Objekt der Klasse WARTESCHLANGE er Bescheid geben muss, damit es ihn an der Stelle direkt hinter dem letzten Kunden der Schlange einreiht. Die Methode *Einreihen* wiederum muss den Kunden auf einen passenden Platz setzen. In der ersten einfachen Version gibt es nur eine Warteschlange zur Auswahl.

Die Objektkommunikation wird in Abbildung 5 veranschaulicht:

KUNDE
KUNDENSYMBOL darstellung
int artikelzahl
KUNDE(int)
Anstellen(WARTESCHLANGE)

WARTESCHLANGE
KUNDE kundeVorne
KUNDE kundeHinten
WARTESCHLANGE()
Einreihen(KUNDE)

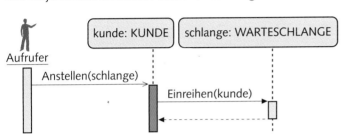

5 *Sequenzdiagramm des Anstellvorgangs*

Ein Aufrufer sendet an das Objekt kunde die Botschaft „Bitte stellen Sie sich an der Warteschlange schlange an.", indem er die Methode *Anstellen* mit dem Eingabewert schlange aufruft. Daraufhin wird der Kunde aktiv (hier erkennbar am blauen Balken). Der Kunde schickt eine Botschaft an das Objekt schlange mit dem Methodenaufruf *Einreihen(kunde)*. Da die Methode *Anstellen* keine weiteren Aktionen vorsieht, beendet der Kunde seine Aktivität.

Die Methode *Anstellen* der Klasse KUNDE ist im Prinzip sehr kurz, da sie wie beschrieben nur die Methode *Einreihen(kunde)* bei einer gegebenen Warteschlange aufruft. Dazu muss das Kundenobjekt aber eigentlich seinen eigenen Bezeichner (eine Referenz auf sich) kennen. Das Problem dabei: Eine Klasse ist der Bauplan für später erzeugte Objekte. Zum Zeitpunkt der Klassen-Implementierung sind die Bezeichner der Objekte aber nicht bekannt. Ganz sicher wird es auch mehrere Kunden mit unterschiedlichen Bezeichnern geben!

Aus diesem Grund stellt Java innerhalb jeder Methode (auch im Konstruktor) eine vordefinierte Referenz-Variable mit dem Namen this zur Verfügung. Beim späteren Ablauf der Methode enthält this eine Referenz auf das Objekt, das die Methode gerade ausführt. Innerhalb der Methode *Anstellen* ist this ein Platzhalter für die Referenz auf das Objekt der Klasse KUNDE, das diese Methode ausführt. Somit kann das Objekt mit this eine Referenz auf sich selbst an die Warteschlange übergeben.

Es ergibt sich für die Methode *Anstellen* folgender Quelltext:

```
void Anstellen(WARTESCHLANGE schlange)
{
    schlange.Einreihen(this);
}
```

Schlange zu lang?

Doch was passiert beim Ausführen der Methode *Einreihen*, wenn beide Plätze besetzt sind? Was passiert in den anderen Fällen? Wie lassen sich die verschiedenen Fälle im Struktogramm darstellen?

Der Kunde kommt auf den ersten Platz, wenn dieser frei ist. Ansonsten wird geprüft, ob der zweite Platz frei ist – falls ja, wird der Kunde dort eingereiht. Ist die Warteschlange voll, wird der Kunde nicht aufgenommen (Abb. 6).

WARTESCHLANGE
KUNDE kundeVorne
KUNDE kundeHinten
WARTESCHLANGE()
Einreihen(KUNDE kunde)

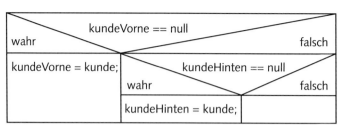

6 *Struktogramm zur Methode Einreihen*

Schlange und Kasse in Beziehung

Nicht nur Warteschlange und Kunde, auch Warteschlange und Kasse stehen in enger Beziehung zueinander. Barbara Leidorn muss sich nun Gedanken machen, wie diese Beziehung umgesetzt werden kann. Dabei stellt sie sich folgende Fragen:

 Wie weiß eine Kasse in der Realität, woher sie den nächsten Kunden erhält? Welche Beziehung besteht zwischen Kasse und Warteschlange? Wie lässt sich die Beziehung zwischen den Objekten implementieren?

KASSE
KASSENSYMBOL darstellung
int nummer
WARTESCHLANGE wschlange
KASSE(int, **WARTESCHLANGE w**)

In der Realität holt sich die Kasse immer den ersten Kunden aus der vor ihr stehenden Warteschlange – die Kasse kennt also ihre Warteschlange. Jede Kasse hat genau eine Warteschlange. Damit eine Kasse den nächsten Kunden aus ihrer Warteschlange holen kann, benötigt sie ein Attribut wschlange, das die Referenz auf die Warteschlange enthält. Nur einmal, am besten bei der Erzeugung einer Kasse, muss die zugehörige Warteschlange angegeben werden. Der Konstruktor der Kasse benötigt also einen zugehörigen Eingangsparameter w. Innerhalb des Konstruktors muss dann dem Attribut der Wert des Eingangsparameters folgendermaßen zugewiesen werden:

```
wschlange = w;
```

Der Nächste, bitte!

KASSE
KASSENSYMBOL darstellung
int nummer
WARTESCHLANGE wschlange
KUNDE kunde
KASSE(int, WARTESCHLANGE)
KundeHolen()

Nun muss der vorderste Kunde der Schlange auch zur Kasse gelangen. Um einen Kunden aufnehmen zu können, benötigt die Kasse ein passendes Referenzattribut kunde. Ist ein Kassiervorgang abgeschlossen, muss die Kasse in einer Methode *KundeHolen* die Warteschlange auffordern, den vordersten Kunden herzugeben. Aufgrund der Datenkapselung kann die Kasse nicht direkt auf die Attribute und Referenzattribute der Warteschlange zugreifen. Die Warteschlange muss deshalb eine Methode *ErstenKundenGeben* zur Verfügung stellen.

 Welche Eigenschaft muss *ErstenKundenGeben* im Gegensatz zu allen bisherigen Methoden haben? Woher kennst du dieses Prinzip?

WARTESCHLANGE
KUNDE kundeVorne
KUNDE kundeHinten
WARTESCHLANGE()
ErstenKundenGeben()
Einreihen(KUNDE)

ErstenKundenGeben muss einen Ausgabewert haben: den ersten Kunden. Ausgabewerte sind uns aus der funktionalen Modellierung bereits von den „Funktionen" vertraut. Bei einer Funktion wird aus einer Reihe von Eingabewerten nach einer festgelegten Vorschrift genau ein Ausgabewert ermittelt.

Funktionen sind spezielle Methoden mit Rückgabewert. Sie sind insbesondere für die Übermittlung von Daten zwischen Objekten von besonderer Bedeutung, da die Attribute im Normalfall gekapselt vorliegen. Gibt es eine entsprechende Funktion, so kann ein Wert ohne genaue Kenntnisse der inneren Zusammenhänge einer Klasse gelesen und genutzt, aber nicht verändert werden.

Auch in Java ist die Festlegung von Funktionen möglich. Folgende Syntax wird verwendet:

```
TypDesRückgabewerts Funktionsbezeichner(ParameterListe)
{
    // Anweisungsfolge
    return BezeichnerDesRückgabewerts;
}
```

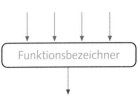

7 *Grafische Darstellung einer Funktion*

Vor dem Funktionsnamen wird grundsätzlich der Typ des Rückgabewertes notiert; im Beispiel unten ist der Rückgabewert die Referenz auf ein Objekt der Klasse KUNDE. Jetzt wird auch verständlich, warum vor Methodennamen ohne Rückgabewert das Schlüsselwort void erforderlich war: Es gibt an, dass kein Wert ausgegeben wird.

Wie gewohnt stehen in der Klammer die Eingangsparameter mit vorangestelltem Datentyp. Am Ende der Funktion wird mit der **Rückgabeanweisung** return ein Wert ausgegeben. Nachfolgender Quelltext in der Funktion wird nicht mehr ausgeführt.

Im speziellen Fall benötigt die Methode *ErstenKundenGeben* keinen ausgewiesenen Eingabewert, die Liste ihrer Eingangsparameter ist leer. Sie ist Teil der Klasse WARTESCHLANGE und kann so auf alle Attribute eines Objekts dieser Klasse zugreifen, insbesondere auf das benötigte Attribut kundeVorne. Ausgabewert der Funktion muss der Wert von kundeVorne sein. So erhält die Methode *ErstenKundenGeben* die folgende einfache Form:

```
KUNDE ErstenKundenGeben()
{
    return kundeVorne;
}
```

8 *Funktion ErstenKundenGeben*

Um nun im Referenzattribut kunde der Klasse KASSE den Kunden zu speichern, genügt in der Methode *KundeHolen* die Zuweisung:

```
kunde = wschlange.ErstenKundenGeben();
```

Sie weist dem Referenzattribut den Wert zu, den die Methode *ErstenKundenGeben* ausgibt.

Abbildung 9 zeigt die Veranschaulichung der Funktion im Sequenzdiagramm und die dadurch bewirkte Änderung bei den Referenzen.

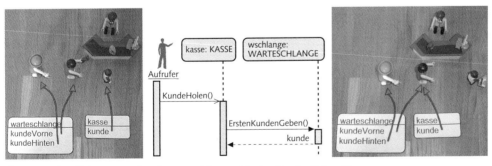

9 *Veranschaulichung von* kunde = wschlange.ErstenKundenGeben();

Der „alte" Kunde existiert so lange im Speicher weiter, bis er dort gelöscht wird. In vielen Programmiersprachen erledigt dies eine ❯ automatische Speicherplatzbereinigung, indem sie überprüft, welche Objekte nicht mehr referenziert werden.

❯ engl. garbage collection

Aufrücken

Nachdem ein Kunde an der Kasse angekommen ist, rücken alle anderen Kunden – im Moment ist dies nur einer, später werden es mehr – um einen Platz nach vorne. Eine

WARTESCHLANGE
KUNDE kundeVorne
KUNDE kundeHinten
WARTESCHLANGE()
ErstenKundenGeben()
Einreihen(KUNDE)
Aufruecken()

KASSE
KASSENSYMBOL darstellung
int nummer
WARTESCHLANGE wschlange
KUNDE kunde
KASSE(int, WARTESCHLANGE)
KundeHolen()

Methode *Aufruecken* kann dies erledigen, indem sie dem Referenzattribut kundeVorne den Wert des Referenzattributs kundeHinten zuweist und den Wert von kundeHinten auf null setzt.

? An welcher Stelle kann die Methode *Aufruecken* sinnvoll aufgerufen werden?

Aufruecken muss aufgerufen werden, nachdem der Kunde durch die Funktion *ErstenKundenGeben* an die Kasse übergeben wurde. Da die Kasse ihre Arbeit aufgrund der Rückgabeanweisung fortsetzt, kann die Warteschlange die Methode *Aufruecken* nicht selbst aufrufen. Die Kasse kann dies erledigen, nachdem der Kunde bei ihr angekommen ist. Der Aufruf von *Aufruecken* muss deshalb am Ende der Methode *KundeHolen* geschehen. Abbildung 10 veranschaulicht diesen Zusammenhang.

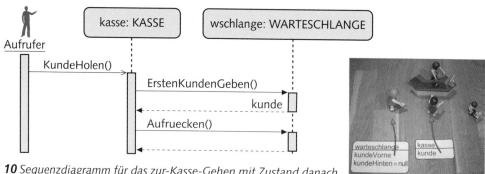

10 *Sequenzdiagramm für das zur-Kasse-Gehen mit Zustand danach*

Man will auch was sehen

Die Warteschlange funktioniert zwar, aber im Fenster ist davon noch nichts zu bemerken. Untersucht man, an welchen Stellen die Methode *PositionSetzen* der Klasse KUNDENSYMBOL aufgerufen wird, versteht man auch, warum:
Die Kunden werden zwar in die Warteschlange aufgenommen und später der Kasse übergeben, die Position des Symbols wird aber nicht geändert. Einzig im Konstruktor von KUNDE wird bislang die Methode *PositionSetzen* von KUNDENSYMBOL mit dem Wertepaar (1|1) aufgerufen. Alle Kundensymbole erscheinen dadurch fest vor der Kasse 1.

? In welchen Methoden der Klasse WARTESCHLANGE muss die Methode *PositionSetzen* des Kundensymbols aufgerufen werden, damit die Darstellung immer aktuell ist? Welche Werte sollte der Parameter kundennummer annehmen? Zur Bestimmung der y-Koordinate des Kundensymbols wurde die Kassennummer verwendet. Wie aber erfährt die Warteschlange die Kassennummer?

9 Der Aufruf der Methoden *Einreihen* und *Aufruecken* verändert die Warteschlange, deshalb muss hier für die Kundensymbole die Methode *PositionSetzen* aufgerufen werden. Die Warteschlange hat allerdings nur eine Beziehung zu ihren Kundenobjekten, nicht zu den Kundensymbolen.

Damit die Warteschlange den Kunden die Botschaft senden kann, sie sollen für ihr zugehöriges Darstellungssymbol die Methode *PositionSetzen* aufrufen, muss die Klasse KUNDE eine entsprechende Methode *NeuPositionieren* zur Verfügung stellen (siehe Abbildung 11). Sie hat einzig die Aufgabe, für ihr zugehöriges Kundensymbol die Methode *PositionSetzen* aufzurufen und die zugehörigen Parameter weiterzuleiten; deshalb benötigt sie die gleichen Eingangsparameter wie *PositionSetzen*.

KUNDE
KUNDENSYMBOL darstellung
int artikelzahl
KUNDE(int)
Anstellen(WARTESCHLANGE)
NeuPositionieren(int, int)

Die Methode *NeuPositionieren* braucht zwei Eingangsparameter:

- Der erste Eingangsparameter ist die Kassennummer der zur Warteschlange gehörigen Kasse. Diese ist der Warteschlange bisher nicht bekannt. Die Warteschlange benötigt also ein zugehöriges Attribut kassennummer. Die Kasse muss in ihrem Konstruktor der Warteschlange ihre Nummer mitteilen. Um dies tun zu können, benötigt die Warteschlange eine passende Methode *KassennummerSetzen(int kassennummerNeu)*.
- Der zweite Parameter kundennummer kann für kundeVorne auf den Wert 1, für kundeHinten auf 2 gesetzt werden.

Die Warteschlange benötigt noch eine Methode *KundenNeuPositionieren*, da ein Neuzeichnen der Schlange mehrfach erforderlich ist, nämlich bei *Einreihen* und *Aufruecken*. Ihre Aufgabe ist es, für die durch kundeVorne und kundeHinten referenzierten Kunden die Methode *NeuPositionieren* aufzurufen. Dabei ist zu beachten, dass die Referenzen auf die Kunden nicht den Wert null enthalten. Die notwendigen bedingten Anweisungen werden im Sequenzdiagramm durch Rechtecke visualisiert.

WARTESCHLANGE
KUNDE kundeVorne
KUNDE kundeHinten
int kassennummer
WARTESCHLANGE()
ErstenKundenGeben()
Einreihen(KUNDE)
Aufruecken()
KassennummerSetzen(int)
KundenNeuPositionieren()

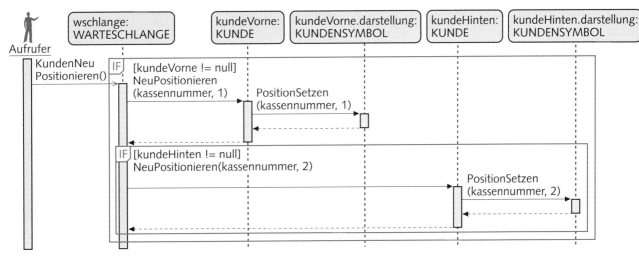

11 Sequenzdiagramm für die Methode *KundenNeuPositionieren*

Nun kann in den Methoden *Einreihen* und *Aufruecken* die Methode *KundenNeuPositionieren* aufgerufen werden.

In der Klasse KASSE muss bei *KundeHolen* für den Kunden die Methode *NeuPositionieren* mit dem Wert 0 als zweitem Parameter aufgerufen werden, damit das Kundensymbol zur Kasse bewegt wird.

Die Pfeile in Abbildung 12 geben einen Überblick über die notwendigen Methodenaufrufe bei den verschiedenen Methoden. Sie zeigen das bisher entwickelte komplexe Geflecht der Methoden.

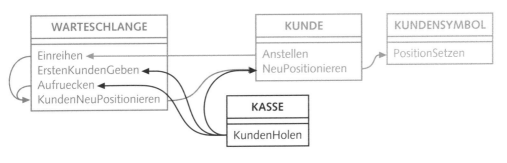

12 Gegenseitige Methodenaufrufe

Warum kommt denn keiner?

Unter Umständen kann es dazu kommen, dass trotz Aufruf der Methode *KundeHolen* kein Kunde zur Kasse kommt.

 Wie ist dies möglich? Wie können in diesem Fall Fehler vermieden werden?

KASSE
KASSENSYMBOL darstellung
int nummer
WARTESCHLANGE wschlange
KUNDE kunde
KASSE(int, WARTESCHLANGE)
KundeHolen()

Wenn in der Warteschlange kein Kunde ansteht, wird von der Funktion *ErstenKundenGeben* der Wert null an die Kasse geliefert. Nach dem Aufruf von *KundeHolen* darf nicht in jedem Fall die Methode *NeuPositionieren* aufgerufen werden, denn es kommt zu Problemen, wenn die Referenz auf den Kunden den Wert null hat. Nur unter der Bedingung `kunde != null` darf diese Anweisung ausgeführt werden! Dies kann aber leicht mit einer bedingten Anweisung sichergestellt werden

Das Sequenzdiagramm 13 zeigt das Zusammenspiel der verschiedenen Objekte über Methodenaufrufe beim Aufruf der Methode *KundeHolen*. Aus Gründen der Übersicht fehlen die Objekte der Klasse KUNDENSYMBOL. Als neue Elemente in diesem Diagramm tauchen Zuweisungen sowie ein Selbstaufruf bei schlange auf: Die Methode *KundenNeuPositionieren* kann die Methode *NeuPositionieren* der gleichen Klasse aufrufen.

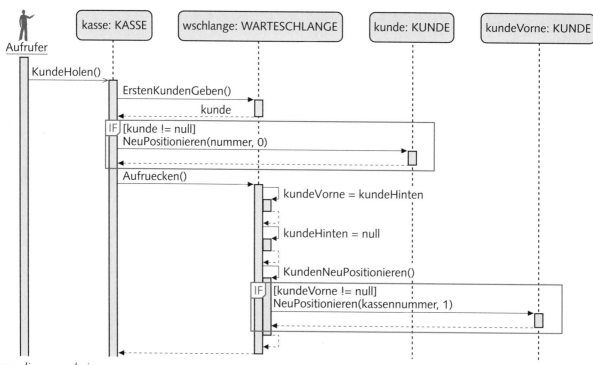

13 *Sequenzdiagramm bei Aufruf von KundeHolen*

KUNDE
KUNDENSYMBOL darstellung
int artikelzahl
KUNDE(int)
Anstellen(WARTESCHLANGE)
NeuPositionieren(int, int)
KundensymbolEntfernen()

Kunde fertig

Einen kleinen Schönheitsfehler gibt es jetzt noch: Ist der Bezahlvorgang für einen Kunden abgeschlossen und holt man mit der Methode *KundeHolen* den nächsten Kunden an die Kasse, wird die Referenz auf den „alten" Kunden überschrieben. Allerdings erfährt das zugehörige Kundensymbol nichts davon, es bleibt angezeigt. Dies ist nicht schlimm, wenn ein neuer Kunde mit mehr Artikeln an die Kasse kommt als der alte, da das alte Symbol dann unter dem des neuen Kunden verschwindet. Aber insbesondere, wenn die Warteschlange leer ist und somit kein neuer Kunde an die Kasse kommt, täuscht das alte Kundensymbol einen Kunden vor, der gar nicht (mehr) existiert.

Für die Klasse KUNDENSYMBOL existiert bereits eine Methode *Entfernen*. In der Klasse KUNDE muss deshalb nur eine neue Methode *KundensymbolEntfernen* deklariert werden, in der *Entfernen* für das Referenzattribut darstellung aufgerufen wird.

Mit der neuen Methode kann man nun am Anfang der Methode *KundeHolen* in der Klasse KASSE ein bestehendes Kundensymbol entfernen. Allerdings ist dies nur dann möglich, wenn die Referenz nicht den Wert null hat! Dies muss deshalb vorab mit einer bedingten Anweisung geprüft werden.

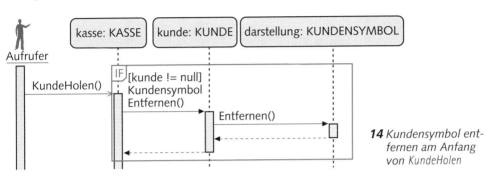

14 *Kundensymbol entfernen am Anfang von KundeHolen*

KASSE
KASSENSYMBOL darstellung
int nummer
WARTESCHLANGE wschlange
KUNDE kunde
KASSE(int, WARTESCHLANGE)
KundeHolen()

Klassendiagramm

Das nachfolgende erweiterte Klassendiagramm fasst die Überlegungen aus diesem Kapitel zusammen.

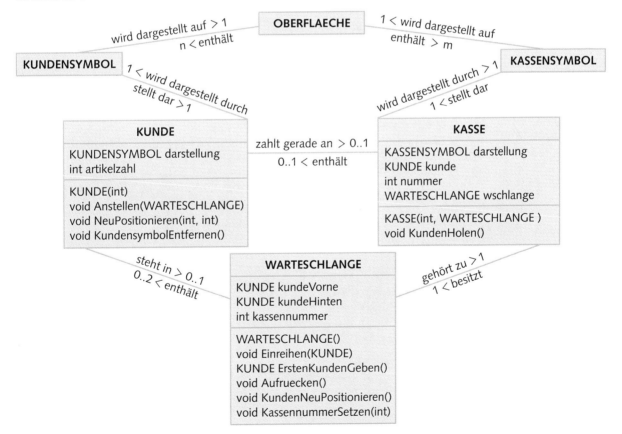

15 *Klassendiagramm nach Ergänzung von KUNDE, KASSE und WARTESCHLANGE*

Bei einer **Funktion** wird aus einer Reihe von Eingabewerten nach einer festgelegten Verarbeitungsvorschrift ein Ausgabewert ermittelt. Eine Funktion ist eine Methode mit einem Rückgabewert (Ausgabewert).

Für eine Funktion notiert man in Java unter Verwendung der **Rückgabeanweisung** return:

```
TypDesRückgabewerts Methodenname(Parameter)
{
    // Anweisungsfolge
    return BezeichnerDesRückgabewerts;
}
```

Die vordefinierte Variable this enthält eine Referenz auf das Objekt, das eine Methode gerade ausführt.

Aufgaben – Supermarkt

1 Schlange stehen will gelernt sein
  a Welche Probleme würden sich ergeben, wenn man die Verwaltung der anstehenden Kunden der Kasse oder den Kunden selbst überlassen würde?
  b Eine Warteschlange hat in der Realität keine erkennbaren eigenen Methoden. Warum sind die Methoden im Modell sinnvoll?
  c Erkläre die Attribute und Methoden der Warteschlange aus Abbildung 3.
  d Vereinbare die Klasse WARTESCHLANGE wie in Abbildung 3. Die Methoden sollen nur als Grundgerüst, zunächst ohne Inhalt, angelegt werden.

2 Erst einmal anstellen / Schlange zu lang?
  a Erkläre mit eigenen Worten, wie die Methoden in Abbildung 5 zusammenwirken.
  b Implementiere die Methoden *Anstellen* der Klasse KUNDE und *Einreihen* der Klasse WARTESCHLANGE und teste das Zusammenspiel der Methoden!
  c In einem vereinfachten Modell betrachten wir eine Warteschlange mit den zwei Attributen kundeVorne und kundeHinten, die die Werte „belegt" und „nichtbelegt" annehmen können. Zeichne ein Zustandsdiagramm mit den Übergängen, die durch den Aufruf einer Methode *Einreihen* ausgelöst werden. Betrachte dazu Abb. 6.

3 Schlange und Kasse in Beziehung
  a Beschreibe mit eigenen Worten, wie sich die Beziehung zwischen Warteschlange und Kasse sinnvoll realisieren lässt.
  b Weshalb ist es nicht notwendig, dass die Warteschlange über ein Attribut der Klasse KASSE verfügt?
  c Implementiere die Beziehung und teste anschließend.

4 Der Nächste, bitte! / Aufrücken
  a Erläutere mit eigenen Worten das Zusammenspiel der Methoden *KundeHolen*, *ErstenKundenGeben* und *Aufruecken* (siehe Abbildung 10).

b Ergänze im vereinfachten Modell von Aufgabe 2c) die Zustandsübergänge, die durch den Aufruf der Methode *Aufruecken* ausgelöst werden.

c Implementiere die Methoden aus a) und teste anschließend.

5 Man will auch was sehen

a Ergänze an passender Stelle in der Klasse KASSE einen Aufruf der Methode *NeuPositionieren* für einen Kunden mit passenden Parameterwerten.

b Verändere die Methode *KundeHolen* so, dass es auch dann zu keiner Fehlermeldung kommt, wenn vorher die Warteschlange leer ist.

c Ergänze die Warteschlange um ein Attribut kassennummer und sorge dafür, dass das Attribut den gleichen Wert wie die Kassennummer der zugehörigen Kasse erhält. Füge wieder nötige Aufrufe der Methode *NeuPositionieren* hinzu.

d Die Startposition für neue Kunden ist immer noch (1|1). Dort steht aber auch ein Kunde für Kasse 1 an! Ändere die Startposition für Kunden so ab, dass die neu erzeugten Kunden an einer weniger störenden Stelle erscheinen.

6 Man will auch was sehen – gegenseitige Methodenaufrufe

a Betrachte Abbildung 12 und notiere alle vollständigen Ketten von Methodenaufrufen!

b Entwickle ein Sequenzdiagramm für den Aufruf der Methode *Anstellen*! (Vgl. Abbildung 12.)

7 Kunde fertig

a Implementiere für die Klasse KUNDE die Methode *KundensymbolEntfernen*, die die Methode *Entfernen* von KUNDENSYMBOL aufruft.

b Sorge dafür, dass die Methode am Anfang der Methode *KundeHolen* von KASSE aufgerufen wird, wenn das Referenzattribut kunde nicht den Wert null hat.

Aufgaben – Modellierung

8 Einen Kaffee, bitte!

Entwirf ein Sequenzdiagramm für den folgenden Ablauf:

Ein Gast bittet den Kellner, ihm einen Kaffee zu bringen. Der Kellner ordert diesen beim Koch. Der Koch setzt nacheinander einen Filter ein, füllt Kaffee und Wasser ein und startet die Kaffeemaschine. Die Kaffeemaschine liefert den Kaffee an den Koch. Dieser gibt die Tasse an den Kellner weiter. Der Kellner stellt die Tasse auf den Tisch des Gastes.

9 Getränkeautomat

Ein einfacher Getränkeautomat verkauft kleine Flaschen zu 1 € und große Flaschen zu 2 €. Zu Beginn ist er im Zustand „0 €". Der Kunde kann entweder 1-€-Münzen oder 2-€-Münzen einwerfen (insgesamt maximal 2 €). Ist genügend Geld eingeworfen, so erhält der Kunde durch Drücken der Tasten „kleine Flasche" bzw. „große Flasche" eine Flasche sowie das gesamte Rückgeld.

a Welche Zustände kann der Automat annehmen? Welche Ereignisse können Zustandsübergänge auslösen? Welche Aktionen werden durch die Zustandsübergänge ausgelöst? Werden Bedingungen zur Beschreibung benötigt? Zeichne ein Zustandsdiagramm!

b Wie würdest du den Automaten verbessern? Ergänze das Diagramm aus a)!

Aufgabe – Roboter

10 Einsammeln

In einer Welt sind einzelne Ziegel zufällig verstreut. Bei jedem Aufruf der Methode *Einsammeln* der Klasse ARBEIT soll Karol einen vor ihm eventuell vorhandenen Ziegel aufheben und dann einen Schritt weitergehen. Das Objekt der Klasse ARBEIT soll sich in einem Attribut summe merken, wie viele Ziegel Karol insgesamt eingesammelt hat.

a Definiere eine Klasse ARBEIT. Im Konstruktor soll eine Welt mit geeigneter Größe instanziert werden und anschließend sollen darin zufällig Ziegel verteilt werden. An jeder Stelle der Welt soll ein oder kein Ziegel liegen.
Informiere dich im Handbuch über die erforderliche Methode der Klasse WELT.

b Erzeuge ein Objekt der Klasse ARBEIT und rufe die Methode *Einsammeln* mehrfach über das Kontextmenü auf. Inspiziere vor und nach jedem Aufruf der Methode den Wert des Attributs summe.

c Erstelle ein Sequenzdiagramm für die Methode *Einsammeln*.

Aufgabe – Kreuzung

11 Fahrbahn

Heidrun und Ali haben an ihrer Fahrzeugsimulation weitergebaut. In ihrem einfachen Modell fahren die Fahrzeuge immer geradeaus und sind damit Teil genau einer Fahrbahn.

a Entwirf eine Klasse FAHRBAHN, die zunächst zwei Fahrzeuge aufnehmen kann. Zwei Variablen x und y sollen die Werte des Fahrbahnbeginns angeben. Im Konstruktor sollen die Werte sinnvoll vorbelegt werden.

b Ergänze eine Methode *FahrzeugEinreihen(Fahrzeug f)*, die ein Fahrzeug als Element der Fahrbahn an geeigneter Stelle aufnimmt, falls ein Platz frei ist.

c Es ist mühsam, jedes Mal die Methode *Fahren* für die einzelnen Fahrzeuge aufzurufen. Erstelle deshalb in der Klasse FAHRBAHN eine Methode *FahrzeugeBewegen*, die für die Fahrzeuge auf der Fahrbahn die Methode *Fahren* aufruft.
Die Methode soll nur aufgerufen werden, wenn die Referenz auf die Autos nicht den Wert null hat.

d Zwischen dem ersten und dem zweiten Fahrzeug soll der für die Verkehrssicherheit nötige Mindestabstand eingehalten werden. In der Fahrschule lernt man dafür die Faustregel „Tacho halbe." Sie bedeutet: Der Mindestabstand in Metern ergibt sich aus der Hälfte der Geschwindigkeit, angegeben in km/h.
Verbessere die Methode aus b) so, dass das zweite Fahrzeug nicht fährt, wenn der Abstand unterschritten wird.
Tipp: Du benötigst in der Klasse FAHRZEUG eine Funktion, die den x-Wert ausgibt, und eine weitere für die Länge des Fahrzeugs (typischer Wert: 4,5 m).

e Sobald ein Auto das Fenster verlässt, übernimmt das zweite Auto die Rolle des ersten und die Referenz auf das zweite Auto muss auf den Wert null gesetzt werden. Ergänze die Methode *FahrzeugeBewegen* dahingehend.
Hinweis: Probiere aus, bei welcher x-Koordinate ein Fahrzeug im Fenster nicht mehr angezeigt wird.

11 Felder

Häufig müssen gleichzeitig viele Objekte des gleichen Datentyps verwaltet werden, die im Rahmen der Aufgabenstellung eine gleichartige Rolle einnehmen. In diesem Kapitel wird dafür eine geeignete Struktur vorgestellt.

Neue Kunden braucht der Laden

Nachdem nun die Interaktion der einzelnen Objekte geklärt ist, muss die Warteschlange genügend Kapazität erhalten, um eine ausreichende Anzahl an Kunden verwalten zu können. Herr Sparnix vom Supermarkt hält Platz für dreißig Kunden für ausreichend. Dies im Programm umzusetzen, ginge mit viel Fleiß auch ohne neue Kenntnisse: Barbara und Klaus von SimSoftLab könnten einfach auf Vorrat in der Warteschlange die Referenzattribute kundeVorne, kundeHinten um weitere Referenzattribute (kundeZwei, kundeDrei bis kundeNeunundzwanzig) ergänzen.

Weshalb ist dieses Vorgehen nicht praktikabel?

Das Vorrücken ist aufwendig, aber leicht machbar. Umfangreicher würde da schon die bedingte Anweisung in der Methode *Einreihen*, in der bisher mit zwei geschachtelten bedingten Anweisungen nach dem ersten freien Platz gesucht wurde; das müssten dann wohl dreißig verschachtelte bedingte Anweisungen werden …
Barbara hat hier aber eine viel bessere Idee!

Viele unter einem Namen

Was benötigt wird, sind dreißig Plätze in der Warteschlange, die jeweils ein Objekt der Klasse KUNDE aufnehmen können. Um die vielen Objekte gleichen Typs einfacher organisieren zu können, bietet es sich an, ein zusammenfassendes Objekt zu schaffen, das die einzelnen Kundenobjekte über eine Nummer verwaltet. Objekte der Klasse **FELD** (engl. **array**) sind dazu in der Lage.

1 Feld verwaltet Kunden

2 Kundenverwaltung elementar und über ein Feld

FELD ist eine spezielle Klasse, deren Objekte mehrere Werte des gleichen Typs zu einer Einheit zusammenfassen. Ein Feld kann so die enthält-Beziehung der Kardinalität 1:n realisieren. Die einzelnen **Feldelemente** sind durchnummeriert; in vielen Programmiersprachen beginnt die Nummerierung bei 0. Solche Nummern nennt man **Index**. Über den Index kann jedes Feldelement einzeln und direkt angesprochen werden. Die Klasse FELD wird deshalb auch als strukturierter Datentyp bezeichnet.

3

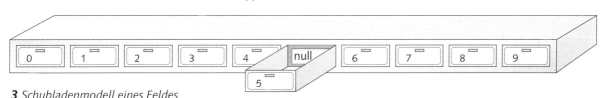

3 Schubladenmodell eines Feldes

Felder in Java

Zur Deklaration eines Feldes in Java werden drei Angaben benötigt:

- Der Datentyp, der für alle Feldwerte eines Feldes gilt (möglich sind einfache Datentypen wie int, double, boolean oder ein Klassenname für Referenzen auf Objekte dieser Klasse),
- die Angabe, dass es sich um ein Feld handelt,
- der Bezeichner des Feldes.

WARTESCHLANGE
KUNDE[] schlange
int kassennummer
WARTESCHLANGE()
ErstenKundenGeben()
Einreihen(KUNDE)
Aufruecken()
KassennummerSetzen(int)
KundenNeuPositionieren()

In der Klasse WARTESCHLANGE werden nun die Referenzattribute kundeVorne und kundeHinten entfernt und durch eine Referenz auf ein Feld mit dem Namen schlange ersetzt. Jedes Feldelement des Feldes schlange ist wiederum eine Referenz auf ein Objekt vom Typ KUNDE.

Das neue Referenzattribut muss folgendermaßen deklariert werden:

```
KUNDE[] schlange;
```

| Typ der Feldelemente | Symbol für Feld | Bezeichner des Feldes |

---

warteschlange: WARTESCHLANGE
schlange = null

4 *Zustand nach Deklaration des Feldes*

Solange der Wert nicht anders gesetzt wird, hat das Referenzattribut wie in anderen früheren Beispielen den Wert null (Abb. 4).

Im Konstruktor der Warteschlange kann man nun mit dem Operator new ein Feld von Referenzen auf Kunden erzeugen. In eckigen Klammern notiert man die Anzahl der Elemente, die maximal vorgesehen ist.

```
schlange = new KUNDE[30];
```

Dadurch wird das Feld angelegt und alle Feldelemente werden auf einen Anfangswert gesetzt. Bei Referenzen ist dies in Java der Wert null.

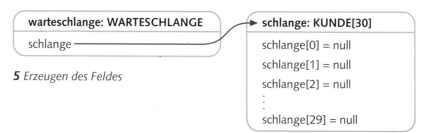

5 *Erzeugen des Feldes*

Hinweise:

- Es wurde bisher noch kein Konstruktor für die Kunden aufgerufen! Aus diesem Grund haben alle Feldelemente keine Referenz (null) gespeichert.
- Die Nummerierung beginnt in Java grundsätzlich bei 0. Die Indizes haben im obigen Beispiel also die Werte von 0 bis 29.

Möchte man auf ein ganz bestimmtes Element zugreifen, so gibt man dafür den Feldbezeichner an, gefolgt von der Nummer des Elements (also dem Index) in eckigen Klammern:

```
feldbezeichner[index]
```

So kann man beispielsweise für den Kunden mit fünf Artikeln, der an der dritten Position in der Schlange steht und damit über den Indexwert 2 referenziert wird, den Konstruktor aufrufen durch:

```
schlange[2] = new KUNDE(5);
```

6 Nach Verwendung des Konstruktors für einen Kunden

Auf diese Weise könnte man nacheinander alle anderen Kundenobjekte in der Warteschlange konstruieren, was natürlich recht umständlich wäre. Es werden einfachere Verfahren benötigt, die im nächsten Kapitel vorgestellt werden.

FELD ist eine spezielle Klasse, deren Objekte mehrere Werte gleichen Typs zu einer Einheit zusammenfassen. Die einzelnen **Feldelemente** sind durchnummeriert. Diese Nummern nennt man **Index**. In vielen Programmiersprachen, wie auch in Java, beginnt die Nummerierung bei 0.

In Java wird ein Feld **deklariert** durch:
```
TypDerFeldelemente[] feldbezeichner;
```
und **angelegt** durch:
```
feldbezeichner = new TypDerFeldelemente[Elementanzahl];
```
Auf die Feldelemente greift man zu über:
```
feldbezeichner[Index]
```

Aufgaben

1 Zahlenfeld

Betrachte die Objekte, die du im Folgenden erzeugst, mit dem Objektinspektor!

a Lege in einem neuen Projekt eine Klasse ZAHLENFELD an und erzeuge darin eine Referenz auf ein Feld von acht Zahlen vom Typ double.

b Sorge dafür, dass die drei Zahlen 1.1, 1.73 und 2 in das Feld beim Index 0, 2 und 4 aufgenommen werden. Die Zahlen an den Indices 5, 6 und 7 sollen jeweils durch Verdoppelung aus dem vorhergehenden Feldwert hervorgehen.

2 Roboter – Die Karol-Drillinge

Lege in der Klasse ARBEIT ein Feld an, das drei Roboter referenziert. Die Roboter sollen zu Beginn und nach jedem Methodenaufruf immer in einer Reihe hintereinander stehen, der Roboter mit dem Index 0 steht vorne.

a Ergänze die Klasse ARBEIT um eine Methode *Gleichschritt_vor*, die die Roboter dazu bringt, gemeinsam einen Schritt vorwärts zu gehen. Teste die Methode!

b Definiere eine Methode *Reihe_linksdrehen*, damit die Roboter sich als ganze Reihe um 90 Grad nach links drehen, sodass sie wieder hintereinander stehen.

c Erstelle ein Sequenzdiagramm für die Methode *Gleichschritt_vor*.

3 Die Klasse WARTESCHLANGE

Um die Struktur des Feldes zu testen, soll zunächst von der vereinfachten Annahme einer Feldgröße von zwei Elementen ausgegangen werden.

a Ersetze in der Klasse WARTESCHLANGE die Referenzattribute kundeVorne und kundeHinten durch das Attribut schlange als Feld mit zwei Kunden.

b Überlege, welche Methoden bei der Klasse WARTESCHLANGE geändert werden müssen. Verändere anschließend die Methoden.
Weshalb müssen keine Methoden bei anderen Klassen verändert werden?

c Vergrößere die Feldgröße auf drei und passe die Methoden an!

d Teste die Änderungen für eine Kasse.

* 4 Die Klasse ArrayList

Schließt man eine der Kassen, so werden die Schlangen an den übrigen Kassen rasch länger. Schnell passiert es, dass die Feldgröße dann nicht mehr ausreicht und man eine Fehlermeldung wegen eines Überlaufs erhält. Eine Vergrößerung des Feldes verzögert das Problem, löst es jedoch nicht grundsätzlich. Java bietet für dieses Problem eine gute Lösung an.

Mit der Klasse ArrayList gibt es eine weitere Möglichkeit zur Sammlung von Objekten. Das Arbeiten ist ähnlich zur Arbeit mit Feldern. Ein wesentlicher Vorteil ist, dass die Feldgröße bei Bedarf automatisch erweitert wird. Die Klasse ArrayList ist festgelegt in der Bibliothek java.util. Diese muss *vor* der Klassendeklaration mit der Anweisung `import java.util.ArrayList` importiert werden. In der Klasse stehen die folgenden Methoden zur Verfügung:

Methode	Bedeutung
ArrayList()	Konstruktor
Add(objekt)	Fügt objekt als letztes Element an.
Add(index, objekt)	Fügt objekt beim Index ein (Index beginnt bei 0). Das Objekt, das bisher an dieser Stelle war, und alle nachfolgenden werden um 1 verschoben.
Set(index, objekt)	Fügt objekt beim Index ein (Index beginnt bei 0) und überschreibt den bisherigen Inhalt.
Get(index)	Gibt das Objekt beim Index zurück.
Remove(index)	Entfernt das Objekt beim Index. Die nachfolgenden Elemente rücken automatisch auf.
Size()	Liefert die Anzahl der mit Werten belegten Elemente.

Baue die Supermarktsimulation so um, dass statt der Felder die Klasse ArrayList Verwendung findet.

5 Verkehrsprojekt – FAHRBAHN mit Feld

Baue die Klasse FAHRBAHN so um, dass die Referenzen auf die Fahrzeuge in einem Feld der Länge 3 verwaltet werden. Achte auf notwendige Änderungen in den Methoden!

12 Wiederholungen

Häufig sollen Programme gleiche Anweisungen mehrfach hintereinander ausführen. Verschiedene Arten der Wiederholung bieten sich dabei als ein vorteilhaftes, oft sogar unverzichtbares Hilfsmittel an, gerade auch in Verbindung mit Feldern.

1 Ziel der Aufgabe

Robot Karol und Wiederholungen

Valentin, der Sohn von Klaus van Dijkstran, besucht die 7. Klasse des Gymnasiums Infohausen und lernt im Anfangsunterricht Informatik gerade Robot Karol kennen. Heute behandeln sie im Unterricht die folgende Aufgabe:

„Robot Karol steht in der Ecke seiner Welt, die eine beliebige Länge und Breite haben kann. Er soll den Rand seiner Welt mit Ziegeln auslegen und am Ende wieder an der Ausgangsposition stehen. Vereinbare eine Methode *RandLegen*, die diese Aufgabe löst."

An welchen Stellen werden bei diesem Algorithmus Wiederholungen benötigt? Welche Arten der Wiederholung müssen verwendet werden?

Gemeinsam erarbeitet die Klasse ein Struktogramm, das die Aufgabe löst (Abbildung 2). Im Struktogramm werden zwei Arten der Wiederholung verwendet: Die Wiederholung mit fester Anzahl wiederholt die angegebene Sequenz im Beispiel viermal.

Bei der **Wiederholung mit Eingangsbedingung** wird jeweils am Anfang, also vor dem möglichen Eintritt in die zu wiederholende Sequenz, eine Bedingung geprüft. Im Beispiel läuft Karol solange, bis eine Wand vor ihm ist.

In der Schule bearbeitet Valentin zusammen mit der Klasse diese Aufgabe mit der Entwicklungsumgebung RobotKarol. Zuhause zeigt ihm sein Vater, dass er dieses Struktogramm auch mit JavaKarol umsetzen kann. Valentin benötigt von seinem Vater nur die Information, wie die zwei Arten der Wiederholung in Java notiert werden.

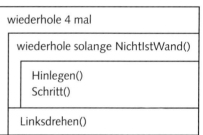

2 Struktogramm zur Lösung der Aufgabe

Wiederholungsart	Struktogramm	Java
mit fester Anzahl	wiederhole n mal Sequenz	`for (int i=1; i<=n; i=i+1)` `{Sequenz}`
mit Eingangsbedingung	wiederhole solange Bedingung Sequenz	`while (Bedingung)` `{Sequenz}`

Nun ist es für Valentin nicht mehr schwer, die korrekte Umsetzung in ein JavaKarol-Programm zu erarbeiten.

```
for (int i=1; i<=4; i=i+1)
{
    while (NichtIstWand())
    {
        Hinlegen();
        Schritt();
    }
    Linksdrehen();
}
```

Valentin verwundert die komplizierte Schreibweise `for (int i=1; i<=n; i=i+1)` der Wiederholung mit fester Anzahl in Java im Vergleich zur Sprache Karol. Sein Vater gibt ihm folgende Erklärung:

i = 1: **Startwert** für die Zählung der Variable i. Hier kann ein beliebiger Wert vom Typ int verwendet werden.

i<=4: Solange diese **Bedingung** wahr ist, wird die Wiederholung ausgeführt.

i=i+1: Nachdem die Sequenz durchlaufen wurde, wird diese **Anweisung** ausgeführt, bevor die Bedingung erneut geprüft wird. Die Zuweisung i=i+1 bedeutet: Zum aktuellen Wert der Variablen i wird 1 addiert. Dieses Ergebnis wird derselben Variablen i zugewiesen. In jedem Schritt wird so der Wert für i um eins erhöht. Häufig wird dafür die abkürzende Schreibweise i++ verwendet.

Allgemeiner könnte man hier auch andere Zuweisungen für i ausführen lassen, z. B. eine Erniedrigung in Einerschritten (i = i–1 bzw. i––), eine Erhöhung in Zweierschritten (i = i+2) oder eine Verdopplung in jedem Schritt (i = i*2), wenn dies die Aufgabenstellung notwendig macht.

Die verallgemeinerte Form der Wiederholung mit fester Anzahl nennt man **Zählwiederholung**. Sie hat die folgende Form:

Struktogramm	Java

zähle i von start bis ende Schritt s
 	
   Sequenz
	`for (int i = start; i <= ende;i=i+s)`
	`{`
	   `Sequenz`
	`}`

Wiederholtes Aufrücken

WARTESCHLANGE
KUNDE[] schlange
int kassennummer
WARTESCHLANGE()
ErstenKundenGeben()
Einreihen(KUNDE)
Aufruecken()
KassennummerSetzen(int)
KundenNeuPositionieren()

Sein Vater staunt nicht schlecht, wie schnell Valentin die Lösung mit JavaKarol geschafft hat, war er doch bei der Arbeit mit einem ganz ähnlichen Problem beschäftigt:

Die Warteschlange des Simulationsprogramms hat in der Zwischenzeit eine Länge von 30 Elementen erhalten. Beim Aufruf der Methode *Aufruecken* muss zunächst das Feldelement von Position 1 auf Position 0 vorrücken, anschließend das nachfolgende Element auf Position 1 usw. Auf diese Art alle Kunden in der Warteschlange vorrücken zu lassen, würde allerdings viel Schreibaufwand für Barbara und Klaus bedeuten. Einige wenige Zeilen sind hier dargestellt:

```
schlange[0] = schlange[1];
schlange[1] = schlange[2];
schlange[2] = schlange[3];
          ⋮
schlange[28] = schlange[29];
schlange[29] = null;
```

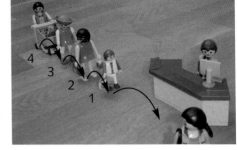

Bei anderen Methoden der Warteschlange wären ähnlich umfangreiche Anweisungen notwendig.

3 Aufrücken

 Welche Gemeinsamkeit besteht zwischen den Zuweisungen? Welche Zuweisung „tanzt aus der Reihe"?

Die Zuweisung `schlange[0] = schlange[1]` bedeutet: „Nimm den Wert des Feldelements an der Position 1 und weise ihn dem Feldelement an der Position 0 zu". Im

Grunde wiederholt sich hier, abgesehen von der letzten Zuweisung, immer das Gleiche: In das Feldelement mit dem Index i wird die Referenz aus dem nächsten Feldelement (Index i+1) kopiert.

```
schlange[i] = schlange[i+1];
```

Das einzige, was sich ändert, ist die Indexnummer i; sie wächst in Einserschritten der Reihe nach vom ersten Element (Index 0) bis zum vorletzten Element (Index 28). Im letzten Schritt wird dem Element mit dem Index 29 der Wert null zugeordnet.

Die Aufgabenstellung lässt sich deshalb unter Verwendung der Wiederholung mit fester Anzahl einfacher lösen (vgl. Abbildung 4): Ausgehend vom Indexwert 0 wird i bis zum Wert 28 jeweils um eins erhöht und bei jedem Schritt wird die obige Zuweisung

```
schlange[i] = schlange[i+1];
```

ausgeführt. Die Variable i wird hier nun auch in der zu wiederholenden Sequenz verwendet. Danach wird das Feldelement mit dem Index 29 auf den Wert null gesetzt.

4 Aufrücken mit Feld

Arten der Wiederholung im Vergleich

Wir wissen bereits, dass die Wiederholung mit fester Anzahl nur einen Spezialfall der Zählwiederholung darstellt. Diese ist aber wiederum ein Spezialfall der Wiederholung mit Eingangsbedingung.

> **?** Wie lässt sich der Algorithmus aus Abbildung 4 mithilfe der Wiederholung mit Eingangsbedingung ausdrücken?

Die Zählwiederholung hat den Vorteil, dass sie das Zählen selbst übernimmt. Verwendet man stattdessen die Wiederholung mit Eingangsbedingung, so muss man beim Programmieren gesondert für einen geeigneten Startwert von i und das Hochzählen sorgen (Abbildung 5).

Feldlänge als Attribut

Barbara Leidorn will das Arbeiten mit dem Feld noch etwas flexibler gestalten, denn leider kommt es beim Entwickeln von Software ab und zu vor, dass Feldgrößen nachträglich verändert werden müssen.

5 Zählwiederholung, ausgedrückt durch Wiederholung mit Eingangsbedingung

> **?** An welchen Stellen muss man Zahlenwerte verändern, wenn die Feldgröße verändert wird? Wie hängen die Zahlenwerte zusammen mit der Anzahl der Elemente des Feldes? Zu welchen Problemen können nachträgliche Veränderungen der Feldgröße führen?

Nicht nur der Konstruktor der Klasse WARTESCHLANGE und die Methode *Aufruecken*, auch *Einreihen* und *KundenNeuPositionieren* nehmen Bezug auf die Länge des Feldes. Verändert man nachträglich die Feldlänge, so müssen diese Änderungen in allen Methoden vollzogen werden. Das ist äußerst aufwendig und fehleranfällig. Um diese Probleme zu verringern, kann man die Anzahl der Elemente eines Feldes über das Attribut length abfragen. Nur noch einmal, beim Anlegen des Feldes, muss man dann wie bisher die Feldlänge angeben. An allen anderen Stellen kann man dann auf das Attribut length Bezug nehmen.

Der vorangegangene Abschnitt bezog sich auf ein Beispiel, in dem das Feld die Länge 30 hatte. Die Zählwiederholung wurde bis zum Index 28, allgemein dem vorletzten Index des Feldes schlange ausgeführt. Die Zahl 28 kann somit ersetzt werden durch den allge-

WARTESCHLANGE
KUNDE[] schlange
int kassennummer
WARTESCHLANGE()
ErstenKundenGeben()
Einreihen(KUNDE)
Aufruecken()
KassennummerSetzen(int)
KundenNeuPositionieren()

<table>
<tr><td>Merkhilfe:</td></tr>
</table>

Merkhilfe:
bisher → allgemeiner
30 → schlange.length
29 → schlange.length – 1
28 → schlange.length – 2

meinen Ausdruck schlange.length – 2. Entsprechend wird nach der Wiederholung das letzte Element des Feldes angesprochen:

```
for (i = 0; i <= schlange.length-2; i++)
{
    schlange[i] = schlange[i+1];
}
schlange[schlange.length-1] = null;
```

Hinweise:

• Index und Länge darf man nicht verwechseln: Der Wert von schlange.length ist zwar 30, aber das letzte Feldelement hat den Index 29!

• Am Attribut length zeigt sich die unübliche Syntax bei Feldern. schlange.length wäre in konsequenter objektorientierter Notation eigentlich *schlange.LengthGeben()*, da das Attribut length gekapselt werden sollte.

Suche nach dem ersten freien Platz

Bei der bisher betrachteten Methode *Aufruecken* kann ohne Prüfung das ganze Feld „um eins nach vorne geschoben" werden. Anders verhält es sich dagegen bei der Methode *Einreihen*, bei der zunächst das erste freie Feldelement gesucht werden muss.

 Welche Art der Wiederholung sollte hier verwendet werden? Was passiert, wenn im Feld kein Platz mehr frei ist?

In diesem Fall ist die Wiederholung mit Eingangsbedingung wesentlich flexibler als die Wiederholung mit fester Anzahl, für die man während des Programmierens die Obergrenze noch nicht kennt.

	schlange[schlange.lenght-1] == null	
wahr		falsch
int i; i = 0;		
wiederhole solange schlange[i] != 0		
i = i+1;		
schlange[i] = kunde;		

6 *Fehlerfreies Einreihen*

Ein Kunde wird überhaupt nur dann eingereiht, wenn ein freier Platz existiert. Vorhandene freie Plätze befinden sich am Ende des Feldes. Die Suche nach dem ersten freien Platz hat also nur dann Sinn, wenn das letzte Feldelement keinen Kunden referenziert (Abbildung 6).

In diesem Fall beginnt man bei i=0 und erhöht i schrittweise um 1, solange der zugehörige Feldwert nicht den Wert null annimmt, der Platz also schon besetzt ist. Sobald schlange[i] den Wert null annimmt, hat man den Index gefunden, bei dem man den Kunden einreihen muss.

Methode *KundenNeuPositionieren*

Wie bisher muss am Ende der Methoden *Einreihen* und *Aufruecken* durch Aufruf der Methode *KundenNeuPositionieren* dafür gesorgt werden, dass die Kundensymbole neu gezeichnet werden.

Wie können die verschiedenen Arten der Wiederholung dazu genutzt werden, die Methode *KundenNeuPositionieren* geschickt zu implementieren?

Für die Realisierung der Methode *KundenNeuPositionieren* sind im Prinzip zwei Varianten denkbar:

• Man kann mit einer Zählwiederholung alle Elemente der Schlange durchgehen und für sie jeweils die Methode *NeuPositionieren* aufrufen, wenn sie nicht null sind.

- Etwas günstiger ist es, die Wiederholung mit Eingangsbedingung zu verwenden, da man dadurch eine Verschachtelung von Kontrollstrukturen vermeidet.

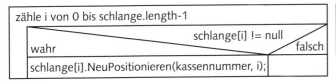

wiederhole solange schlange[i] != null
schlange[i].NeuPositionieren(kassennummer, i); i = i+1;

7 *Zwei Varianten für KundenNeuPositionieren*

Eine **Wiederholung mit Eingangsbedingung** wiederholt eine Anweisungsfolge so lange, wie die Bedingung wahr ist.

Die **Zählwiederholung** ist eine spezielle Form der Wiederholung, die sich insbesondere gut zum Bearbeiten aller Elemente eines Feldes eignet. Sie wird verwendet, wenn die Anzahl der Wiederholungen vorher bekannt ist.

- Notation der Wiederholung mit Eingangsbedingung in Java:

```
while (Bedingung)
{
    Sequenz
}
```

- Notation der Zählwiederholung in Java:

```
for (Startwert; Bedingung; Anweisung)
{
    Sequenz
}
```

In dem Attribut length wird bei einem Objekt der Klasse FELD die Anzahl der Elemente gespeichert.

Über feldname.length kann man den Wert des Attributs abfragen.

Aufgaben

1 Wiederholungsfragen zur Wiederholung

a Beschreibe das Prinzip der Wiederholung mit Eingangsbedingung und der Zählwiederholung; gib dazu die Umsetzung in Java an.

b Drücke durch eine Wiederholung mit Eingangsbedingung aus:

```
for (int i=1;i<=256;i=2*i)
{
    Sequenz
}
```

c Welchen Vorteil bietet die Verwendung des Attributes length eines Feldes?

2 Roboter – 100 Ziegel

Karol hat den Auftrag, hundert Ziegel hintereinander entlang der Wand abzulegen. Dabei muss er aufpassen, dass er nicht an die Wand stößt. Definiere eine Klasse ARBEIT mit einer Methode *Ausfuehren*, die dies bewirkt.

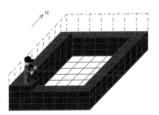

8 *Hundert Ziegel*

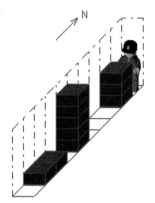

9 *Stapel aufheben*

3 Stapel aufheben

Karol soll bis zur Wand gehen. Wenn vor ihm kein Ziegel liegt, so soll er einen ablegen. Liegt vor ihm dagegen ein Ziegelturm, so soll er diesen aufheben. Definiere eine Klasse ARBEIT mit einer Methode *Ausfuehren*, die dies bewirkt. Ergänze eine Methode *ZurueckSetzen*, die die Welt in den Ausgangszustand zurücksetzt (Handbuch!). Nach dem Zurücksetzen kannst du die Methode *Ausfuehren* erneut aufrufen.

4 Roboter – alles einsammeln

Erweitere die Klasse ARBEIT aus Aufgabe 11, Kapitel 10, um eine Methode *AllesEinsammeln*, die Karol dazu bewegt, alle verstreuten Ziegel einzusammeln. Starten soll Karol in der Grundposition (1|1) mit Blickrichtung 'S'.
Prüfe anschließend die Anzahl aller eingesammelter Ziegel im Attribut summe.

5 Die Klasse WARTESCHLANGE

a Lege in der Klasse WARTESCHLANGE das Attribut schlange als Feld mit dreißig Elementen fest.
b Verändere die Methode *Aufruecken* gemäß Abbildung 4.
c Gestalte die Methode *Einreihen* gemäß Abbildung 6.
d Passe die Methode *KundenNeuPositionieren* an das neue Feld an. Verwende in allen Methoden das Attribut length an geeigneten Stellen.
✳e Setze im Konstruktor alle Feldelemente auf den Wert null.
f Teste die Änderungen.

6 Einreihen – richtig oder falsch?

Welche dieser Struktogramme sind zur Umsetzung der Methode *Einreihen* geeignet? Begründe deine Entscheidungen!

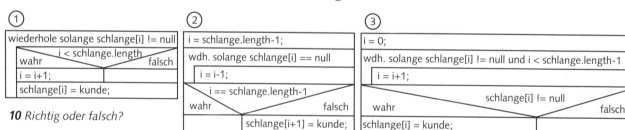

10 *Richtig oder falsch?*

Aufgaben zur Kreuzung

7 Physik des Anfahrens (Grundwissen)

Beim Anfahren beschleunigen Fahrzeuge, bis sie die gewünschte Endgeschwindigkeit erreicht haben. In einigen Voruntersuchungen ermitteln Ali Chwarizmi und Heidrun Namweiden zuerst, wie genau sie das Beschleunigungsverhalten modellieren müssen, um brauchbare Ergebnisse zu erhalten.
Für den Anfahrvorgang gehen sie von einer konstanten Beschleunigung aus. Diese beträgt für einen durchschnittlichen Pkw etwa $a = 4,0 \, m/s^2$. Das Fahrzeug beschleunigt so lange, bis es die zulässige Höchstgeschwindigkeit von $50 \, km/h = 13,89 \, m/s$ erreicht hat.
a Entwickle das Datenflussdiagramm für eine Funktion *vneu_berechnen(Δt, valt)*, die unter Berücksichtigung der zulässigen Höchstgeschwindigkeit und der aktuel-

len Fahrzeuggeschwindigkeit valt die neue Geschwindigkeit nach einer Zeitspanne von Δt Sekunden berechnet.

Implementiere diese Funktion in einem Tabellenkalkulationsprogramm und lasse dir in nebeneinander liegenden Zellen die erreichte Geschwindigkeit nach 0, 1, 2, 3, 4 und 5 Sekunden anzeigen (Δt = 1 s).

b   Um den in der Zeitspanne Δt zurückgelegten Weg zu berechnen, nähern Ali und Heidrun für jedes Zeitintervall die Geschwindigkeit als Durchschnitt aus (alter) Anfangs- und (neuer) Endgeschwindigkeit an: v = (vneu + valt) / 2.

Entwickle eine Funktion *xneu(Δt, valt, vneu, xalt)* für die Berechnung des neuen Orts eines Fahrzeugs aus den gegebenen Eingangsparametern.

Ergänze das Tabellendokument aus a) um diese Funktion und berechne damit nun zusätzlich auch den Ort zu den angegebenen Zeiten.

c   Um die Genauigkeit der Näherung zu testen, wird nun der Wert für Δt von einer Sekunde auf 0,5 Sekunden verkürzt. Ändere dein Tabellendokument entsprechend ab und vergleiche neue und alte Position nach fünf Sekunden.

d   Verkleinere nun das Zeitintervall Δt so lange, bis die Position nach fünf Sekunden zentimetergenau dem exakten Wert von 45,33 m entspricht.

8   Fahrzeuge beschleunigen

Auf der Basis von Aufgabe 7 haben Ali Chwarizmi und Heidrun Namweiden die Methode *Fahren* so weiterentwickelt, dass sie auch den Anfahrvorgang sinnvoll ausführt. Als Dauer für ein Zeitintervall dt (in Aufgabe 7: „Δt") , das den Beschleunigungsvorgang hinreichend genau beschreibt, kann nach 7d) eine Zehntelsekunde (0.1f) gewählt werden. Die Methode *Fahren* soll im Takt von 1 s aufgerufen werden, also müssen Weg und Geschwindigkeit in n = 10 Schritten berechnet werden.

weg = 0.0f; v = 0.0f;		
wiederhole n mal		
vneu = v+a*dt;		
ja vneu > vmax nein		
vneu = vmax;		
weg = weg+(vneu+v)/2.0f*dt; v = vneu;		
// Platz für Struktogramm aus Abb. 12		
symbol.PositionSetzen(x+weg, y);		

11 Beschleunigungsphase

weg ist der beim Durchlaufen der Methode insgesamt zurückgelegte Weg. Aus der alten Geschwindigkeit v und der Beschleunigung a wird vneu berechnet, dessen Wert die Höchstgeschwindigkeit vmax nicht überschreiten darf.

a   Ändere die Methode *Fahren* der Klasse FAHRZEUG so ab, dass das Fahrzeug nach dem oben angegebenen Algorithmus von der aktuellen Position aus dem Stand anfährt.

b   Teste die Methode für a = 4.0f (Mittelklasse-Pkw) und vmax = 13.89f für verschiedene Werte von n und dt. Dabei soll die gesamte betrachtete Zeit n*dt eine Sekunde ergeben. Was beobachtest du für zunehmendes n?

9 Fahren und bremsen

Den Anfahrvorgang haben Heidrun und Ali umgesetzt. Für ein vollständiges Modell muss noch das Abbremsen (z. B. an einer roten Ampel oder wegen eines Vorgängerfahrzeugs) modelliert werden. Bei ausreichendem Sicherheitsabstand kann ein Fahrer sein Fahrzeug immer genau so abbremsen, dass es am Ende die Geschwindigkeit des Hindernisses und den nötigen Sicherheitsabstand hat.

Beim Aufruf der Methode *Fahren* soll jetzt das Fahrzeug mit der beim letzten Aufruf berechneten Geschwindigkeit weiterfahren. Zusätzlich erhält die Methode die Parameter wegmax (der Weg, den das Fahrzeug höchstens fahren darf, um dem Vorgänger nicht zu nahe zu kommen) und vvorg (die Geschwindigkeit des Vorgängers). Um nicht zu dicht aufzufahren, werden nach der Berechnung des normalen Fahrtweges (bis zum Kommentar in Abbildung 11) der Abstand zum Vorgänger und seine Geschwindigkeit berücksichtigt. Sowohl der zurückgelegte Weg als auch die Geschwindigkeit werden, wenn nötig, so reduziert, dass das Fahrzeug dem Vorgänger nicht zu nahe kommt und auch nicht zu schnell für den Abstand zum Vorgänger ist.

Methodenkopf

    void Fahren(float wegmax, float vvorg)

lokale Attribute

    float vneu;

    float weg;

Methodenrumpf

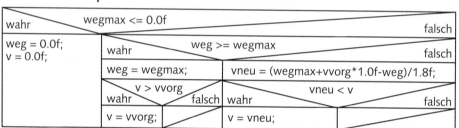

12 Fahren berücksichtigt Hindernis

a In welcher Situation kann der Parameter wegmax den Wert 0 haben? Warum lautet die erste Bedingung in Abbildung 12 nicht `wegmax == 0.0f` sondern `wegmax <= 0.0f`?

b Für den Sicherheitsabstand lernt man in der Fahrschule die Faustregel „Sicherheitsabstand ≙ halber Tacho". Genauer lautet sie: „Sicherheitsabstand in Metern ergibt halben Geschwindigkeitsbetrag in km/h". Diese Faustregel wird im sonst-Teil der zweiten bedingten Anweisung verwendet, um das Fahrzeug eventuell abzubremsen.

Erläutere, warum der Term `wegmax + vvorg*1.0f − weg` den für den nächsten Aufruf von *Fahren* zur Verfügung stehenden Weg berechnet.

Gib weiter an, warum vneu genau die Geschwindigkeit ist, für die dieser Weg dem Sicherheitsabstand entspricht.

Hinweis:

1.0f steht für die Zeit 1 s, die im Modell genau einer Ausführung der Methode *Fahren* entspricht.

c Ergänze die Methode *Fahren* gemäß dem Struktogramm in Abbildung 12.

d Teste die erweiterte Methode *Fahren* für verschiedene Eingangsparameter, z. B. (0, 0).

10 Ergänzung der FAHRBAHN

Die neue Methode *Fahren* ist wesentlich mächtiger geworden. Die Methode *FahrzeugeBewegen* der Fahrbahn muss angepasst werden.

a Passe die Methode *FahrzeugeBewegen* an die neue Situation an. Welche Information muss von einem Vorgängerfahrzeug abfragbar sein? Welcher Vorgängerabstand kann für das erste Fahrzeug angegeben werden?

b Beim Setzen auf die Fahrbahn sollen die Fahrzeuge Maximalgeschwindigkeit fahren. Ändere den Konstruktor entsprechend.

c Baue die Klasse FAHRBAHN so um, dass sie in einem Feld bis zu 30 Fahrzeuge verwalten kann.

13 Supermarkt automatisch gesteuert

Bisher wurden Warteschlangen, Kassen und Kunden von Hand erzeugt. Die Kunden wurden manuell in eine Warteschlange eingetragen und zur Kasse vorgerückt. Dies war notwendig, um die Mechanismen zu verstehen und zu überprüfen. Für eine echte Simulation muss nun festgelegt werden, wie Objekte automatisch erzeugt und gesteuert werden.

Die Klasse SUPERMARKT

Für die Automatisierung der Simulation wollen Barbara Leidorn und Klaus van Dijkstran eine Klasse SUPERMARKT entwerfen, die automatisch drei Warteschlangen und ebenso viele Kassen erzeugt. Diese Objekte soll jeweils in einem Feld verwaltet werden.

Zu welchen anderen Klassen hat die Klasse SUPERMARKT Beziehungen? Wie sind die Kardinalitäten? Welche Aufgaben muss die Klasse SUPERMARKT erfüllen, damit die gesamte logische Steuerung bei ihr liegt?

- Ein Supermarkt enthält drei Warteschlangen und drei Kassen (vgl. Abbildung 1). Diese müssen beim Start der Simulation erzeugt werden.
- SUPERMARKT sollte eine Methode *KundeErzeugen* bereitstellen, die die Kunden selbstständig erzeugt und dafür sorgt, dass sie sich an einer Schlange anstellen. Der Aufruf von *KundeErzeugen* kann nicht im Konstruktor geschehen, da die Kunden nacheinander zur Laufzeit des Programms erzeugt werden.
- Eine Verwaltung der Kunden innerhalb der Klasse SUPERMARKT ist nicht erforderlich, da frisch erzeugte Kunden sofort an eine der Warteschlangen übergeben werden sollen.
- Der Supermarkt muss den gesamten Ablauf koordinieren. Er ist der einzige, der Zugriff auf eine Uhr erhält. In regelmäßigen Zeiteinheiten erzeugt er Kunden, sorgt für deren Verteilung auf die Warteschlangen und teilt allen Kassen mit, dass schon wieder eine Zeiteinheit vergangen ist. Die Kasse muss dann selbst entscheiden, ob sie mit der Bedienung ihres Kunden fertig ist.

Für diese Koordinierung ist die Methode *TaktImpulsAusfuehren* der Klasse SUPERMARKT zuständig.

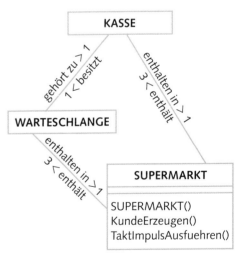

1 Neue Klasse SUPERMARKT

SUPERMARKT
KASSE[] kassen
WARTESCHLANGE[] schlangen
SUPERMARKT()

Erzeugen der Warteschlangen und Kassen

Im ersten Schritt erzeugt Barbara die Felder kassen und schlangen und belegt sie sinnvoll vor. Die dazu notwendigen Arbeiten sind bereits aus dem vorletzten Kapitel bekannt:

- **Deklaration eines Feldes kassen mit Elementen der Klasse KASSE und eines entsprechenden Feldes schlangen**
- **Anlegen der beiden Felder mit der Länge drei**
  Dabei und im Folgenden achtet sie darauf, dass bei einer Veränderung der Kassenzahl diese Zahl 3 nur an einer einzigen Stelle angepasst werden muss.
- **Aufruf des Konstruktors der Warteschlange für die Elemente des Warteschlangenfeldes**
  Mithilfe der Zählwiederholung erspart sie sich unnötige Schreibarbeit.
- **Aufruf der Methode** *KassennummerSetzen* **für die Warteschlangen**
  Für das Feldelement 0 ist die Kassennummer 1, allgemein soll das Feldelement i die Kassennummer i+1 erhalten. Dies kann auch innerhalb der obigen Zählwiederholung geschehen.
- **Aufruf des Konstruktors der Kasse für die Elemente des Kassenfeldes**
  Auch dies kann innerhalb der Wiederholung geschehen. Die Kasse mit dem Index i braucht als Eingangsparameter die Kassennummer (wie oben i+1) und die zugehörige Warteschlange schlangen[i].

SUPERMARKT
KASSE[] kassen
WARTESCHLANGE[] schlangen
SUPERMARKT()
KundeErzeugen()

Anstellen an der besten Warteschlange

Auch die Kunden sollen automatisch erzeugt werden. Klaus und Barbara legen zu diesem Zweck in der Klasse SUPERMARKT eine neue Methode *KundeErzeugen* an, die vom Supermarkt in gewissen Abständen, die der Realität im echten Supermarkt möglichst nahe kommen, aufgerufen wird. Bevor die beiden an die Detailarbeit gehen, wollen sie vorerst nur Kunden erzeugen lassen, die alle dieselbe Anzahl von Artikeln gekauft haben.

 Wie können die Kunden sinnvoll verwaltet werden? Wie kann ein Kunde zu einer Schlange gelangen?

Die Kunden sind im Modell des Supermarktes nur dann von Bedeutung, wenn sie anstehen. Nach der Erzeugung sollen sie sich direkt an einer Warteschlange anstellen. Wenn klar wäre, an welcher Warteschlange sie das tun, könnte man frisch erzeugte Kunden einfach mit der bereits vorhandenen Methode *Anstellen* an die Warteschlange übergeben. Die Kasse wird aber nicht zugewiesen, der Kunde sucht sie sich aus. Deshalb muss die Methode *Anstellen* um eine Strategie ergänzt werden, mit der der Kunde die für ihn optimale Warteschlange wählen kann. Damit Kunden aus den bestehenden Schlangen auswählen können, muss ihnen nun nicht mehr eine einzige Schlange, sondern eine Referenz auf das Feld der Warteschlangen mitgegeben werden. Anstellen erhält dazu den Parameter schlangenZurAuswahl vom Typ WARTESCHLANGE[].
Damit sich der Kunde aus den Warteschlangen eine geeignete heraussuchen kann, benötigt er noch eine Auswahlstrategie. Barbara schlägt als erste einfache Strategie vor, dass die Kunden sich für die Schlange mit der geringsten Kundenanzahl entscheiden.

KUNDE
KUNDENSYMBOL darstellung
int artikelzahl
KUNDE(int)
NeuPositionieren(int, int)
KundensymbolEntfernen()
Anstellen(WARTESCHLANGE[])

 Wie kann man es erreichen, dass der Kunde erfährt, wie viele Kunden an einer Warteschlange anstehen?

Eine einfache Lösung ist es, in der Klasse WARTESCHLANGE ein Attribut kundenanzahl zu deklarieren, das zunächst den Wert 0 annimmt. Bei jedem Aufruf der Methode *Einreihen* wird kundenanzahl um eins erhöht, wenn die Warteschlange nicht schon voll ist.

Umgekehrt wird kundenanzahl um eins erniedrigt, wenn beim Ausführen der Methode *Aufruecken* die Warteschlange nicht leer ist, also schlange[0] nicht den Wert null hat. Eine einfache Funktion *KundenanzahlGeben* für die Warteschlange kann dem Kunden dann den gewünschten Wert liefern.

Auf dieser Grundlage kann Klaus nun in der Klasse KUNDE die Methode *Anstellen* ergänzen. Der Kunde soll alle Warteschlangen nacheinander daraufhin untersuchen, ob sie besser (zunächst heißt das „kürzer") als die vorher untersuchten sind. Eine lokale Variable beste vom Typ WARTESCHLANGE nimmt während der Untersuchung der Warteschlangen immer eine Referenz auf die beste der bisher untersuchten Schlangen auf. Zu Beginn wird mittels

```
beste = schlangenZurAuswahl[0]
```

die Warteschlange mit Index 0 als beste angenommen.

Anschließend werden nacheinander die nachfolgenden Elemente von schlangenZurAuswahl untersucht und in ihrer Länge, die man in kundenzahl_i erhält, mit der Länge der bisher besten Schlange kundenzahl_beste verglichen. Ergibt sich eine geringere Kundenanzahl der untersuchten Schlange, so wird diese der lokalen Variablen beste zugewiesen. Am Ende ergibt sich dadurch die „beste" Schlange, für die nun die Methode *Anstellen* aufgerufen werden kann.

Das folgende Sequenzdiagramm enthält zum ersten Mal eine Wiederholung, die ähnlich wie die bedingte Anweisung in einem Kasten notiert wird. Aus Gründen der Übersicht wird auf die Darstellung der Methodenaufrufe verzichtet, die infolge der Methode *Einreihen* für die Anzeige der Kundensymbole sorgen.

WARTESCHLANGE
KUNDE[] schlange
int kassennummer
int kundenzahl
WARTESCHLANGE()
KUNDE ErstenKundenGeben()
Einreihen(KUNDE)
Aufruecken()
KundeNeuPositionieren()
KassennummerSetzen(int)
int KundenanzahlGeben()

2 *Automatisches Erzeugen eines Kunden*

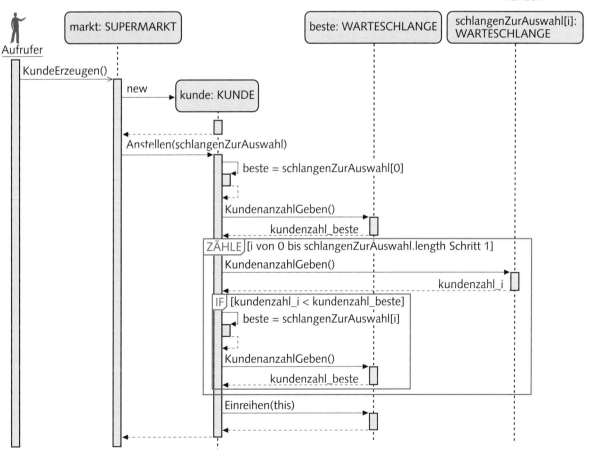

Der Taktgeber

Nun haben Barbara und Klaus alle Vorbereitungen für die Automatisierung der Supermarktsimulation getroffen. Im Grunde müssen nun nur noch in gewissen Zeitabständen vom Supermarkt Kunden erzeugt werden; die Kassen müssen andererseits Kunden von der Warteschlange holen. Wie erhält man aber die „bestimmten Zeitabstände"?

Die beiden Informatiker bedienen sich dazu der Vorarbeit einer Kollegin, die für eine Simulation der Planetenbewegung eine Klasse TAKTGEBER entwickelt hat. Leider ist diese Kollegin nicht mehr für SimSoftLab tätig und die beiden müssen sich deshalb selbst mit der Funktionsweise der vorgegebenen Klasse vertraut machen. Zum Glück ist die Klasse sauber dokumentiert!

 Welche wichtigen Informationen über die Klasse TAKTGEBER lassen sich aus der Dokumentation unten gewinnen? Welche Anpassungsarbeiten sind notwendig?

Referenzattribute	
PLANETENSYSTEM	**planSys** zu steuerndes Objekt, muss von jedem Takt benachrichtigt werden
JAVAX.SWING.TIMER	**timer** Timerobjekt für die zentrale Zeitverwaltung
Konstruktor	
TAKTGEBER(PLANETENSYSTEM ps) erzeugt den Taktgeber und trägt als Parameter den Taktempfänger ein	
Methoden	
void	**ActionPerformed**(java.awt.event.ActionEvent evt) wird automatisch vom Timer aufgerufen; hier eingetragene Methodenaufrufe werden also regelmäßig ausgeführt
void	**Anhalten**() Timer anhalten
void	**TaktdauerSetzen**(int dauer) Ablaufgeschwindigkeit einstellen; Parameter dauer in Millisekunden
void	**Starten**() Timer starten

3 *Auszug aus der Dokumentation der Klasse TAKTGEBER*

 Hinweis:
Die bei Java mitgelieferten Klassen verwenden nicht die im Buch praktizierte Großschreibung.

Dank der guten Dokumentation erkennen sie schnell, dass in der Klasse nur wenige Details anzupassen sind: An die Stelle des Planetensystems rückt Klaus bei der Deklaration und im Konstruktor ein Objekt markt der Klasse SUPERMARKT. Der Taktgeber wird durch ein Timer-Objekt gesteuert. Es stammt aus der Bibliothek von Java, einer Sammlung von Klassen, die für bestimmte grundlegende Aufgaben zur Verfügung stehen. Das Timer-Objekt hat Methoden zum Starten, Stoppen und Setzen der Wartezeit. Mit den Methoden *Anhalten*, *TaktdauerSetzen* und *Starten* lässt sich die Simulation steuern. Die Methode *ActionPerformed* wird jedes Mal ausgeführt, wenn der Takt schlägt. Methodenaufrufe, die man innerhalb dieser Methode einträgt, werden also bei jedem Taktimpuls ausgeführt. Klaus trägt deshalb hier den Methodenaufruf

```
markt.TaktImpulsAusfuehren()
```
ein (Abbildung 5). Der Supermarkt kann dadurch selbst mitzählen und bestimmen, wann er aktiv wird. Das erfordert nun bei der Klasse SUPERMARKT die Festlegung dieser Methode.

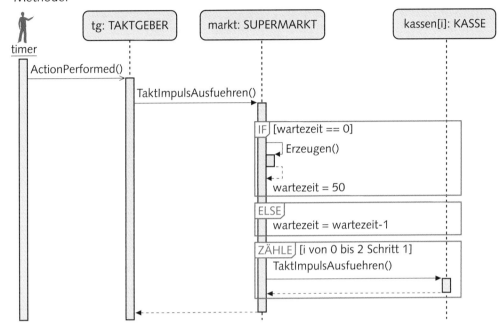

4 *Informationsweitergabe bei Taktimpuls*

Nutzen des Taktes

Klaus und Barbara haben die Taktdauer im Moment auf eine Millisekunde eingestellt. Dies gibt ihnen die Möglichkeit, in bestimmten Abständen, beispielsweise immer nach 50 Takten, einen Kunden erzeugen zu lassen. Unabhängig davon kann der Kassiervorgang z. B. für einen Kunden mit fünf Artikeln 120 Takte, für einen Kunden mit sechs Artikeln 130 Takte dauern. Trotz unterschiedlicher Dauer der modellierten Vorgänge kann so immer der gleiche Grundtakt genutzt werden, ohne dass alle Vorgänge synchron wirken.

Wie kann die Methode *TaktImpulsAusfuehren* gestaltet werden, wenn nur bei jedem fünf-zigsten Takt die Methode *Erzeugen* aufgerufen werden soll?

?

Der Supermarkt muss selbst mitzählen. Barbara legt dafür ein Attribut *warte-zeit* an, das am Anfang mit dem Wert 0 belegt wird. Wenn *wartezeit* den Wert 0 erreicht hat, wird die Methode *Erzeu-gen* aufgerufen. Danach wird dem Attribut der Wert 50 zugewiesen, weil *Erzeugen* erst nach 50 Takten wieder aufgerufen werden soll. Während der Wert von *wartezeit* ungleich 0 ist, wird ihr Wert nur um eins erniedrigt.

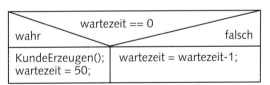

5 *Kundenerzeugung nach jeweils 50 Takten*

	wartezeit == 0	
wahr		falsch
KundeErzeugen(); wartezeit = 50;		wartezeit = wartezeit-1;

SUPERMARKT
KASSE[] kassen
WARTESCHLANGE[] schlangen
int wartezeit
SUPERMARKT()
KundeErzeugen()
TaktImpulsAusfuehren()

Auch die Kassen müssen über den Beginn eines neuen Taktes informiert werden. Schließlich sollen sie steuern, wann der nächste Kunde von der Warteschlange geholt wird. Da dies von der Artikelzahl des aktuellen Kunden abhängt, benötigt die Kasse vom Kunden die Antwort auf die Frage: „Wie viele Artikel haben Sie?" Dazu muss man in der Klasse KUNDE noch eine kleine Funktion *ArtikelzahlGeben* implementieren.

KUNDE
KUNDENSYMBOL darstellung
int artikelzahl
KUNDE(int)
NeuPositionieren(int, int)
KundensymbolEntfernen()
Anstellen(WARTESCHLANGE[])
ArtikelzahlGeben()

KASSE
KASSENSYMBOL darstellung
KUNDE kunde
int nummer
WARTESCHLANGE wschlange
int wartezeit
KASSE(int, WARTESCHLANGE)
KundeHolen()
TaktImpulsAusfuehren()

Damit die Kasse die verbleibende Bediendauer kennt, ist dafür, wie schon in der Klasse SUPERMARKT, ein Attribut wartezeit notwendig. Als Einheit für die Wartezeit ist eine Takteinheit festgelegt. Für das Bezahlen ist ein fester Wert von 70 Takten vorgesehen; pro Artikel kommen noch einmal 10 Takte hinzu. Daraus lässt sich der Startwert für wartezeit nach dem Aufruf von *KundeHolen* berechnen. wartezeit soll wieder absteigend bis zum Wert 0 gezählt werden. Ist dieser Wert erreicht, kann die Methode *KundeHolen* aufgerufen werden. Es kann auch passieren, dass beim Aufruf von *KundeHolen* gar kein Kunde in der Warteschlange ist. In diesem Fall soll gleich beim nächsten Takt wieder die Methode *KundeHolen* ausgeführt werden.

Um die Takte zählen zu können, braucht die Kasse noch Zugriff auf die Uhr. Wann ein neuer Takt beginnt, wissen bisher der Taktgeber und der Supermarkt. Damit die gesamte logische Steuerung in der Hand des Supermarktes bleibt, ist es sinnvoll, dass dieser und nicht der Taktgeber die Information über den Beginn eines neuen Taktes an die Kassen weiterreicht. Um die Information weitergeben zu können, benötigt die Kasse eine Methode *TaktImpulsAusfuehren*, die bei jedem Taktbeginn aufgerufen wird (Abbildung 6). Der Aufruf der Methode *TaktImpulsAusfuehren* für alle drei Kassen kann über eine Zählwiederholung in der Methode *TaktImpulsAusfuehren* der Klasse SUPERMARKT geschehen.

6 *TaktImpulsAusfuehren*

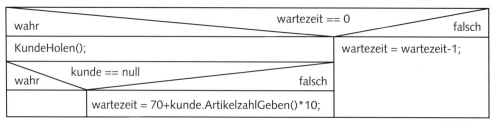

Klassendiagramm

Das erweiterte Klassendiagramm auf der gegenüberliegenden Seite zeigt den aktuellen Stand des Simulationsprogramms mit den wesentlichen Ergänzungen an Klassen, Attributen, Referenzattributen und Methoden.

Aufgaben – Grundlagen

1 Grundwissen: Umgang mit Feldern
Was passiert beim Deklarieren und Anlegen eines Feldes? Wo und in welcher Form werden diese Aufgaben innerhalb einer Klasse üblicherweise erledigt?

2 Roboter – Karol wird getaktet
a Kopiere die Klasse TAKTGEBER in das BlueKarol-Projekt und passe sie so an, dass für die Klasse ARBEIT in Zeitabständen von 0,5 s eine Methode *TaktImpulsAusfuehren* aufgerufen wird.
b Implementiere die Methode *TaktImpulsAusfuehren* so, dass Karol bei jedem Impuls einen Schritt geht und sich vor der Wand nach links dreht.

Aufgaben – Supermarkt

3 Die Klasse SUPERMARKT
Erstelle eine Klasse SUPERMARKT, die jeweils ein Feld für drei Warteschlangen und drei Kassen enthält. Sorge dafür, dass diese Objekte bei der Instanzierung der Klasse erzeugt werden. Teste!

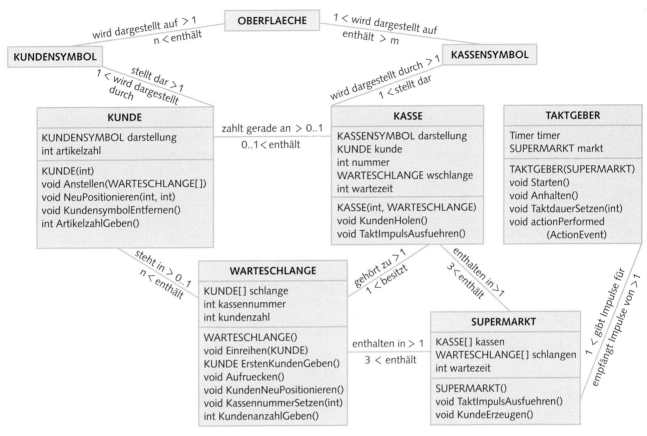

7 *Erweitertes Klassendiagramm*

4 Anstellen an der besten Warteschlange

a Definiere in der Klasse SUPERMARKT eine Methode *Erzeugen*, die einen Kunden mit fünf Artikeln anlegt.

b Lege in der Klasse WARTESCHLANGE ein Attribut kundenanzahl mit dem Anfangswert 0 an, das an sinnvollen Stellen erhöht bzw. verringert wird. Eine Funktion *KundenanzahlGeben* soll diese Anzahl ausgeben.

c Ergänze nun die Methode *Erzeugen* so, dass der neu angelegte Kunde die kürzeste Warteschlange sucht und sich an ihr anstellt. Teste die Methode!

5 Die Klasse TAKTGEBER

a Mache dich anhand der Dokumentation (Abb. 3) mit TAKTGEBER vertraut.

b Passe die Klasse TAKTGEBER an die Erfordernisse des Supermarktes an.

6 Nutzen des Taktes

a Ergänze in der Klasse SUPERMARKT ein Attribut wartezeit mit dem Startwert 0. Eine Methode *TaktImpulsAusfuehren* soll mithilfe dieses Attributs gesteuert werden. Bei jedem fünfzigsten Methodenaufruf soll die Methode *Erzeugen* aufgerufen werden.

b Implementiere in der Klasse KASSE ebenfalls eine Methode *TaktImpulsAusfuehren*, die von der obigen Methode jedes Mal für alle Kassen aufgerufen wird. Implementiere diese gemäß Abbildung 5. Auch hier benötigst du ein Attribut wartezeit.

c Teste die Simulation!

Aufgaben – Kreuzung

LAMPE

LAMPE()

void FarbeSetzen(String)

void PositionSetzen(int, int)

FAHRZEUGSYMBOL

FAHRZEUGSYMBOL()

void FarbeSetzen(String)

void PositionSetzen(float, float)

void Entfernen()

void AusrichtungSetzen(char)

FAHRBAHNSYMBOL

FAHRBAHNSYMBOL()

void PositionSetzen(int, int)

void Entfernen()

void AusrichtungSetzen(char)

float EintrittsPositionGeben()

float AustrittsPositionGeben()

float RandAbstandGeben()

float HaltelinienPositionGeben()

7 Ampeln schalten automatisch

Ali Chwarizmi und Heidrun Namweiden sind mittlerweile mit der Bewegung der Fahrzeuge zufrieden und fragen bei Peter Cody und Jenni Zirbnich nach, wie weit sie gekommen sind. Da die Ampelsteuerung ihre Aufgabe erfüllt, sollen nun beide Projektteile zusammengeführt werden. Dazu müssen insbesondere auch die Fenster für die Lampen- und Fahrzeugsymbole zusammengefasst werden. Im Zug dieser Arbeit werden die Symbole verkleinert, um Platz für mehr Fahrzeuge zu haben. Die Fahrzeugsymbole bekommen eine Ausrichtung nach den Himmelsrichtungen. Eine zusätzliche Klasse FAHRBAHNSYMBOL wird eingeführt, um auch die Fahrbahnen sichtbar zu machen.

a Kopiere deine Klassen AMPEL, FUSSGANGERAMPEL, KREUZUNG, FAHRZEUG und FAHRBAHN aus dem bisher erstellten Projekt in ein Projekt, das du von deinem Lehrer erhältst und das die neue Version der Klassen LAMPE und FAHRZEUGSYMBOL sowie die Klasse FAHRBAHNSYMBOL enthält.

b Teste durch Anlegen einer Kreuzung sowie durch Anlegen einer Fahrbahn, dass die Darstellungsobjekte auch in der verkleinerten Darstellung noch gut zu erkennen sind. Was beobachtest du beim Aufruf der Methode *FahrzeugeBewegen*?

c Passe die Klasse TAKTGEBER an die Erfordernisse der Kreuzung an.

d Erweitere die Klasse KREUZUNG um eine Variable wartezeitAmpel mit dem Startwert 0. Eine Methode *TaktImpulsAusfuehren* soll mithilfe dieser Variablen den Aufruf der Methode *Weiterschalten* der Kreuzung steuern. Die Methode *Weiterschalten* setzt entsprechend der Ampelphase den Wert von wartezeit auf 5 oder auf 30. Durch Variation der Werte lassen sich die optimalen Schaltzeiten testen.

8 Fahrzeuge fahren selbstständig

Für Teamarbeit geeignet! (z. B. je ein Team für die Teilaufgaben a), b) sowie c) bis e)

a Verändere die Methode *Fahren* der Klasse FAHRZEUG so, dass die Fahrtrichtung der Fahrzeuge eine der vier Himmelsrichtungen sein kann.

b Passe die Klasse FAHRBAHN so an, dass eine Fahrbahn in alle vier Himmelsrichtungen gerichtet sein kann und die Fahrzeuge entsprechend darauf fahren. Die neue Klasse FAHRBAHNSYMBOL erlaubt es, die Fahrbahn grau zu hinterlegen. Von Objekten dieser Klasse lassen sich auch mit *EintrittsPositionGeben* und *AustrittsPositionGeben* die Fenstergrenzen in Metern zum Positionieren der Fahrzeugsymbole abfragen. Mit *RandabstandGeben* erhält man den Abstand der Fahrzeuge zum Innenrand der Fahrbahn. Die Klasse FAHRBAHN muss um die Methoden *PositionSetzen* und *AusrichtungSetzen* ergänzt werden.

c Ergänze die Klasse KREUZUNG um die Verwaltung von vier Fahrbahnen. Sorge dafür, dass die entsprechenden Objekte bei der Abarbeitung des Konstruktors erzeugt werden. Teste!

d Definiere in dieser Klasse eine Methode *Erzeugen*, die vier Fahrzeuge anlegt und den Fahrbahnen zuordnet.

e Vereinbare in der Klasse KREUZUNG ein Attribut wartezeitFahrzeug mit dem Startwert 0. Die Methode *TaktImpulsAusfuehren* soll mithilfe dieses Attributs auch das Erzeugen neuer Fahrzeuge steuern. Bei jedem sechsten Methodenaufruf soll die Methode *Erzeugen* aufgerufen werden. Bei jedem Aufruf von *TaktImpulsAusfuehren* wird auch die Methode *FahrzeugeBewegen* der vier Fahrbahnen aufgerufen.

9 Verkehrsprojekt – Ampeln steuern Fahrzeuge

Momentan fahren die Fahrzeuge wild durcheinander. Damit ein Objekt der Klasse FAHRBAHN die Fahrzeuge entsprechend steuern kann, muss es wissen, welche der Ampeln für diese Fahrbahn zuständig ist. Es muss weiter wissen, wo genau die Fahrzeuge anzuhalten sind, also die Position der sogenannten Haltelinie kennen.

a Die Fahrbahn muss den Zustand der Ampel abfragen können. Das bedeutet: Sie muss abfragen können, ob sie die Fahrzeuge ungehindert fahren lassen kann (grün), ob sie sie bei genügend Abstand zur Haltelinie anhalten muss (gelb) oder ob sie sie unbedingt anhalten muss (sonstige Zustände). Ergänze die Ampel um zwei Abfragemethoden *IstGruen* und *IstGelb*. Beide Methoden haben keinen Parameter und einen Rückgabewert vom Datentyp boolean.

b Sorge dafür, dass die zugehörige Ampel im Konstruktor an die Fahrbahn übergeben und in einem entsprechenden Attribut gespeichert wird.

c Die Methode *FahrzeugeBewegen* muss jetzt für den Aufruf von *Fahren* bei jedem Fahrzeug drei Fälle unterscheiden: Das Fahrzeug hat freie Fahrt, das Fahrzeug muss sich nach einem Vorgänger richten oder das Fahrzeug muss an der Ampel anhalten.

Beschreibe die Funktionsweise des Datenflussdiagramms 8 und setze es in der Methode *VorgaengerZaehlt* mit Rückgabewert vom Typ boolean um.

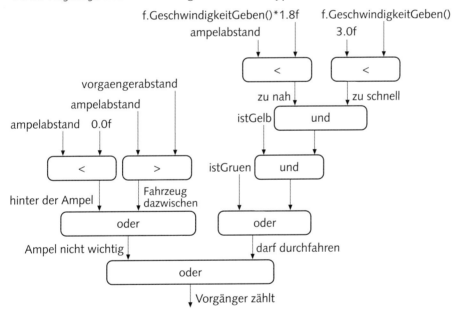

8 VorgaengerZaehlt

d In der Methode *FahrzeugeBewegen* muss die Zeile

```
fahrzeuge[i].Fahren(wegmax, vvorg);
```

ersetzt werden durch die Berechnung des Ampelabstands und die Entscheidung, ob der Vorgänger oder die Ampel zu berücksichtigen sind. Der Ampelabstand errechnet sich aus der Haltelinienposition und den Koordinaten des Fahrzeugs entsprechend der Fahrtrichtung. Da bei der Bewegung nach Osten bzw. Süden die Koordinate die hintere Ecke des Fahrzeugs bezeichnet, muss dieser Abstand dort um die Fahrzeuglänge verkürzt werden. Die Haltelinienposition kann vom Fahrbahnsymbol mit der Methode *HaltelinienPositionGeben* erfragt werden.

14 Zufall

In der Realität sind viele Vorgänge abhängig von Zufälligkeiten. Um diesem Umstand in einer Simulation gerecht zu werden, steht in der Java-Bibliothek, einer Sammlung von Klassen für grundlegende Aufgaben, ein Zufallsgenerator zur Verfügung.

1 Spielkasino und Supermarkt

Zufall, nur was fürs Spielkasino?

Münzwurf, Würfeln oder auch Roulette sind klassische Beispiele für Vorgänge, deren Ergebnisse nicht vorhersagbar sind. Auf den ersten Blick scheint in einem Supermarkt nichts zufällig zu geschehen: Die Kunden gehen bewusst zum Einkaufen, entscheiden sich eindeutig für bestimmte Waren, stellen sich gezielt an einer Warteschlange an. Die Kasse arbeitet die Kunden der Reihe nach ab, stellt eine eindeutige Rechnung und kassiert den Betrag.

 Gibt es im Supermarkt auch Vorgänge, die Zufälligkeiten unterliegen?

In einem normalen Supermarkt kommen die Kunden nicht in festen Zeitintervallen herein. Manchmal kommen mehrere Kunden auf einmal, manchmal lässt sich eine ganze Zeit lang kein einziger Kunde blicken. Weiterhin schwankt die Artikelzahl – nicht alle Kunden kaufen wie bisher in der Simulation die gleiche Anzahl Artikel! Die Verweildauer an der Kasse kann schwanken, je nachdem, ob der Kunde den Geldbeutel gleich findet, seine Waren vor dem Bezahlen einpackt, …

Auch das Anstellverhalten variiert von Kunde zu Kunde. Manche Kunden suchen nicht nach der besten Schlange, sondern stellen sich zufällig an einer der Schlangen an.

Viele dieser Vorgänge sind im Grunde nicht zufällig. Ein Kunde entscheidet sich ja im Normalfall bewusst für den Besuch des Supermarktes. Der Supermarktbetreiber kennt diese Einzelentscheidungen nicht. Er kann aber aus seiner Erfahrung heraus abschätzen, wie sich die Kunden verhalten werden. Diese Schätzung ist mit einer gewissen Ungenauigkeit behaftet. Die Ungenauigkeit lässt sich gut mit zufälligen Vorgängen vergleichen und mittels Zufallszahlengeneratoren simulieren.

Die Klasse Random

❯ engl. random: willkürlich, zufällig

In Java steht die **Bibliotheksklasse** ❯ java.util.Random zur Verfügung, um Zufallszahlen zu erzeugen. Um diese Klasse in der Klasse SUPERMARKT nutzbar zu machen, muss man sie **einbinden**. Dazu notiert man eine import-Anweisung noch vor dem Klassenkopf:

```
import java.util.Random;
class SUPERMARKT ...
```

In der üblichen Art und Weise muss nun ein Objekt der Bibliotheksklasse deklariert und erzeugt werden:

```
Random zzgenerator;
zzgenerator = new Random();
```

Die Klasse Random kann Pseudozufallszahlen unterschiedlicher Datentypen und für unterschiedliche Wertebereiche zur Verfügung stellen. Einige Funktionsaufrufe zeigt die Tabelle.

Funktionsaufruf	Ergebnis
zzgenerator.nextFloat()	Pseudozufallszahl vom Typ float
zzgenerator.nextInt()	Pseudozufallszahl vom Typ int
zzgenerator.nextInt(5)	Pseudozufallszahl aus {0; 1; 2; 3; 4}
zzgenerator.nextInt(n)	Pseudozufallszahl aus {0; 1; 2; 3; ...; n–1}

Eine **Bibliothek** ist eine Sammlung von Klassen, die für bestimmte grundlegende Aufgaben zur Verfügung steht.

Mit der import-Anweisung
```
import Klassenname;
```
kann man Bibliotheksklassen in Java-Klassen **einbinden**.

Hinweis:
Über weitere Bibliotheksklassen kann man sich in der Java-Dokumentation informieren.

Aufgaben

1 Roboter – Karol tanzt

Karol steht in der Mitte seiner Welt. Ergänze die Klasse ROBOTER um vier Methoden *SchrittLinks*, *SchrittRechts*, *SchrittRueck* und *SchrittVor*, die den Roboter einen Schritt in die angegebene Richtung machen lassen und danach die ursprüngliche Blickrichtung wiederherstellen.

Erstelle eine Klasse ARBEIT, sodass ihre Methode *Ausfuehren* das Folgende bewirkt: Durch den wiederholten Aufruf eines Zufallszahlengenerators sollen int-Zahlen von 0 bis 3 erzeugt werden. Je nach Zahl wird eine der obigen Methoden aufgerufen. Lasse Karol dies 10-, 100-, 1000-mal wiederholen. Die Anzahl der Wiederholungen soll ein Parameter der Methode *Ausfuehren* sein. Wo steht Karol am Ende, wenn die Zahlen gleich häufig aufgetreten sind? Welche Probleme treten auf?

2 Pseudozufälliger Supermarkt

a Ergänze in der Klasse SUPERMARKT einen Zufallszahlengenerator! Nutze ihn so, dass in der Methode *Erzeugen* die Kunden eine zufällige Artikelzahl zwischen 1 und 20 erhalten.

Hinweis: Aus einer Zufallszahl aus dem Bereich von 0 bis 19 erhältst du durch Addition von 1 eine Zahl zwischen 1 und 20.

b (schwieriger) Die Kunden kommen nicht in festen Zeitintervallen an die Warteschlangen; die Zeitintervalle schwanken um bis zu 40 um den Mittelwert 50. Nutze den Zufallszahlengenerator, um zunächst eine Zahl aus dem Bereich {0; 1} zu produzieren, die festlegt, ob die Schwankung positiv oder negativ ist, und anschließend zur Produktion der Zahl zwischen 0 und 40.

∗ c Verändere die Methode *SchlangeAussuchen* so, dass der Kunde nicht die kürzeste, sondern eine zufällige Schlange wählt. (Bisherigen Code auskommentieren, nicht löschen!)

∗ d Ergänzung zu c): Weshalb ist es problematisch, wenn du in der Klasse KUNDE direkt die Zahl drei als Anzahl der Kassen angibst? Wie ließe sich dies vermeiden?

∗ e (schwieriger) Ein Kunde verfolgt zwei Strategien, zwischen denen er sich zufällig entscheidet: Entweder wählt er die kürzeste Schlange oder er wählt zufällig eine Schlange.
Hinweis: Benutze zur Entscheidung eine Zufallszahl aus dem Bereich {0; 1}.

f Überlege dir eine oder mehrere weitere Möglichkeiten, um den Zufallszahlengenerator sinnvoll einzusetzen.

3 Verkehrsprojekt

Überlege dir, an welchen Stellen der Verkehrskreuzung sinnvoll Vorgänge durch Zufall gesteuert werden können. Übertrage deine Überlegungen in das Programm.

15 Zustandsübergänge bei der Kasse

In diesem Kapitel werden die Betrachtungen zu Zuständen vertieft. Um neuen Anforderungen gerecht zu werden, werden die Möglichkeiten, ein Modell mit Zustandsdiagrammen darzustellen, erweitert.

1 *Kasse mit Leuchtanzeige*

Zustände der Kasse

Barbara Leidorn und Klaus van Dijkstran arbeiten nun an den Kassen weiter. Diese müssen bei Bedarf geöffnet bzw. geschlossen werden können. Die Kassenkräfte müssen bei geschlossener Kasse Feierabend oder Pause machen bzw. im Laden helfen.

Für die Kunden ist es klar, dass sie sich nicht an einer geschlossenen Kasse anstellen können. Lästig ist es aber, wenn man beim Anstellen gesagt bekommt: „Bitte woanders anstellen, diese Kasse schließt gerade."
Offensichtlich hat eine Kasse drei Zustände:

- offen: Man kann sich anstellen.
- geschlossen: Hier steht keiner.
- schließend: Man kann sich nicht mehr neu anstellen, aber der Rest der Schlange wird noch abgearbeitet.

Manche Supermärkte beschreiben diese drei Zustände durch farbige Lampen oder durch Schilder an den Kassen, andere durch resolute Kassenkräfte.

?

Wie können die Zustände in der Simulation beschrieben werden?

Sicher benötigt man dazu in der Klasse KASSE ein eigenes Attribut zustand. Barbara und Klaus wählen dafür den Typ String und die sinnvollen Werte "offen", "schliessend" und "geschlossen". Um einen Überblick über die sinnvollen Zustandsänderungen zu bekommen, entwickeln Barbara und Klaus das Zustandsdiagramm (Abbildung 2).

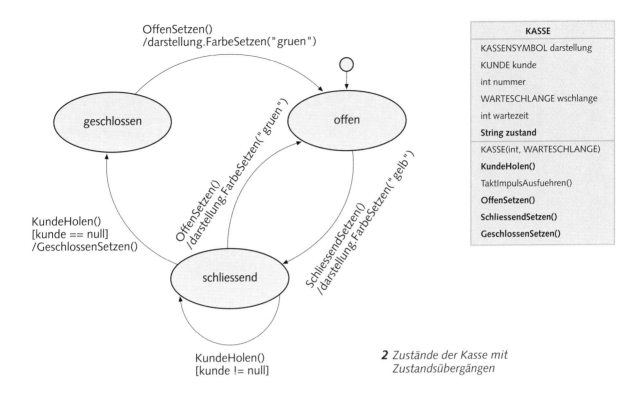

2 *Zustände der Kasse mit Zustandsübergängen*

Bei ihrer Erzeugung sollen die Kassen vom Konstruktor in den Zustand "offen" gesetzt werden. In der Folge kann eine Kasse über die beiden Methoden *OffenSetzen* und *SchliessendSetzen* in den jeweiligen Zustand gebracht werden. Sie müssen den Zustand der jeweiligen Kasse setzen und die Farbe des Kassensymbols auf grün bzw. gelb schalten. Es wird also nicht nur der Zustand verändert, sondern auch die Aktion *darstellung.FarbeSetzen("...")* ausgelöst. Solche **ausgelöste Aktionen** werden unter dem Ereignis notiert, das den Übergang auslöst und durch das einleitende Zeichen „/" gekennzeichnet. Entsprechend kann mit der Methode *GeschlossenSetzen* verfahren werden.

Während die ersten beiden Methoden jederzeit aufgerufen werden können, muss sichergestellt werden, dass die Methode *GeschlossenSetzen* nur dann aufgerufen wird, wenn in der Warteschlange einer Kasse, die sich im Zustand "schliessend" befindet, tatsächlich kein Kunde mehr ansteht. Abhängig vom Wert der Bedingung `kunde == null` kann beim Aufruf der Methode *KundeHolen* der Zustand gewechselt werden oder nicht. Eine solche Bedingung wird unter der auslösenden Aktion in eckigen Klammern notiert.

Dieser Methodenaufruf kann gut in der Methode *KundeHolen* der Klasse KASSE angesiedelt werden, wenn dort beim Funktionsaufruf

```
kunde = wschlange.ErstenKundenGeben();
```

der Wert null zurückgeliefert wird.

Damit auch die Steuerung der Kassen über die Klasse SUPERMARKT erfolgen kann, implementiert Barbara dort zwei Methoden *KasseOeffnen(int i)* und *KasseSchliessen(int i)*, bei denen für die Kasse i die entsprechende Methode *OffenSetzen* und *SchliessendSetzen* aufgerufen wird.

Zustände der Warteschlange

? Wann darf sich ein Kunde an einer Warteschlange anstellen? Welche Zustände lassen sich daraus für die Warteschlange ableiten?

WARTESCHLANGE
KUNDE[] schlange
int kassennummer
int kundenzahl
boolean anstellenMoeglich
WARTESCHLANGE()
KUNDE ErstenKundenGeben()
Einreihen(KUNDE)
Aufruecken()
KundenNeuPositionieren()
KassennummerSetzen()
int KundenanzahlGeben()
boolean IstAnstellenMoeglich()
AnstellenMoeglichSetzen(boolean)

KASSE
KASSENSYMBOL darstellung
KUNDE kunde
int nummer
WARTESCHLANGE wschlange
int wartezeit
String zustand
KASSE(int, WARTESCHLANGE)
KundeHolen()
TaktImpulsAusfuehren()
OffenSetzen()
SchliessendSetzen()
GeschlossenSetzen()

KUNDE
int artikelzahl
KUNDENSYMBOL darstellung
KUNDE(int)
NeuPositionieren(int, int)
KundensymbolEntfernen()
Anstellen(WARTESCHLANGE[])
ArtikelzahlGeben()

Ein Kunde darf sich nur dann an der Warteschlange anstellen, wenn die zugehörige Kasse offen ist. Der Fall, dass an der Warteschlange mehr als dreißig Personen anstehen, soll zunächst außer Acht gelassen werden, da er in der Realität praktisch nie vorkommt.

Damit festgestellt werden kann, ob sich ein Kunde anstellen darf, führt Klaus in der Klasse WARTESCHLANGE ein Attribut anstellenMoeglich vom Typ boolean ein. Dessen Wert kann über eine Methode *AnstellenMoeglichSetzen (boolean moeglich)* verändert und über eine Methode *IstAnstellenMoeglich* abgefragt werden.

Das Attribut anstellenMoeglich ist eng an den Zustand der Kasse gekoppelt. Wird die Kasse geöffnet, so ist auch das Anstellen möglich, beim Schließen ist es nicht mehr möglich. Ein Aufruf der Methode muss also in den Methoden *OffenSetzen* und *Schliessend-Setzen* der Klasse KASSE erfolgen.

Zum Schluss überarbeitet Barbara noch die Methode *Anstellen*, damit sich die Kunden nicht an Warteschlangen anstellen, an denen dies nicht möglich ist.

Die Kanten in einem Zustandsdiagramm können folgende Informationen tragen:

Zustand 1 → Ereignis [Bedingung] /ausgelöste Aktion(en) → Zustand 2

- **Ereignis**, das den Übergang auslöst (z. B. Methodenaufruf)
- **Bedingung**, unter der der Übergang stattfindet
- **ausgelöste Aktionen**, z. B. Methodenaufrufe, die durch den Übergang verursacht werden

Aufgaben

1 **Einfacher Geldautomat**

Ein Geldautomat wartet in seinem Startzustand auf die Eingabe einer Karte. Beim Einschieben einer Karte wechselt er in den Zustand ,prüfend'. Ist die Karte nicht in Ordnung, geht der Automat wieder in den Startzustand über und gibt die Karte aus. Andernfalls wartet er auf die Eingabe der Geheimzahl ...

a Überlege, wie der Abhebevorgang im Weiteren ablaufen kann.

b Übertrage die Überlegungen in ein Zustandsdiagramm.

Aufgaben – Supermarkt

2   Zustände bei der Klasse KASSE

a   Lege in der Klasse KASSE ein Attribut zustand an, das mit dem Wert "offen" vorbelegt wird.

b   Ergänze in der Klasse KASSE drei Methoden *OffenSetzen*, *SchliessendSetzen* und *GeschlossenSetzen*, die die Farbe des Kassensymbols und den Wert von zustand anpassen.

c   Ergänze die Methode *KundeHolen* so, dass die Kasse im richtigen Moment geschlossen wird.

d   Füge in der Klasse WARTESCHLANGE ein Attribut anstellenMoeglich vom Typ boolean hinzu. Zwei Methoden *AnstellenMoeglichSetzen* und *IstAnstellenMoeglich* sollen es ermöglichen, dass dieses Attribut von außen verändert und gelesen werden kann. Ergänze geeignete Methodenaufrufe von *AnstellenMoeglichSetzen* in den Methoden *OffenSetzen* und *SchliessendSetzen* der Klasse KASSE.

e   Passe die Methode *Anstellen* an die veränderte Situation an.
Weshalb muss hier auch die erste Zuweisung beste = schlangen[0] ersetzt werden?

f   Implementiere in der Klasse SUPERMARKT zwei Methoden *KasseOeffnen* und *KasseSchliessen* zur Steuerung der Kassen.

* g   (umfangreich) Ergänze WARTESCHLANGE so, dass eine Überfüllung der Warteschlange ausgeschlossen ist. Dabei muss sorgfältig darauf geachtet werden, dass sowohl Warteschlange als auch Kasse Einfluss darauf haben, ob das Anstellen möglich ist.

* 3   Zustände durch Aufzählungstypen

Aufzählungstypen sind zur Repräsentation der Zustände besser geeignet als Strings (siehe Kapitel 6, Aufgabe 4). Baue die Lösung von Aufgabe 2 entsprechend um!

Weitere Aufgaben zu Hauptkapitel III

4   Supermarkt anders

Verändere das Supermarktprojekt so, dass sich die Kunden an einer einzigen Warteschlange anstellen, von der die verschiedenen Kassen bei Bedarf einen Kunden holen. Überlegt euch dazu zuvor im Team, welche Änderungen am bisherigen Projekt vorzunehmen sind.

5   Spiel Tic Tac Toe

Bei Tic Tac Toe gewinnt der Spieler, der zuerst drei gleiche Steine in einer Zeile, Spalte oder Diagonale positioniert.

a   Mach dich vertraut mit den Klassen SYMBOL und SPIELFELD und den darin enthaltenen Methoden.

b   Entwickle eine Klasse SPIELSTEIN. Die Koordinate in x- und y-Richtung wird durch int-Werte zwischen 0 und 2 angegeben, die Art des Spielsteins durch die Zeichenkette "Kreuz" oder "Kreis". Ein Referenzattribut schafft die Verbindung zum zugehörigen Symbol.
Eine Methode *SymbolPositionieren* soll aus den Koordinaten die Position der Symbole auf dem Spielfeld (Größe 300 x 300) berechnen und das Symbol dort darstellen. Die Methode *SymbolEntfernen* der Klasse SPIELSTEIN sorgt für den Aufruf der Methode *Entfernen* für das zugehörige Objekt der Klasse SYMBOL.

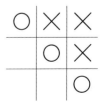

Ausblick:
Beispiel für ein zwei-
dimensionales Feld

Deklaration:
int [ ][ ] spielfeld

Instanzierung:
spielfeld = new int[3][3]

Zugriff auf ein Feld-
element: spielfeld[1][2]

c Die Klasse SPIEL sorgt zu Beginn für das Erzeugen eines Spielfelds und legt fest, dass zunächst Spieler 1 am Zug ist, dargestellt durch einen Kreis. Die gesetzten Steine werden in einem zweidimensionalen Feld der Länge 3 x 3 gespeichert.

d Mit einer Methode *SpielsteinSetzen* kann ein Spieler seinen Stein auf ein Feld setzen; wenn das Feld noch nicht besetzt ist, wird das Symbol angezeigt und der andere Spieler ist am Zug.

e In einem Attribut gewonnen vom Typ boolean wird festgehalten, ob ein Spieler gewonnen hat. Hat ein Spieler gewonnen, darf ein Aufruf von *SpielsteinSetzen* keine Wirkung mehr zeigen. Deshalb muss nach jedem Spielzug geprüft werden, ob in einer der Zeilen, Spalten oder Diagonalen drei gleiche Spielsteine sind: Dann gibt es einen Sieger!

f Die Methode *SpielStarten* stellt den Ausgangszustand wieder her, damit ein neues Spiel begonnen werden kann.

∗ g Die Rolle von Spieler 2 wird vom System übernommen. Er kann verschiedene Strategien verfolgen: zufällig setzen, nie verlieren, …

h Stelle die Zusammenhänge in einem Klassendiagramm übersichtlich dar!

6 Liiinks umm! (nach 17. Bundeswettbewerb Informatik)

Sergeant Jackson ist Dirigent des berühmtesten Marschier-Musik-Corps der Welt. Unter den Soldaten seines Landes werden jedes Jahr die besten Musiker ausgesucht und dann einem rigorosen Training im Formationsmarschieren unterzogen. Jackson ist ein Perfektionist und sein Corps hat bei internationalen Wettbewerben schon viele Pokale gewonnen. Die ausgeklügelte Marsch-Choreographie sorgt jedes Jahr für großes Aufsehen und Bewunderung. Leider geht dieses Jahr ausgerechnet bei einer Vorführung vor Staatschefs aus 17 Ländern etwas schief: In Takt 27 sollen sich die Musiker, die in einer Linie auf dem großen Platz der Stadt stehen, auf Taktschlag 3 um 90° drehen. Nur haben einige Soldaten vergessen, ob es nach links oder nach rechts gehen soll, und es kommt, wie es kommen muss: Manche Soldaten drehen sich nach rechts, andere nach links.

Doch alle Musiker erinnern sich noch an den Leitsatz, den ihnen Jackson eingebläut hat: „Frauen! Männer! Wenn ihr euch dreht und ihr schaut eurem Nachbarn ins Gesicht, dann habt ihr Mist gebaut! Aber keine Sorge! Wenn das passiert, dreht ihr euch beim nächsten Schlag in die andere Richtung! Das sind 180°! Und wenn dann immer noch wer seinem Nachbarn ins Gesicht schaut, dann macht ihr das noch einmal! Und so weiter, bis Ruhe einkehrt! Alles klar?"

Das ist nicht so schwierig! Die Soldaten folgen den Anweisungen ihres Sergeanten und drehen sich und drehen sich wieder. Einige der Soldaten kommen nach der dritten Drehung ins Schwitzen und fragen sich, ob sie jemals zum Stillstand kommen.

a Kommen die Musiker jemals zur Ruhe?

b Wenn ja, wie lange dauert es? Ist Sergeant Jackson mit der Anordnung immer zufrieden?

c Schreibe ein Programm, welches für eine feste Anzahl von Soldaten bei der ersten Drehung zufällig festlegt, ob sie sich jeweils nach links oder rechts drehen. Das Programm soll dann für jeden folgenden Taktschlag anzeigen, wie sich die Soldaten gedreht haben. Es soll anhalten, wenn keine weiteren Drehungen mehr stattfinden.

Zur Darstellung kann JavaKarol verwendet werden.

Zum Weiterlesen

2 Kleine Fehler, große Wirkung

Nicht nur Programmieranfänger, auch Profis machen Fehler bei der Erstellung von Software! Statistiken gehen von einer durchschnittlichen Rate von 2,5 % fehlerhaften Programmzeilen aus, die sich auch mit allerhöchstem – und enorm teurem – Kontrollaufwand, wie ihn etwa die NASA bei heiklen Missionen betreibt, kaum unter 0,01 % reduzieren lässt. Bei mehreren Millionen Programmzeilen, die z. B. in Betriebssystemen oder Systemen zur Steuerung in Luft- und Raumfahrt eingesetzt werden, treten so immer noch durchschnittlich mehrere hundert Fehler auf!

Solche Fehler können enorme Folgen haben, wie einige ausgewählte Beispiele zeigen:

ALG II (2005): Bei der Einführung des Arbeitslosengeldes II wurden 5 % der Gelder nicht fristgerecht ausbezahlt. Ursache war ein Feld zur Aufnahme der Kontonummer. Neben den inzwischen gängigen zehnstelligen Kontonummern verwenden manche Banken auch neunstellige Nummern. Wurde eine solche Kontonummer eingegeben, so wurde am Ende eine Null ergänzt.
Betroffen: Mehrere hunderttausend Menschen erhielten längere Zeit kein Geld.

Sturm Lothar (1999): Messgeräte registrierten innerhalb kurzer Zeit eine enorme Luftdruckschwankung. Diese wurde von der Software als Messfehler interpretiert, deswegen erzeugte sie keine Alarmmeldung an die Meteorologen und die Unwetterwarnung unterblieb.
Folge: mindestens 10 Tote

Mars Polar Lander (1999): Die Marssonde stürzte beim Landeanflug ab. Es wurde unter anderem nicht bedacht, dass das Ausfahren der Landebeine kleine Erschütterungen bewirkt, die von der Software als Auftreffen auf der Oberfläche interpretiert wurden. Deshalb wurden die Bremsraketen zu früh abgeschaltet.
Kosten: über 100 Millionen Euro

Mars Climate Orbiter (1999): Das in Großbritannien entwickelte Messgerät, das beim Eintritt in die Marsoberfläche Information über den Abstand zur Oberfläche liefern sollte, lieferte Daten im englischen Maßsystem, während die NASA im SI-Einheitensystem rechnete. Die Sonde näherte sich deshalb dem Mars zu stark und stürzte ab.
Kosten: über 100 Millionen Euro

Patriot-Abwehrraketen (1991): Im ersten Golfkrieg sorgte ein Softwarefehler dafür, dass gegnerische Raketen nicht getroffen wurden und Schäden in den eigenen Reihen zu beklagen waren. Um zur Ermittlung des Zündungszeitpunktes der Rakete die Zeit in zehntel Sekunden zu berechnen, wurde die Zeit in Sekunden mit dem Faktor 0,1 multipliziert. Im Binärsystem hat diese Zahl aber die periodisch unendliche Darstellung 0,0001001001... Da nach 24 Stellen abgeschnitten wurde, kam es zu einem Rundungsfehler. Bei einer Betriebsdauer von 100 Stunden vor dem Abschuss summierte sich dieser zu einem Fehler von 0,34 Sekunden – in dieser Zeit legt die Rakete ca. 500 m zurück und verfehlt deshalb das Ziel.
Folge: über 20 Tote, mehrere hundert Verwundete

Ariane 5 (1996): In der Rakete wurde beim Erststart im Wesentlichen die erprobte Software von Ariane 4 verwendet. Zur Speicherung der Horizontalgeschwindigkeit wurde eine 16-bit-Ganzzahl verwendet (Werte bis 32767). Die Ariane 5 hat aber eine höhere Horizontalgeschwindigkeit als ihre Vorgängerin, was zu einem ❯Überlauf des Speichers führte. Als Folge führte das System Kurskorrekturen aus, die die Flugbahn instabil machten und die Selbstzerstörung auslösten.
Kosten: über 800 Millionen Euro

❯ Statt 32768 steht der Wert 0 im Speicher.

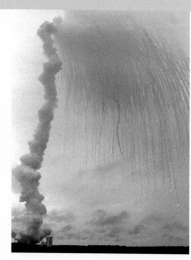

3 Zufallszahlengeneratoren

Viele Programmiersprachen bieten zur Simulation zufälliger Vorgänge **Zufallszahlengeneratoren**. Diese ermitteln auf der Grundlage einer Berechnungsvorschrift eine Folge von Zahlen.

Wie kann das Ergebnis einer Berechnung zufällig sein?

Tatsächlich ist die Folge von Zahlen, die erzeugt wird, nicht zufällig. Die Zahlen erfüllen jedoch gewisse Kriterien, die sie uns als zufällig entstanden erscheinen lassen. So treten alle Zahlen aus der Menge der möglichen Ergebnisse etwa gleich häufig auf. Auch periodische Strukturen, d. h. Strukturen, bei denen sich die gleiche Zahlenfolge immer wiederholt, sind nicht zu erkennen. Man spricht deshalb in diesem Zusammenhang von **Pseudo-Zufallszahlen**.

Es gibt Zufallszahlengeneratoren, die bei jedem Start immer die gleiche Zahlenfolge liefern, und solche, die beispielsweise die Systemzeit in die Berechnung mit einbeziehen und somit keine reproduzierbaren Folgen liefern. Erstere sind zum Testen von Programmen besser geeignet, da bei auftretenden Fehlern das Programm verbessert und mit denselben Zahlen noch einmal getestet werden kann. So kann man sichergehen, dass der Fehler tatsächlich beseitigt und nicht bloß aufgrund einer anderen Zahlenfolge vermieden wurde.

Bei rekursiven Generatoren geht das Ergebnis einer Berechnung in die nachfolgende Berechnung ein. Gängigste Implementierung in vielen Softwaresystemen ist dabei der lineare Kongruenzgenerator, der die Zufallszahl zz anhand folgender Berechnungsvorschrift aus der vorhergehenden Zufallszahl ermittelt:

$$zz = (a*zz + b) \bmod m$$

Wählt man beispielsweise $a = 1$, $b = 2$, $m = 3$ und als Startwert $zz = 3$, so ergibt sich die periodische Zahlenfolge 3; 2; 1; 0; 2; 1; 0; 2; 1; 0; 2; 1; 0; 2; 1; 0; 2; 1; 0; 2; 1...
Da sich bei diesem Verfahren immer eine periodische Folge ergibt, muss man versuchen, eine möglichst große Periodenlänge zu erzielen. So wirkt die durch $m = 1009$, $a = 2019$ und $b = 600$ erzeugte Folge 23; 914; 505; 96; 696; 287; 887; 478; 69 doch sehr viel zufälliger!
Am besten arbeitet die Folge, wenn man für m eine möglichst große Primzahl wählt und wenn m ein Teiler von $a - 1$, aber kein Teiler von b ist. Man kann beweisen, dass dann jede Zahl von 0 bis m genau einmal auftritt, bevor der Eintritt in die Periodizität erfolgt.

IV Vererbung

16 Generalisierung und Spezialisierung – Vererbung und Polymorphismus

In diesem Kapitel wird gezeigt, wie durch Generalisierung und Spezialisierung eine neue Form von Klassenbeziehungen entsteht und wie diese genutzt werden können.

Kunden verhalten sich nicht immer erwartungskonform

Klaus van Dijkstran und Barbara Leidorn haben die Supermarktsimulation fast fertigge-stellt, es fehlt nur noch die Bedienoberfläche. Ehe sie diese entwerfen, treffen sie sich aber nochmals mit Herrn Sparnix von Fixkauf, um sicherzustellen, dass alle benötigten Funk-tionen vorhanden sind. Herr Sparnix ist bis auf einen Punkt sehr zufrieden: Klaus und Bar-bara haben die Methode *Anstellen* so entworfen, dass sich die Kunden immer an der Schlange anstellen, in der sie wohl am schnellsten bedient werden. Herr Sparnix weiß aber, dass sich einige Kunden ohne zu schauen an der erstbesten Schlange anstellen. Er möchte auch dieses Verhalten berücksichtigt haben. Zu dritt analysieren sie nun das Ver-halten der Kunden und kommen dabei auf vier wesentliche Verhaltensweisen:

- der Kunde stellt sich an der Schlange mit den insge-samt wenigsten Artikeln an,
- der Kunde stellt sich an der kürzesten Schlange an,
- der Kunde stellt sich zufällig an einer Schlange an oder
- er wählt zufällig zwischen kürzester Schlange und der mit den wenigsten Artikeln.

Diese vier Kundentypen kommen etwa gleich häufig vor, wie Herr Sparnix aus Erfahrung weiß. Wenn diese Verhaltensweisen noch in die Simulation eingebaut wer-den, erwartet er korrekte Vorhersagen.

Klaus und Barbara machen sich an die Arbeit. Als erstes fällt ihnen auf, dass alle vier Klassen von Kunden das gleiche Klassendiagramm haben.

Damit sind die Ähnlichkeiten aber noch nicht erschöpft. Bis auf den Konstruktor und die Methode *Anstellen* sind auch alle Methoden intern genau gleich. Auf den ersten Blick liegt es daher nahe, den Quelltext der bisherigen Klasse KUNDE einfach viermal zu kopieren und nur die unterschiedlichen Teile zu ändern.

KUNDEWENIG
artikelzahl
KUNDEWENIG(artikel)
NeuPositionieren(x, y)
KundensymbolEntfernen()
ArtikelzahlGeben()
Anstellen(schlangen)

KUNDEKURZ
artikelzahl
KUNDEKURZ(artikel)
NeuPositionieren(x, y)
KundensymbolEntfernen()
ArtikelzahlGeben()
Anstellen(schlangen)

KUNDEZUFALL
artikelzahl
KUNDEZUFALL(artikel)
NeuPositionieren(x, y)
KundensymbolEntfernen()
ArtikelzahlGeben()
Anstellen(schlangen)

KUNDEZUFALL2
artikelzahl
KUNDEZUFALL2(artikel)
NeuPositionieren(x, y)
KundensymbolEntfernen()
ArtikelzahlGeben()
Anstellen(schlangen)

1 *Erstes Klassendiagramm*

Welche Schwierigkeiten könnten bei dieser Vorgehensweise auftreten?

Das Kopieren brächte mehrere Probleme mit sich. Der Quelltext für die gleiche Metho-de wäre dann viermal vorhanden und bei Änderungen müssten alle vier Klassen geän-dert werden. Wird eine davon übersehen, kann das zu nur schwer feststellbaren Fehlern führen, denn redundanter (mehrfach vorhandener) Code erzeugt die gleichen Probleme wie redundante Daten bei der Datenmodellierung. In der Klasse WARTESCHLANGE tritt noch eine weitere Schwierigkeit auf, die wir jedoch erst weiter unten im Abschnitt „Poly-morphismus" diskutieren.

Vererbung

Die Klassen KUNDEWENIG, KUNDEKURZ, KUNDEZUFALL und KUNDEZUFALL2 sind **Spezialformen** einer allgemeinen (**generellen**) Klasse KUNDE.

Klaus und Barbara wissen, dass es in der objektorientierten Modellierung für genau diesen Fall das Konzept der **Vererbung** gibt. Wenn eine Klasse von einer anderen Klasse erbt, so erhält sie all deren Attribute und Methoden. Neue Attribute und Methoden können hinzugefügt werden. Ererbte Methoden können neu festgelegt werden (**Überschreiben**).

Bei den Supermarktkunden können die vier neuen Klassen nahezu alles unverändert von der Klasse KUNDE erben, nur die Methode *Anstellen* muss neu entworfen werden. KUNDEWENIG, KUNDEKURZ, KUNDEZUFALL und KUNDEZUFALL2 sind **Unterklassen** (**Sohnklassen**) der **Oberklasse** (**Vaterklasse**) KUNDE. Zwischen den ersten vier Klassen und der Klasse KUNDE besteht die Beziehung **„ist ein".**

Im Klassendiagramm wird die Beziehung „ist ein" durch einen eigenen Pfeil ⟶▷ angegeben. Bei den Unterklassen werden nur die neuen Attribute und Methoden sowie die überschriebenen Methoden angegeben.

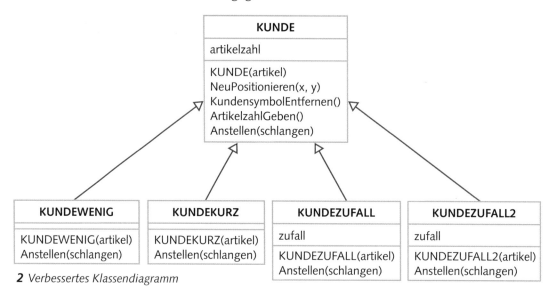

2 *Verbessertes Klassendiagramm*

Im Klassendiagramm (Abbildung 2) wird deutlich, dass außer der Methode *Anstellen* auch der Konstruktor in jeder Unterklasse neu formuliert werden muss. In den Unterklassen KUNDEZUFALL und KUNDEZUFALL2 kommt das Referenzattribut zufall hinzu, um die Verwendung der Klasse Random anzudeuten; dieses Attribut muss natürlich im Konstruktor besetzt werden.

Hinweis:

Da Objekte der Klasse KUNDE nicht mehr benötigt werden, könnte die Methode *Anstellen* der Klasse KUNDE jetzt gelöscht werden. Da der Methodenkopf aber noch benötigt wird (siehe unten bei „Polymorphismus"), löscht man nur die Anweisungen in dieser Methode.

Vererbung im Programm umsetzen

Die Unterklasse erweitert in der Regel die Oberklasse. Deshalb wird in Java die Vererbung dadurch gekennzeichnet, dass in der Unterklasse hinter dem Klassennamen das Schlüsselwort **extends** und der Name der Oberklasse stehen. Der Quelltext der Klasse KUNDEZUFALL zeigt die Implementierung der Vererbung.

```
class KUNDEZUFALL extends KUNDE    // Oberklassenangabe
{
    KUNDEZUFALL(int artikel)
    {
        // Aufruf des Oberklassekonstruktors
        super(artikel);
        // Initialisierung der Attribute
        zufall = new java.util.Random();
    }

    void Anstellen(WARTESCHLANGE[] schlangen)
    {
        // Implementierung von Anstellen
    }
}
```

Im Konstruktor der Klasse KUNDEZUFALL wird als Erstes über das Schlüsselwort **super** der Konstruktor der Oberklasse aufgerufen. Dadurch wird wie gewohnt der Anfangszustand für die ererbten Attribute hergestellt. Danach kann der Konstruktor noch zusätzliche Aufgaben ausführen, wie in unserem Beispiel das Initialisieren des Attributs zufall.

Hinweise:

- Im Konstruktor einer Unterklasse muss immer als erste Anweisung der Konstruktor der Oberklasse aufgerufen werden, egal ob dies die einzige Anweisung ist oder ob noch mehr folgen. Fehlt die Anweisung super, dann versucht der Java-Compiler, diesen automatisch zu ergänzen; das funktioniert aber nur, wenn der Konstruktor der Oberklasse keine Eingabeparameter hat.
- Mithilfe des Schlüsselworts super kann in einer Unterklasse nicht nur der Oberklassen-Konstruktor aufgerufen werden, es können auch Methoden der Oberklasse weiterverwendet werden, die in dieser Unterklasse überschrieben wurden. Man verwendet dazu in der Unterklasse den Aufruf *super.MethodenName(Parameterliste)*.
- Eine Spezialisierung kann verfeinert bzw. eine Generalisierung kann vergröbert werden. Das heißt, eine Unterklasse kann wiederum Oberklasse einer weiteren Klasse sein; eine Oberklasse kann Unterklasse einer weiteren Klasse sein. Es entsteht eine **Vererbungshierarchie**.

Polymorphismus

Mit dem Mechanismus der Vererbung ist aber erst ein Problem gelöst. Offen ist immer noch, wie die Objekte in der Warteschlange verwaltet werden.
Im Feld schlange der Klasse WARTESCHLANGE ist festgelegt, von welcher Klasse die referenzierten Objekte sind.

```
KUNDE[] schlange;
```

11

Sie alle sind Objekte der Klasse KUNDE. Jetzt müssten aber Objekte vier verschiedener Klassen verwaltet werden. Welche Lösung man dafür auch finden mag, sie wäre sehr aufwendig.
Klaus und Barbara wissen, dass sie sich hier glücklicherweise gar keine Gedanken zu machen brauchen. Unterklassen besitzen alle Attribute und Methoden ihrer Oberklasse. Deshalb ist es erlaubt, mit Referenzattributen für eine bestimmte (Ober-)Klasse auch Objekte all ihrer Unterklassen zu referenzieren. Ein Referenzattribut der Klasse KUNDE kann also auch auf ein Objekt der Klasse KUNDEKURZ verweisen. Allerdings können dann nur die in der Oberklasse bekannten Attribute und Methoden verwendet werden.

Erlaubt ist also:

```
KUNDE k = new KUNDEZUFALL(5);
k.Anstellen(schlangen);
```

 Im Klassendiagramm in Abbildung 2 gibt es die Methode *Anstellen* in der Klasse KUNDE und in der Klasse KUNDEZUFALL. Welche dieser beiden Methoden wird für ein sinnvolles Agieren des Objekts benötigt?

Die Methode *Anstellen* der Klasse KUNDE erbringt die falsche Leistung. Notwendig ist, dass die Methode der Klasse KUNDEZUFALL aufgerufen wird. Da jedes Objekt „weiß", zu welcher Klasse es gehört, kann es beim Eintreffen einer Botschaft die zu seiner Klasse gehörende Methode ausführen. Das bedeutet, dass Objekte verschiedener Unterklassen auf die gleiche Botschaft unterschiedlich reagieren.

❭ griechisch: Vielgestaltigkeit

Diese Eigenschaft nennt man ❭ **Polymorphismus**, weil ein Referenzattribut nicht nur Objekte der angegebenen Klasse referenzieren kann, sondern auch Objekte aller Unterklassen zu dieser Klasse, also wirklich „viele Gestalten" haben kann.

Neue Zugriffsrechte

Die Attribute der Klasse KUNDE werden auch in den Unterklassen verwendet. Die Zugriffsberechtigung private erlaubt dies aber nicht. Andererseits kann man private nicht einfach weglassen, denn dann könnte auch „von außen" auf die Attribute zugegriffen werden und die Datenkapselung wäre nicht mehr gewährleistet. Für diese Situation gibt es die Zugriffsberechtigung protected. Sie erlaubt allen Unterklassen den Zugriff auf mit protected geschützte Attribute der Oberklasse.

Mit dem Mechanismus der **Vererbung** lässt sich die Klassenbeziehungen **„ist ein"** zwischen **Unterklasse (Spezialisierung)** und **Oberklasse (Generalisierung)** umsetzen. Unterklassen erben alle Attribute und Methoden der Oberklasse, in ihnen können neue Attribute und Methoden hinzugefügt sowie bestehende Methoden neu definiert (**überschrieben**) werden.

Polymorphismus bezeichnet die Eigenschaft, dass ein Referenzattribut nicht nur Objekte der angegebenen Klasse referenzieren kann, sondern auch Objekte aller dazu existierenden Unterklassen. Beim Zugriff über dieses Referenzattribut werden nicht die Methoden der Oberklasse aufgerufen, mit der das Attribut definiert wurde, sondern die Methoden der Unterklasse, zu der das Objekt tatsächlich gehört.

In Java wird die Vererbung mit dem Schlüsselwort extends realisiert:

```
class UNTERKLASSE extends OBERKLASSE
```

Der Konstruktor der zugehörigen Oberklasse wird mit dem Schlüsselwort super aufgerufen; überschriebene Methoden können durch super.Methodenname (Parameter) weiter genutzt werden.

Die Zugriffsberechtigung protected erlaubt allen Unterklassen einen Zugriff auf die so gekennzeichneten Attribute bzw. Methoden.

Hinweis:

Weitere Vorteile von Vererbung sind:
- Vermeidung von Redundanzen (Code-Duplizierung) und damit bessere Wartbarkeit;
- Erleichterung von Code-Wiederverwendung und einfachere Möglichkeiten für Erweiterungen von bestehenden Programmen.

Aufgaben – Supermarkt

1 Neue Kundenarten

a Lege die Klasse KUNDEKURZ als Unterklasse von KUNDE fest. Erzeuge ein Objekt dieser Klasse und teste das Aufrufen der ererbten Methoden von der Entwicklungsumgebung aus. Wie zeigt der Objektinspektor die ererbten Attribute?

b Ergänze die Klasse KUNDEWENIG. Dazu muss die Warteschlange um eine Methode *ArtikelanzahlGeben* erweitert werden, die die Gesamtanzahl der Artikel in den Warenkörben aller Kunden ermittelt.

c Füge auch die restlichen zwei neuen Klassen in dein Projekt ein. Ändere die Methode *Anstellen* in KUNDE so ab, dass sie keine Leistung mehr erbringt (leerer Methodenrumpf).

2 Erzeugen der neuen Kunden

Kunden werden nur in der Methode *Erzeugen* der Klasse SUPERMARKT instanziert. In dieser Methode müssen jetzt die neuen Klassen zum Anlegen der Kunden verwendet werden. An allen anderen Stellen des Projekts Supermarkt wird nur auf Methoden der Oberklasse KUNDE zugegriffen, spezielle Eigenschaften der Unterklassen werden nicht genützt. Also muss man nur die Methode *Erzeugen* ändern.

a Ändere die Methode *Erzeugen* so ab, dass mit jeweils gleich großer Wahrscheinlichkeit ein Objekt einer der neuen Klassen erzeugt wird.

b Starte die Simulation und warte, bis etwa zehn Kunden erzeugt wurden. Überprüfe nun mithilfe des Objektinspektors, ob in den Warteschlangen und an den Kassen tatsächlich Kunden verschiedener Arten anstehen.

Aufgaben – Kreuzung

Bei der Kreuzungssimulation muss ein ähnliches Problem gelöst werden wie im Supermarkt. So braucht zum Beispiel ein Lastwagen zum Anfahren viel mehr Zeit als ein Pkw. Er ist auch länger, erst recht mit Anhänger. Andere Fahrzeuge sind deutlich schneller. Daher müssen in die Simulation verschiedene Arten von Fahrzeugen aufgenommen werden.

Ali Chwarizmi und Heidrun Namweiden entscheiden sich für vier unterschiedliche Fahrzeugarten: Sportwagen, Pkw, Lkw und Lkw mit Anhänger. Für alle Fahrzeugarten werden eigene Unterklassen der bisherigen Klasse FAHRZEUG entworfen.

Auch die entsprechenden Fahrzeugsymbole werden in ähnlicher Art als Unterklassen der bisher verwendeten Klasse FAHRZEUGSYMBOL realisiert.

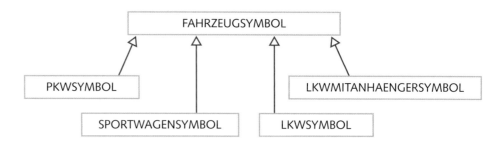

3 *Fahrzeugsymbole*

3 Die Klassen PKW und FAHRZEUG

a Welche Methoden der Klasse FAHRZEUG sind für alle Unterklassen gleich und können daher in der Klasse FAHRZEUG bleiben?
Welche Methoden müssen unterschiedliches Verhalten zeigen und werden daher in den Unterklassen überschrieben?

b Implementiere die Klasse PKW als Unterklasse von FAHRZEUG mit dem notwendigen Konstruktor und den neuen Methoden.

c Lösche in der Klasse FAHRZEUG den Anweisungsteil aller in ihren Unterklassen überschriebenen Methoden bis auf eventuell nötige return-Anweisungen und lösche nicht mehr benötigte Attribute. Korrigiere gegebenenfalls die Zugriffsberechtigungen der anderen Attribute.

d Teste die neuen Methoden mit Pkws unterschiedlicher Fahrtrichtung.

4 Die anderen Fahrzeugklassen

a Ergänze die Klasse SPORTWAGEN analog zu PKW, aber mit höherer Beschleunigung (z. B. 6,0 m/s^2) und anderer Länge (3,5 m) sowie mit einem anderen Symbol.

b Bisher wurde von einer konstanten Beschleunigung der Fahrzeuge ausgegangen, was bei Pkws im Geschwindigkeitsbereich bis 50 km/h genügend genau ist. Bei Lkws ist diese Näherung dagegen sehr grob. Ali und Heidrun entscheiden sich, einen Schaltvorgang ins Modell aufzunehmen. Dazu muss die Methode *Fahren* leicht verändert werden: Unterhalb einer Geschwindigkeit von 20 km/h (5,5 m/s) ist die Beschleunigung größer (3,0 m/s^2) als darüber (2,0 m/s^2). Der Lkw hat eine Länge von 7,0 m.
Lege die Klasse LKW fest. Kopiere der Einfachheit halber die Methoden *Fahren* und *LaengeGeben* und ändere sie entsprechend ab.

c Ergänze die Klasse LKWMITANHAENGER analog zu LKW mit gleichen Beschleunigungswerten und anderer Länge (13,0 m) sowie mit einem anderen Symbol.

d Teste die neuen Fahrzeuge mit verschiedenen Ausrichtungen.

5 Die Klasse KREUZUNG

Eine einfache Art, die verschiedenen Fahrzeugarten zu testen, besteht darin, auf jeder Fahrbahn eine andere Art Fahrzeug fahren zu lassen.

a Ändere das Erzeugen neuer Fahrzeuge in der Klasse KREUZUNG so ab, dass alle vier Fahrzeugarten auf jeweils einer Fahrbahn fahren.

b Starte die Simulation und beobachte insbesondere, wie sich die Staus auflösen.

c Ändere die Schaltzeiten für die „langen" Phasen (*rot* bzw. *grün*) auf 10 Sekunden. Was ändert sich?

d Mische die vier Fahrzeugarten auf allen vier Fahrbahnen. Dabei soll der Anteil der „normalen" Pkws doppelt so hoch sein wie der der anderen Fahrzeugarten.

Aufgaben – Roboter

6 Roboter mit mehr Intelligenz

Bereits im Anfangsunterricht wurden Methoden für Karol entworfen, die bei vielen späteren Aufgaben hilfreich waren. Dazu gehörten z. B. die Methoden *Umdrehen*, *SchrittZurueck* oder *SteinLegenUnterFuesse*, *IstLinksZiegel* oder *IstRechtsZiegel*. Mithilfe der Vererbung ist es leicht, eine Unterklasse von ROBOTER zu implementieren, die zusätzliche Methoden zur Verfügung stellt.

a   Entwirf eine Klasse ROBOTERBESSER als Unterklasse zu ROBOTER, die die oben genannten Methoden zusätzlich zur Verfügung stellt.

b   Durch Überschreiben kannst du die Methode *Schritt* so erweitern, dass sie auf jedem Feld, das der Roboter betritt, eine Marke setzt. Damit kannst du den Weg des Roboters nachvollziehen. Implementiere diese erweiterte Methode *Schritt*.
Tipp: Mit *super.Schritt()* kannst du innerhalb deiner neuen Methode die ursprüngliche Methode *Schritt* weiterverwenden.

7 Tanzveranstaltung für Solisten

Roboter, die nach der Vorlage der „ausgelieferten" Klasse ROBOTER erstellt werden, sind für eine Tanzveranstaltung ungeeignet: Sie laufen gegen die Wand, sie treten sich gegenseitig auf die Füße, sie bewegen sich sehr unrhythmisch. Eine Spezialisierung der Roboter ist erforderlich: Sie benötigen zusätzliche Fähigkeiten.

a   Definiere eine Unterklasse TANZROBOTER, die vier weitere Methoden hat:
   - *Umdrehen*: Der Roboter dreht sich auf der Stelle um.
   - *VorsichtigerSchritt*: Wenn der Roboter an der Wand steht, dann dreht er sich um; wenn vor dem Roboter ein anderer Roboter steht, dann dreht er sich nach links.
   - *VorsichtigerRechtsSchritt*: Wenn rechts neben dem Roboter weder ein anderer Roboter noch eine Wand ist, dann macht er einen Schritt nach rechts, wobei er am Schrittende die Blickrichtung beibehält.
   - *Tanzen*: Zufällig dreht sich der Roboter nach links, nach rechts, macht einen vorsichtigen Schritt nach vorne oder einen vorsichtigen Rechtsschritt.

b   Erstelle eine Klasse ARBEIT mit einem Feld für bis zu fünf Tanzroboter (aktuelle Anzahl als Parameter des Konstruktors, mindestens ein Tänzer). In der Methode *Ausfuehren* der Klasse ARBEIT soll jeder Tanzroboter der Reihe nach zu einem Tanzschritt aufgefordert werden und das ganze x-mal, wobei die Tanz„dauer" x als Parameterwert an die Methode *Ausfuehren* übergeben wird.

c   Erweitere um eine Methode *FoxtrottSchritt*: „vor, links, rück, links". Nach dem Ablauf der Methode soll die Blickrichtung wieder die ursprüngliche sein. Die Schrittbewegungen sollten, wie bei Teilaufgabe a), „vorsichtig" durchgeführt werden. Roboter können es nicht besser.

Aufgaben – Modellierung

8 Bankverwaltung

Eine kleine Bank bietet drei Arten von Konten an: Girokonten, Sparkonten und Geschäftskonten. Alle drei Kontoarten haben die Methoden *Einzahlen*, *Abheben* und *KontostandGeben* sowie die Attribute kontostand und kontonummer.

- Sparkonten haben einen Zinssatz und eine Methode *Verzinsen*, die den Jahreszins zum Guthaben addiert. Maximalbetrag beim Abheben ist der aktuelle Kontostand.
- Girokonten können um bis 2000 € überzogen werden (Dispokredit).
- Geschäftskonten haben einen variablen Dispokredit, der über die Methode *DispoKreditSetzen* festgelegt wird; der Startwert für den Dispokredit wird dem Konstruktor beim Einrichten des Kontos als Parameter mitgegeben.

a Überlege dir, welche Konten Generalisierungen bzw. Spezialisierungen anderer Konten sind. Warum ist es sinnvoll, eine Klasse KONTO als oberste Klasse der Generalisierungshierarchie einzuführen?

b Entwirf ein Klassendiagramm für die vier Klassen KONTO, GIROKONTO, SPARKONTO und GESCHAEFTSKONTO.

c Implementiere die Klassen in einem eigenen Projekt und teste die vorhandenen Methoden.

9 Urlaubsverwaltung

In der Personalabteilung einer Firma aus Infohausen werden die Urlaubstage der Mitarbeiter mit Objekten der Klasse URLAUB verarbeitet. Der Urlaubsanspruch jedes Einzelnen wird als Objekt mit dem Attribut resttage realisiert. Der Konstruktor legt die Resttage mit 25 fest.
Die Klasse hat zwei Methoden:

- *Ferien*: Die in Anspruch genommenen Urlaubstage werden vom Urlaubskonto subtrahiert. Das Urlaubskontingent darf aufgrund der Gleitarbeitszeitregelung um bis zu zwei Tage überzogen werden.
- *Mehrarbeit*: Fügt zusätzlich gearbeitete Tage dem Urlaubsanspruch hinzu. Familienväter bzw. -mütter erhalten entsprechend ihrer kinderzahl pro Tag Mehrarbeit zusätzlich je Kind 0,2 Urlaubstage. Diese Tage werden in Objekten einer spezialisierten Unterklasse URLAUBFAMILIE verwaltet.

a Welche Methoden der Klasse URLAUB müssen in der Klasse URLAUBFAMILIE überschrieben werden? Welche bleiben gleich?

b Gib für die Klassen URLAUB und URLAUBFAMILIE das Klassendiagramm an.

c Implementiere die Klasse URLAUB in einem neuen BlueJ-Projekt.

d Füge die Klasse URLAUBFAMILIE in diesem Projekt ein. Nutze bei der Implementierung die Methoden der Oberklasse so weit wie möglich.

Aufgabe – Grundwissen

10 Views

Gute Datenbankmanagementsysteme erlauben es, sogenannte Views einzurichten. Wozu werden Views verwendet? Was bewirken sie?

17 Generalisierung vervollständigt – spezielle Klassen

Abstrakte Klassen und Interfaces vervollständigen das Konzept von Generalisierung und Spezialisierung. Sie erlauben es, Schnittstellen festzulegen, deren Einhaltung der Compiler erzwingt. So kann die Struktur von Programmen deutlicher herausgestellt werden.

Abstraktion tut not ...

Die Änderung der Methode *Erzeugen* der Klasse SUPERMARKT wurde von einem gerade bei SimSoftLab arbeitenden Praktikanten anhand des Klassendiagramms durchgeführt. Bei den Tests bemerken Klaus van Dijkstran und Barbara Leidorn, dass an den Kassen deutlich weniger Kunden anstehen als durchschnittlich erzeugt wurden. Sie holen die Dokumentation der Methode *Erzeugen* und finden folgende Beschreibung:

Methodenkopf:

    void Erzeugen()

lokale Attribute:

    Kunde k
    int artikel

1 Dokumentation des Praktikanten

Methodenrumpf:

k = null; artikel = zzgenerator.nextInt(20)+1;				
				zzgenerator.nextInt(5)
0	1	2	3	sonst
k = new KUNDEWENIG (artikel);	k = new KUNDEKURZ (artikel);	k = new KUNDEZUFALL (artikel);	k = new KUNDEZUFALL2 (artikel);	k = new KUNDE (artikel);
k.Anstellen(schlangen);				

Welchen Fehler hat der Praktikant gemacht? Warum konnten Klaus und Barbara die Auswirkungen beim Test beobachten? Welche Information hätte im Klassendiagramm ersichtlich sein müssen, damit der Praktikant die Bedeutung der Klasse KUNDE sofort hätte erkennen können?

Die Klasse KUNDE stellt keinen vollständigen Bauplan für Objekte mehr dar, da die Methode *Anstellen* in KUNDE nicht mehr vollständig beschrieben ist. Von ihr ist nur noch der Methodenkopf als Schnittstelle bekannt. Was diese Methode leistet, wird erst in den Unterklassen beschrieben.

Auch auf Modellebene wird die Unvollständigkeit des Bauplans deutlich: Es gibt keine Objekte der allgemeinen Klasse KUNDE mehr, alle Kunden haben jetzt bezüglich ihrer Warteschlangenwahl eine spezifische Strategie, gehören also zu einer der Unterklassen.

Von der Klasse KUNDE dürfen aus diesen Gründen keine Objekte mehr instanziert werden. Solche Klassen werden als **abstrakte Klassen** bezeichnet. Im Klassendiagramm kann diese Eigenschaft der Klasse KUNDE durch den Zusatz **{abstract}** angegeben werden. Diese Angabe informiert darüber, dass es keine Objekte der Klasse KUNDE geben darf. Von nicht abstrakten Unterklassen können natürlich Objekte angelegt werden.

Da abstrakte Klassen nur Teile des Bauplans beschreiben, ist es auch nicht nötig, für alle ihre Methoden den Anweisungsteil anzugeben, es genügt der Methodenkopf. Solche

KUNDE {abstract}
artikelzahl
KUNDE(artikel) NeuPositionieren(x, y) KundensymbolEntfernen() ArtikelzahlGeben() Anstellen(schlangen) {abstract}

2 Abstrakte Klasse mit abstrakter Methode

Methoden werden als **abstrakte Methoden** bezeichnet und im Klassendiagramm mit dem Zusatz {abstract} hinter dem Methodenkopf versehen. In den Unterklassen müssen dann die Methodenrümpfe der abstrakten Methoden ausgearbeitet werden.

4

In der Klasse KUNDE kann die Methode *Anstellen* als abstrakt gekennzeichnet werden, da erst bei den Unterklassen festgelegt wird, was diese Methode genau zu tun hat.

... und die Sprache hilft dabei

In Java wird das Konzept abstrakter Klassen in allen Details unterstützt. Durch das Schlüsselwort abstract vor dem Schlüsselwort class wird angegeben, dass eine Klasse abstrakt ist. Dadurch wird festgelegt, dass von dieser Klasse keine Objekte instanziert werden können.

Zusätzlich können in abstrakten Klassen auch Methoden als abstrakt gekennzeichnet werden. Bei solchen Methoden steht das Schlüsselwort abstract vor dem Rückgabetyp.

4

Abstrakte Methoden haben keinen Methodenrumpf, hinter der Parameterliste steht sofort ein „;".

Die Klasse KUNDE kann damit umgebaut werden zu:

```
abstract class KUNDE    // Vereinbarung als abstrakte Klasse
{
    // Attribute und Methoden

    abstract void Anstellen(WARTESCHLANGE[] schlangen);
}
```

Hinweise:
- Eine Unterklasse einer abstrakten Klasse muss entweder alle abstrakten Methoden festlegen oder selbst eine abstrakte Klasse sein.
- Nichtabstrakte Klassen werden konkrete Klassen genannt.

Klassen mehrere Gesichter geben

13

Eine weitere Schwachstelle stört die Entwickler noch: Dem Taktgeber wird im Konstruktor eine Referenz auf ein Objekt der Klasse SUPERMARKT mitgegeben, das er mit Taktimpulsen versorgen muss. Diese Referenz merkt sich der Taktgeber in einem Attribut und jedes Mal, wenn eine eingestellte Zeitspanne abgelaufen ist, ruft er die Methode *TaktImpulsAusfuehren* genau dieses Objekts auf.

In der Klasse TAKTGEBER muss eigentlich gar nicht bekannt sein, dass Objekte der Klasse SUPERMARKT getaktet werden; notwendig ist nur die Information, dass die Objekte über eine Methode *TaktImpulsAusfuehren* verfügen. Die unnötig enge Bindung zwischen Taktgeber und Supermarkt ist beim Programmdesign unerwünscht, weil sie die Flexibilität einschränkt und Änderungen erschwert. Schöner wäre es, im Konstruktor der Klasse TAKTGEBER nur festzulegen, dass ihm Objekte übergeben werden, die eine Methode *TaktImpulsAusfuehren* besitzen.

TAKTGEBER
Starten()
Anhalten()
FaktorSetzen(faktor)

SUPERMARKT
TaktImpulsAusfuehren()
KundeErzeugen()
KasseOeffnen(nr)
KasseSchliessen(nr)

KASSE
TaktImpulsAusfuehren()
OffenSetzen()
SchliessendSetzen()
...

Das hätte auch den Vorteil, dass der Taktgeber dann z. B. auch Objekte der Klasse KASSE direkt mit Taktsignalen versorgen könnte, ohne den Umweg über die Methode *TaktImpulsAusfuehren* in der Klasse SUPERMARKT zu machen. Auch könnte der Taktgeber dann ohne Änderung in der Kreuzungssimulation verwendet werden.

Mit den bisher bekannten Möglichkeiten wäre als Lösung des Problems möglich, als Oberklasse für alle Klienten (Nutzer) des Taktgebers eine abstrakte Klasse mit dem Namen TAKTKLIENT zu entwerfen, die nur die Methode *TaktImpulsAusfuehren* besitzt.

Der Taktgeber könnte dann ein Feld von Objekten der Klasse TAKTKLIENT verwalten und mit Impulsen versorgen. Im Supermarkt würden dann die Klassen SUPERMARKT und KASSE von TAKTKLIENT erben.

Diese Lösung ist korrekt, aber nicht schön. Welche Probleme können dabei auftreten? **?**

So wie der Supermarkt jetzt aufgebaut ist, wäre die Vererbungsbeziehung zwischen TAKTKLIENT und SUPERMARKT bzw. KASSE möglich, aber unnatürlich. Sicher sind diese beiden Klassen keine Spezialisierung von TAKTKLIENT, denn es ist nicht ihre eigentliche Aufgabe, Taktimpulse zu empfangen – das passiert nur nebenher. Völlig unmöglich würde diese Lösung, wenn Klienten des Taktgebers bereits Spezialisierungen einer anderen Klasse sind und somit schon in eine Vererbungshierarchie eingebunden sind.

Wie oben dargestellt, benötigt ein Taktgeber nur ganz einfache Objekte, denen er den Ablauf einer Zeitspanne mitteilt. Objekte der Klasse TAKTKLIENT mit ihrer Methode *TaktImpulsAusfuehren* würden dieser Anforderung genügen. Objekte der Klasse SUPERMARKT haben zwar auch diese Methode, aber noch viele mehr. Benötigt wird also ein Verfahren, das ein Objekt der Klasse SUPERMARKT aus der Sicht des Taktgebers aussehen lässt wie einen Taktklienten. Das heißt, die Sicht auf den Supermarkt müsste auf diese eine Methode eingeschränkt werden.

Klassen, die eine eingeschränkte Sicht auf ein Objekt bieten, werden als **Schnittstelle** (engl. **Interface**) bezeichnet. Leider ist diese Bezeichnung identisch mit der für die bisher verwendete **allgemeine Schnittstelle**, sie bezieht sich hier aber nur auf eine ganz bestimmte Form dieser allgemeinen Schnittstelle. **4**

TAKTKLIENT kann als eine solche Schnittstelle verwendet werden. Dazu muss in der Klasse SUPERMARKT festgelegt werden, dass ihre Objekte auch wie ein Taktklient aussehen. Damit bieten Objekte der Klasse SUPERMARKT „nach außen" zwei Gesichter an. Das eine Gesicht ist das des Supermarkts, die eigentliche Aufgabe. Das zweite Gesicht ist das des Taktimpulsempfängers, das „nur" benötigt wird, um die Zeitinformation zu verarbeiten. Solche unterschiedlichen Sichten auf Objekte kommen in umfangreicheren Projekten öfter vor.

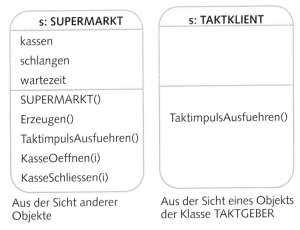

Aus der Sicht anderer Objekte

Aus der Sicht eines Objekts der Klasse TAKTGEBER

3 Zwei Sichten des Supermarkts

Ein Interface ist eine besondere Art von Klasse, in der ausschließlich Methodenköpfe und keine Attribute festgelegt werden. Diese Methoden werden dann in den Klassen vollständig ausformuliert, die diese Schnittstelle anbieten, sie besitzen dort also einen Methodenrumpf. In Klassendiagrammen wird die Implementierung (das Anbieten) eines Interfaces mit einem Pfeil der Art ····▷ dargestellt. Interface-Klassen sind im Klassendiagramm durch die Angabe **<<Interface>>** vor dem Klassennamen gekennzeichnet.

In Abbildung 4 sind die Zusammenhänge im Klassendiagramm dargestellt. TAKTKLIENT ist eine Schnittstelle und beschreibt das Aussehen durch die Angabe der verfügbaren Methoden. Die Klassen SUPERMARKT und KASSE bieten für ihre Objekte auch ein Aussehen wie ein Objekt der Klasse TAKTKLIENT an (Anbieterklassen). Objekte der Klasse TAKTGEBER nutzen dieses Aussehen (Nutzerklasse). Dabei symbolisiert der Pfeil ---->
(mit offener Pfeilspitze) die Verwendung einer Klasse (hier TAKTKLIENT) in einer anderen Klasse. In der Klasse TAKTGEBER gibt es Referenzattribute mit dem Typ TAKTKLIENT.

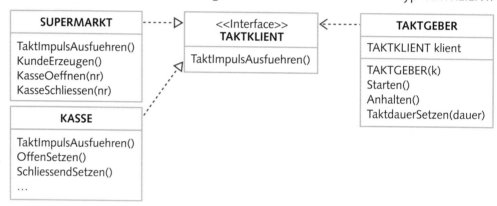

4 *Klassendiagramm mit Inferface (TAKTKLIENT), Nutzer (TAKTGEBER) und Anbieter (SUPER-MARKT / KASSE)*

 Hinweis:
- Wie bei der Vererbung gibt es auch bei Interfaces Polymorphismus: Ein Referenzattribut vom Typ einer Schnittstellenklasse kann auf Objekte aller Anbieterklassen verweisen.

Interfaceklassen in Java

In Java werden Interfaces ähnlich beschrieben wie abstrakte Klassen, das einleitende Schlüsselwort ist interface anstelle von abstract class. Interfaces können keine Attribute enthalten. Alle Methoden in Interfaces sind grundsätzlich abstrakt, daher ist das Schlüsselwort abstract nicht erforderlich und auch nicht erlaubt.

```
interface TAKTKLIENT
{
    void TaktImpulsAusfuehren();
}
```

In der Klasse SUPERMARKT muss angegeben werden, dass SUPERMARKT das Interface TAKTKLIENT anbietet (Abbildung 4). Das geschieht durch das Schlüsselwort implements nach dem Klassennamen.

```
class SUPERMARKT implements TAKTKLIENT
{
    ...
    public void TaktImpulsAusfuehren()
    {
        ...
    }
}
```

 Hinweise:
- Eine Klasse kann sowohl von einer Oberklasse erben als auch eine oder mehrere Schnittstellen anbieten. Im Quelltext stehen Vererbungsangaben vor Interfaceangaben.
- Bietet eine Klasse mehrere Schnittstellen an, so werden die Schnittstellennamen hinter implements mit Komma getrennt aufgelistet.

- Methoden in Interfaces haben prinzipiell die Sichtbarkeitsangabe public. Aus diesem Grund kann public im Quelltext der Schnittstelle weggelassen werden. Bei der Implementierung der Methoden muss die Sichtbarkeit public jedoch angegeben werden, da sonst eine (unerlaubte) Einschränkung der Sichtbarkeit vorliegen würde.

Eine **abstrakte Klasse** ist eine Klasse, von der keine Objekte erzeugt werden können. In abstrakten Klassen können außer normalen Methoden auch Methoden festgelegt werden, deren Rümpfe erst in Unterklassen implementiert werden müssen. Solche Methoden werden ebenfalls abstrakt genannt.

Abstrakte Klassen werden verwendet, wenn die Beschreibung von Methoden erst in spezialisierten Unterklassen angegeben werden kann. Sie stellen die höchste Stufe der Generalisierung dar.

In **Schnittstellen**-Klassen (**Interfaces**) werden Methoden definiert, die von anderen Klassen zur Verfügung gestellt werden. Für den Nutzer einer Schnittstelle erscheinen die Objekte des Anbieters wie Objekte vom Typ Schnittstelle. Damit können Objektbeziehungen auf einen minimalen gegenseitigen Kenntnisstand reduziert werden. Die Implementierung eines Interfaces wird durch den Pfeil ⋯▷ dargestellt.

Aufgaben – Supermarkt

1 Die Klasse KUNDE

   a Ändere die Klasse KUNDE zu einer abstrakten Klasse ab.

   b Verändere die Methode *Anstellen* zu einer abstrakten Methode.

   c Vergewissere dich, dass deine Entwicklungsumgebung nicht erlaubt, ein Objekt der Klasse KUNDE zu instanzieren. Überprüfe weiter, dass auch der Versuch mit `new KUNDE(5)` zu einer Fehlermeldung führt.

   d Teste den umgebauten Supermarkt.

2 Das Interface für den Taktgeber

   a Lege das Interface TAKTKLIENT in der oben beschriebenen Weise fest.

   b Ergänze die Klasse SUPERMARKT so, dass sie dieses Interface implementiert.

   c Ändere die Klasse TAKTGEBER so ab, dass sie im Konstruktor nicht mehr ein Objekt der Klasse SUPERMARKT erwartet, sondern ein Objekt der Klasse TAKTKLIENT. Das Attribut zum Speichern der Objektreferenz muss natürlich ebenfalls angepasst werden. Vergewissere dich, dass die Klasse TAKTGEBER die Klasse SUPERMARKT nun nicht mehr benutzt.

   d Teste deine Änderungen.

*3 Allgemeiner Taktgeber

Bisher kann der Taktgeber nur einen Klienten bedienen. Im Supermarkt wird daher der Taktimpuls an die Kassen weitergegeben. Diese Einschränkung kann jetzt aufgehoben werden.

   a Lege in der Klasse TAKTGEBER ein Attribut für ein Feld an, das bis zu zehn Taktklienten speichern kann. Das Feld wird im Konstruktor erzeugt und vorbesetzt.

b   Ergänze analog zur Methode *Einreihen* der Warteschlange eine Methode *Registrieren*, mit der sich ein neuer Klient registrieren kann. Die Registrierung des Supermarkts im Konstruktor ist damit überflüssig.

c   Ergänze die Kassen so, dass sie das Interface TAKTKLIENT implementieren, und ändere den Konstruktor so ab, dass sich die Kassen selbst beim Taktgeber registrieren (neuer Parameter im Konstruktor).

d   Entferne aus der Methode *TaktImpulsAusfuehren* des Supermarkts den Aufruf von *TaktImpulsAusfuehren* für die Kassen. Sorge dafür, dass der Taktgeber überall dort als Parameter zur Verfügung steht, wo er benötigt wird.

Aufgaben – Kreuzung

4   Die Klasse FAHRZEUG
Auch bei der Simulation der Kreuzung können abstrakte Klassen sinnvoll eingesetzt werden.

a   Ändere die Klasse FAHRZEUG zu einer abstrakten Klasse ab.

b   Vereinbare alle geeigneten Methoden als abstrakte Methoden.

c   Teste die Kreuzung.

5   Noch ein Taktgeber
a   Nutze auch für den im Projekt Kreuzung verwendeten Taktgeber die Abkoppelung von der Klasse KREUZUNG durch ein geeignetes Interface.

b   Vergleiche jetzt den Quelltext des Verkehrsprojekt-Taktgebers mit dem des Supermarkts. Was fällt dir auf?

Aufgaben – Modellierung

6   Bankverwaltung
In der Aufgabe 8 im vorigen Kapitel stellt die Klasse KONTO alle den konkreten Konten gemeinsame Methoden zur Verfügung. Es wird von ihr aber kein Objekt instanziert. Daher kann sie als abstrakte Klasse vereinbart werden.

a   Gibt es in der Klasse KONTO Methoden, die als „abstrakt" vereinbart werden sollten?

b   Nenne Gründe, warum die Methode *Verzinsen* ebenfalls in der Klasse KONTO festgelegt werden sollte. Ist es günstiger, diese Methode dort abstrakt oder mit leerer Leistung zu vereinbaren?
Tipp: Denke daran, dass am Ende des Jahres verzinst werden muss.

c   Ändere dein Projekt entsprechend deinen Überlegungen und teste.

7   Blinkende Lampe
Mithilfe des allgemeinen Taktgebers und der Klasse LAMPE lässt sich sehr einfach eine Klasse BLINKENDELAMPE aufbauen, die zwischen der gewählten Farbe und der Farbe Schwarz hin und her schaltet.

a   In welcher Beziehung stehen die drei Klassen zueinander? Entwirf ein entsprechendes Klassendiagramm.

b   Was muss die Methode *TaktImpulsAusfuehren* der Klasse BLINKENDELAMPE wissen, um das Umschalten bewerkstelligen zu können?
Ergänze das Klassendiagramm der Klasse BLINKENDELAMPE um geeignete Attribute und gegebenenfalls Methoden zum Verändern der Attributwerte.

c   Implementiere die Klasse BLINKENDELAMPE und teste.

18 Grafische Bedienoberflächen – jede Menge Spezialisierungen

Das wichtigste Hilfsmittel zur intuitiven Bedienbarkeit von Computerprogrammen stellen die seit den 80er-Jahren entwickelten grafischen ❯Bedienoberflächen dar. Dieses Kapitel erläutert die grundlegenden Konzepte für Aufbau und Funktionsweise solcher Oberflächen und gibt ein Beispiel für ihre Realisierung.
Beim Aufbau grafischer Bedienoberflächen kommt das Konzept von Generalisierung und Spezialisierung vielfältig zum Tragen.

❯engl. GUI: Grafical User Interface

Experten in der Schule

Im Rahmen des P-Seminars arbeitet die Firma SimSoftLab öfter mit dem Gymnasium Infohausen zusammen. Für das gerade laufende Projekt haben die Kursteilnehmer angefragt, ob nicht ein Mitarbeiter von SimSoftLab ihnen einen Vortrag samt Workshop zum Thema „Grafische Bedienoberflächen" halten könnte. Da Birgit Fiergerber unter anderem für Test und Qualitätskontrolle zuständig ist, gehört auch die Überprüfung von Bedienoberflächen der SimSoftLab-Programme

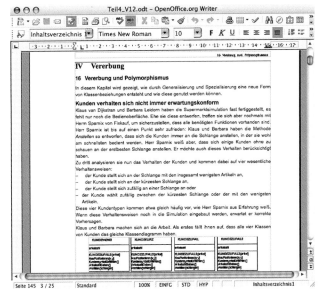

1 Fenster

auf eine effektive und effiziente ❯Nutzbarkeit zu ihren Aufgaben. So wird sie in dem Workshop nicht nur über die technischen Hintergründe informieren, sondern auch typische Konventionen zur Nutzung der einzelnen Oberflächenelemente erläutern.

❯engl. usability: Gebrauchstauglichkeit

Was sind die typischen Bestandteile grafischer Bedienoberflächen? Wozu werden die einzelnen Elemente verwendet? Welche Beziehungen lassen sich zwischen den einzelnen Objekten erkennen?

Grundelemente grafischer Bedienoberflächen

Grafische Bedienoberflächen zerlegen das Ausgabemedium Bildschirm in Teile mit logisch zusammengehörenden Inhalten, die Fenster. Eingaben werden in der Regel mit der Tastatur oder mit der Maus vorgenommen. Zentraler Eingabebereich ist die **Menüzeile**, über die die Botschaften mit Mausklicks an das Programm gesendet werden.

 OpenOffice.org Datei Bearbeiten Ansicht Einfügen Format Tabelle Extras Fenster Hilfe

2 Menüzeile

Da für komplexere Eingabesituationen die Möglichkeiten von Menüzeilen nicht ausreichen, wurde eine speziell Form von Fenstern mit umfangreichen Eingabeelementen entwickelt, die **Dialoge**.

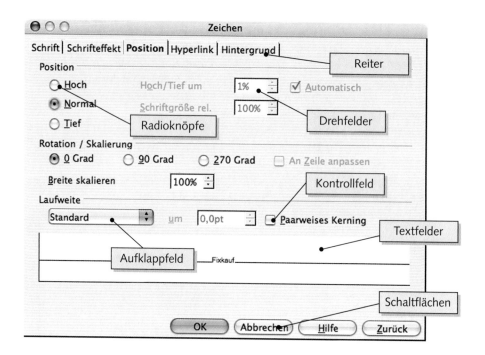

3 Dialogfenster

Weitere Bausteine grafischer Bedienoberflächen

In den Dialogen werden verschiedene, mittlerweile standardisierte Bedienelemente verwendet:

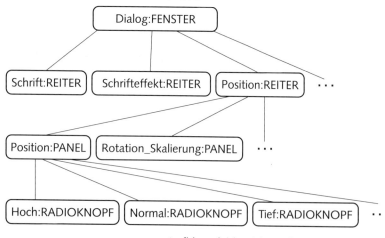

4 Objektdiagramm für Dialog (Ausriss)

- Schaltflächen (Knöpfe, buttons) reagieren auf Mausklicks und stoßen Aktionen an.
- Optionsfelder (Radioknöpfe, radio buttons) erlauben die Auswahl von genau einem aus mehreren sichtbaren Werten.
- Kontrollfelder (check boxes) erlauben die Auswahl einer beliebigen Anzahl aus mehreren sichtbaren Werten.
- Listen (lists) erlauben die kompakte Anzeige von mehreren Werten, aus denen oft einer oder mehrere ausgewählt werden können.
- Textfelder (text fields) erlauben die Eingabe von Texten.
- Aufklappfelder (drop-down list) erlauben die Auswahl von Einträgen aus einem Aufklappbereich, der nach einem Mausklick auf den kleinen Pfeil erscheint. Bei manchen Bedienoberflächen klappt der Bereich nach oben und unten auf (pop-up menus).
- Drehfelder (spin button), durch Mausklick auf die Schaltflächen ‚auf' oder ‚ab' wird der Wert in vorgegebenen Schritten erhöht bzw. verringert.
- Schieberegler (slider), durch Ziehen mit der Maus an einem Schiebersymbol wird der Wert eingestellt.
- Reiter (tabs) erlauben die Auswahl von Unterbereichen innerhalb eines Dialogfensters.
- Flächen (Panele, panels) gliedern für den Benutzer unsichtbar die Elemente von Dialogfenstern in logisch zusammenhängende Teile.

In den Fenstern ist oft eine Reihe von Bedienelementen nötig:
- Rollbalken (scroll bars) ermöglichen einen virtuell größeren Ausgabebereich, als das Fenster zur Verfügung stellt; der Benutzer wählt damit den sichtbaren Ausschnitt.
- Werkzeugleisten (tool bars) erlauben die schnelle Formulierung oft benötigter Botschaften als Ergänzung zur Menüzeile.

Jede Menge Klassen

Bei Verwendung objektorientierter Sprachen werden die Elemente einer grafischen Bedienoberfläche in großen Klassenbibliotheken zusammengefasst. Die Klassenbibliotheken grafischer Oberflächen nutzen das Mittel der Vererbung intensiv, da viele Aufgaben mehreren oder allen Elementen gemeinsam sind.

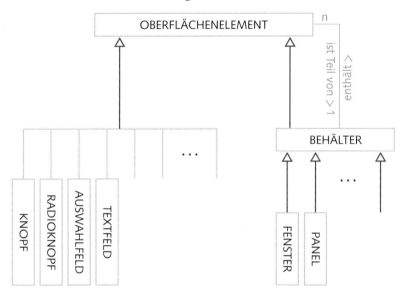

5 *Vererbungsstruktur der Oberflächenelemente*

An der Spitze der Klassenhierarchie steht in der Regel eine abstrakte Klasse. Diese stellt die grundlegenden Attribute für Position, Größe, Sichtbarkeit usw. und die zu deren Verwaltung benötigten Methoden zur Verfügung. Danach spaltet sich der Baum in zwei Äste auf. Diejenigen Elemente, die selbst wieder Unterelemente verwalten können (Fenster, Dialoge, Panele etc.), bilden den einen Ast. An seiner Spitze steht eine abstrakte Klasse (in Abbildung 5 BEHÄLTER), die als Zusatz die Verwaltung der untergeordneten Elemente als Enthält-Beziehung bereitstellt. Alle anderen, einfachen Elemente bilden den zweiten Ast. Oft sind diese Hierarchien noch weiter untergliedert, hier unterscheiden sich dann aber die Implementierungen der verschiedenen GUI-Bibliotheken. Im Werkzeugkasten ist ein Beispiel für die Klassenbibliothek einer konkreten grafischen Oberfläche ausgeführt.

Elementbäume

Für ein bestimmtes Fenster bilden die darin enthaltenen Objekte einen Objektbaum; zusammengesetzte Komponenten enthalten Komponenten (grüne Beziehung in Abbildung 5). Die Methodenaufrufe zum Erzeugen dieses Baums legt der Programmierer im Quellcode fest. Um diese Enthält-Beziehung aufzubauen, stellt die Klasse BEHÄLTER eine Registriermethode zur Verfügung, die von den enthaltenen Unterkomponenten aufgerufen werden muss. Die Unterkomponenten teilen damit dem Behälter mit: „Hallo Behälter xy, ich gehöre zu dir. "

Die Unterkomponenten können selbst wieder zusammengesetzte Komponenten sein (typischerweise Panele), sodass die Elemente der grafischen Oberfläche in ihrer Zugehörigkeitsstruktur einen zum Teil sehr tiefen Baum bilden. Dieser wird beim Zeichnen „von oben nach unten" gezeichnet, also mit den zuletzt registrierten Komponenten zuletzt (d. h. im Vordergrund). Werden zusammengesetzte Komponenten sichtbar/unsichtbar gemacht, erscheinen bzw. verschwinden auch alle Unterkomponenten.

Ereignisse und ihre Verwendung

Bei grafischen Oberflächen hat der Benutzer oft mehrere Möglichkeiten, eine Botschaft zu senden. Diese Botschaften werden oft als **Ereignisse** bezeichnet, die vom Benutzer ausgelöst werden. Der Benutzer kann mit der Maus einen Menüpunkt anwählen, eine Schaltfläche drücken, ein Optionsfeld wählen usw. Er kann auch über die Tastatur einen Text in einen Eingabebereich eingeben. Das Programm muss bereit sein, auf alle diese Tätigkeiten zu reagieren.

Alle diese Botschaften werden aber von nur vier grundlegenden Eingabeereignissen ausgelöst: Taste gedrückt, Taste losgelassen, Mausknopf gedrückt und Mausknopf losgelassen.

Ergänzt werden diese Ereignisse mit Zusätzen wie Tastennummer und gedrückte Sondertasten bei den Tastenereignissen bzw. Mausposition bei den Mausereignissen.

Allerdings will sich wohl kaum jemand die Mühe machen, z. B. aus Tastennummer, Tastaturbeschreibung, Sondertasten und Landessprache zu ermitteln, welcher Buchstabe nun wirklich gemeint war. Daher bieten die meisten Oberflächenbibliotheken eine zweite, abstraktere Ereignisschicht an, auf der man Ereignisse wie „Buchstabe getippt" oder „Menüpunkt aufgerufen" oder „Knopf geklickt" erhält.

Um über ein eintretendes Ereignis informiert zu werden, muss bei dem gewählten Oberflächenobjekt (z. B. einer Schaltfläche) ein **Ereignishandler** (Event handler) angemeldet werden. Ereignishandler sind Objekte mit vorgegebenen Methoden, die als Reaktion auf ein Ereignis aufgerufen werden. Dieses Zusammenspiel ist analog zum Supermarkt, der sich beim Taktgeber für die Meldung der Taktimpulse registriert.

✳ Und wann wird gezeichnet?

Alle Oberflächenelemente müssen sich „irgendwann mal" zeichnen, d. h. ihre Methode *Zeichnen* muss aufgerufen werden. Moderne grafische Bedienoberflächen haben dafür aus Effizienzgründen eine Verwaltungsklasse, die für alle Oberflächenelemente den Zeichenvorgang koordiniert.

Bei jedem Oberflächenelement ist für diesen Aufruf ein vorgegebenes Interface mit seiner Methode *Zeichnen* implementiert. Diese Methode wird jedes Mal dann aufgerufen, wenn das Oberflächenelement neu gezeichnet werden soll. Diese Methode erhält als Parameter ein Objekt einer Grafik-Klasse, welches grundlegende Zeichenmethoden wie Linie zeichnen, Rechteck zeichnen, Kreis zeichnen, Text zeichnen usw. sowie das Einstellen von Farben, Mustern und Ähnlichem zur Verfügung stellt.

Grafische Bedienoberflächen werden in objektorientierten Umgebungen durch Klassenbibliotheken realisiert, die das Prinzip der Vererbung sehr umfangreich ausnützen.

Eintretende **Ereignisse** werden auf Wunsch geeigneten **Ereignishandler**-Objekten zugestellt.

Aufgaben – kleines Projekt

Im Werkzeugkasten 5 (Das Oberflächenpaket AWT) sind die Details der für die folgenden Aufgaben benötigten Bibliotheksklassen beschrieben. Du legst dafür am besten ein neues Projekt an.

1 Eigenes Fenster

a Implementiere eine Klasse MEINFENSTER, die von Frame (siehe Werkzeugkasten) erbt. Überschreibe dazu die beiden angegebenen Konstruktoren.

b Erweitere einen der Konstruktoren so, dass er das Fenster auf Breite 200 und Höhe 100 setzt und sichtbar macht.

c Zeige das Fenster an. Welche gewohnten Reaktionen eines Fensters auf Mausoperationen sind bereits verfügbar, welche fehlen?

2 Fenstermethoden

Du hast von Anfang an ausgenutzt, dass die verwendete Entwicklungsumgebung es erlaubt, alle Methoden erzeugter Objekte über Pop-up-Menüs aufzurufen. In der Menüstruktur ist dabei ersichtlich, von welcher Oberklasse die Methode geerbt wurde. Erkunde damit die Klassenhierarchie der Klasse Frame und teste möglichst viele Methoden.

3 Die ersten Texte

a Implementiere eine Klasse MEINTEXT, die von der Klasse Label erbt. Überschreibe den Standardkonstruktor.

b Erzeuge ein Fensterobjekt der Klasse MEINFENSTER. Rufe die Methode *add* des Fensterobjekts mit dem gerade erzeugten Objekt der Klasse MEINTEXT als Parameter auf.

c Setze mit *setText* den anzuzeigenden Text.
Welche Methoden musst du noch aufrufen, bis der Text tatsächlich auf dem Fenster erscheint? Notiere sie.

d Erweitere den Konstruktor von MEINTEXT so, dass er einen Testtext an der Position x = 10, y = 30 erscheinen lässt.

e Teste die Auswirkungen der Methoden *setBackground* und *setForeground* auf Texte.

4 Schaltflächen (Knöpfe)

a Implementiere eine Klasse MEINKNOPF, die von der Klasse Button erbt. Überschreibe den Standardkonstruktor. Ergänze ihn durch alle notwendigen Methodenaufrufe, um auf der Position x = 10, y = 60 die Schaltfläche mit der Aufschrift „Eingabe" erscheinen zu lassen.

b Erzeuge ein Fensterobjekt der Klasse MEINFENSTER. Lasse die Schaltfläche in diesem Fenster anzeigen.

c Teste, was die Methoden *setBackground* und *setForeground* für den Text der Schaltfläche bewirken.

d Teste, was die Methode *setEnabled* für das Aussehen der Schaltfläche bewirkt. Welche Funktionalität signalisiert das unterschiedliche Aussehen?

5 Eine einfache Oberflächenklasse

a Implementiere nun die Klasse EINFACHEOBERFLAECHE. Füge zuerst die Attribute fenster, text, knopf1 und knopf2 der Klassen Frame, Label bzw. Button ein und erzeuge im Konstruktor die entsprechenden Objekte. Der Text „noch kein Knopf gedrückt" soll in der ersten Zeile in der Mitte des Fensters stehen. Die beiden Schaltflächen mit der Beschriftung „Knopf 1" bzw. „Knopf 2" stehen nebeneinander in der zweiten Zeile.

Erzeuge ein Objekt der Klasse EINFACHEOBERFLAECHE und überzeuge dich, dass die Oberflächenelemente korrekt angezeigt werden.

b Ergänze nun die Ereignishandler für die Schaltflächen. Sie sollen den Anzeigetext jeweils auf „Knopf 1 gedrückt" bzw. „Knopf 2 gedrückt" setzen. Teste die korrekte Funktionsweise der Schaltflächen.

Hinweis: Denke daran, das Ereignispaket java.awt.event zu importieren.

c Erweitere nun die einfache Oberfläche um ein Eingabetextfeld in der dritten Zeile und eine Schaltfläche mit der Aufschrift „Text übernehmen" in der vierten Zeile. Die Schaltfläche soll beim Betätigen den eingegebenen Text in das Textfeld der ersten Zeile übernehmen.

d Implementiere zum Schluss den Ereignishandler für das Fenster so, dass sich das „Programm" wie vom Benutzer erwartet mit dem Schließen-Feld beenden lässt. Du kannst zusätzlich auch eine Schaltfläche für das Beenden hinzufügen.

* 6 Selber zeichnen

a Lege eine neue Klasse MEINICON an, die von der Klasse Canvas erbt. Überschreibe die Methode *public paint(Graphics g)*. Zeichne in *paint* einige Figuren wie Rechtecke, Kreise oder Texte.

b Füge an geeigneter Stelle ein Objekt der Klasse MEINICON in deine Klasse EINFACHEOBERFLAECHE ein.

Was beobachtest du, wenn du die Größe deines Zeichenobjekts veränderst?

c Baue die Methode *paint* mithilfe der Methoden *getHeight* und *getWidth* so um, dass die Figur an die vorhandene Größe angepasst wird.

19 Bedienoberfläche für den Supermarkt

Die Kenntnisse über Bedienoberflächen-Programmierung werden nun auf den Supermarkt angewandt. Dabei wird auch gezeigt, wie man die Oberfläche (Anzeige und Bedienung) eines Programms möglichst lose mit den Klassen für die Programmlogik koppelt, um so leichter auf geänderte Anforderungen eingehen zu können.

18

Der Supermarkt wird bedient

Die Logik der Supermarktsimulation ist fertig; das Anstellverhalten an den Kassen kann zielgerichtet simuliert werden. Es existiert auch eine grafische Anzeige für die Warteschlangen an den Kassen. Aber in der vorhandenen Form ist die Benutzerschnittstelle noch nicht komfortabel genug:

- Das Simulationsprogramm sollte „normal" gestartet werden können, also durch Doppelklick auf ein Symbol.
- Alle Botschaften des Benutzers sollten über Schaltflächen oder Menüs erfolgen.
- Für Eingaben sollten entsprechende Eingabefelder auf dem Fenster vorhanden sein.

Das Entwicklerteam überdenkt nochmals die notwendigen Botschaften, ordnet ihnen Bedienelemente der Oberfläche zu und entwirft ein grafisches Layout. Dieses könnte etwa so aussehen:

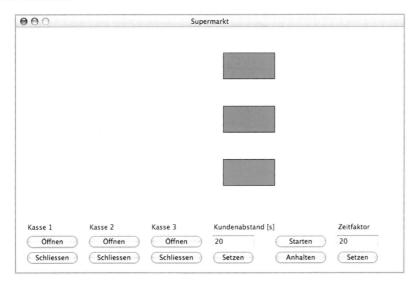

1 *Entwurf einer Bedienoberfläche für das Simulationsprogramm*

Folgende Oberflächenelemente werden dabei benötigt:

- Je eine Schaltfläche zum Öffnen und Schließen jeder Kasse,
- je eine Schaltfläche zum Starten und Anhalten des Taktgebers,
- je ein Eingabefeld und eine „Setzen"-Schaltfläche zur Eingabe von Kundenabstand und Zeitfaktor des Taktgebers sowie
- verschiedene Informationstexte.

Trennung ist positiv

Die Anzeige des Kassenbereichs wird durch drei Klassen ausgeführt. Objekte der Klassen KUNDENSYMBOL und KASSENSYMBOL dienen zur Darstellung von Kunden bzw. Kassen. Die Klasse OBERFLAECHE verwaltet das Anzeigefenster. Diese Klasse kann auch die notwendigen Bedienelemente verwalten.

? Wie aber können Botschaften die entsprechenden Methoden in den Objekten der Klassen SUPERMARKT und TAKTGEBER aufrufen?

Es wäre denkbar, dass die Ereignishandler in den Bedienelementen der Klasse OBERFLAE-CHE direkt auf die entsprechenden Methoden in den Klassen SUPERMARKT und TAKTGE-BER zugreifen. Damit wären Bedienoberfläche und Programmlogik aber sehr eng verwoben, Umstrukturierungen in der Bedieneroberfläche könnten sehr schnell Änderungen auch in der Programmlogik nötig machen – und umgekehrt.

Klaus van Dijkstran und Barbara Leidorn beschließen daher, die Verbindung zwischen Oberfläche und Programmlogik durch eine eigene Klasse ADAPTER herzustellen, deren

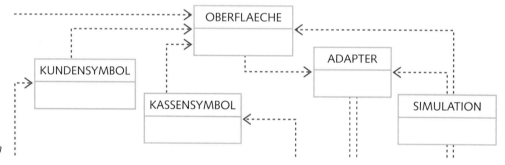

ADAPTER
SUPERMARKT s
TAKTGEBER t
ADAPTER(SUPERMARKT, TAKTGEBER)
void Starten()
void Anhalten()
void TaktdauerSetzen(int)
void KasseSchliessen(int)
void KasseOeffnen(int)
void KassenabstandSetzen(int)

2 Die Klasse ADAPTER

Methoden in den Ereignishandlern der Oberfläche aufgerufen werden und die ihrerseits dann die entsprechenden Methoden der Klassen SUPERMARKT oder TAKTGEBER aufrufen.

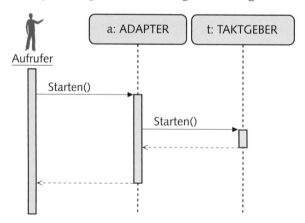

3 Das Zusammenspiel der Klassen

Wenn der Benutzer z. B. den Startknopf für den Taktgeber drückt, wird die Botschaft gemäß folgendem Sequenzdiagramm zum Taktgeber durchgereicht:

4 Starten des Taktgebers

Ein Programm ist auch eine Klasse

Noch müssen alle für die Simulation benötigten Objekte innerhalb der Entwicklungsumgebung durch Menüaufrufe erzeugt und verbunden werden. Soll die Simulation als ein eigenständiges Programm verwendet werden können, muss es ein Objekt geben, das diese Arbeit erledigt. Klaus entwirft dafür eine eigene Klasse SIMULATION. In dieser Klasse muss noch eine weitere Kleinigkeit ergänzt werden.

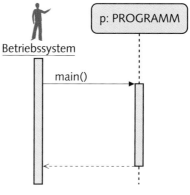

Für das Betriebssystem ist jedes Programm eine Klasse, von der beim Start ein Objekt instanziert wird. Jedes Betriebssystem legt fest, an welcher Stelle mit der Programmausführung begonnen wird. Beim Design einer objektorientierten Sprache wird entschieden, wie diese Start-Methode durch den Programmierer kenntlich gemacht und formuliert werden soll. In Java hat sie folgendes Aussehen:

5 Programmstart

```java
public static void main(String [] args)
{
    // Hier wird die Programmausführung begonnen
}
```

In der Regel erzeugt diese main-Methode beim Aufruf „nur" ein Objekt; beim Ausführen des zugehörigen Konstruktors wird dann alles weitere veranlasst. Da bei der Simulation des Supermarkts ein Objekt der Klasse SIMULATION erzeugt werden muss, um die Simulation in Gang zu setzen, sollte die Methode main auch in dieser Klasse angesiedelt werden. Die vollständige Methode ist dann:

```java
public static void main(String[] args)
{
    new SIMULATION();
}
```

Hinweis:

Wenn das Programm durch Doppelklick auf das Programmsymbol gestartet wird, hat args den Wert null oder referenziert ein Feld, dessen einziges Element den Programmnamen enthält. Wird das Programm aber durch direkte Eingabe einer Kommandozeile in einem Befehlsfenster gestartet, so kann man ihm weitere Eingabeparameter (Kommandozeilenargumente) mitgeben. Diese sind dann in args verfügbar.

Klassenmethoden

Neu bei der Formulierung der Methode *main* ist das Schlüsselwort static. Damit werden sogenannte **Klassenmethoden** vereinbart. Sie erbringen ihre Leistung nicht für ein bestimmtes Objekt und gehören auch nicht zu einem Objekt. Daher werden sie nicht durch eine Botschaft an ein Objekt in der Form *objektname.Methodenname(Parameterliste)* aufgerufen, sondern durch eine Botschaft an die Klasse: *KLASSENNAME.Methodenname(Parameterliste)*.

In Aufgabe 2 wird in der Klasse OBERFLAECHE eine Klassenmethode *AdapterSetzen* eingeführt, um das Adapterobjekt adapter bei der Oberfläche bekannt zu machen. Die Botschaft für den Aufruf ist demnach: *OBERFLAECHE.AdapterSetzen(adapter)*.

Hinweis:
Da Klassenmethoden nicht zu einem Objekt gehören, sind ihre Zugriffsmöglichkeiten eingeschränkt: Sie können nur andere Klassenmethoden aufrufen oder Methoden der Objekte, die innerhalb der Klassenmethode erzeugt wurden.

Klassenattribute (statische Variable)

In der Klasse OBERFLAECHE wird ein Attribut o ebenfalls mit dem Schlüsselwort static vereinbart:

```
private static OBERFLAECHE o = null;
```

Solche **Klassenattribute** gehören wie Klassenmethoden zu keinem Objekt. Sie beschreiben Teile des Programmzustands, die unabhängig von den einzelnen Objekten festgelegt sein müssen. Klassenattribute werden auch als **statische (globale) Variable** bezeichnet. Statische Variable sollten immer das Zugriffsrecht private erhalten, um einen Zugriff durch Objekte anderer Klassen und damit eventuell inkonsistente Zustände zu verhindern. Generell sollten sie nur dann verwendet werden, wenn der durch sie beschriebene Teil des Gesamtzustands keinem Objekt zugeordnet werden kann.

Aufträge erledigt

Mit dem Einbau der grafischen Bedienoberfläche und der Möglichkeit, das Programm ohne die Entwicklungsumgebung zu verwenden, ist der Auftrag „Supermarktsimulation" abgeschlossen. Herr Sparnix hat nun eine gute Möglichkeit zu ermitteln, wie viele Kassenkräfte er einsetzen muss, um keine zu langen Schlangen entstehen zu lassen. Er kann auch abschätzen, wie lange die Kassenkräfte abkömmlich sind, um andere Arbeiten wie das Auffüllen der Regale zu erledigen.

Auch der Prototyp für die Verkehrssimulation kann nun ausgeliefert werden. Wenn der von SimSoftLab entwickelte Ansatz den Stadtrat überzeugt, ist hier mit einem großen Folgeauftrag zu rechnen, der dann die Simulation aller Hauptverkehrsstraßen von Infohausen umfasst.

> **Klassenmethoden** (statische Methoden) gehören zu keinem bestimmten Objekt. Sie können daher auch verwendet werden, ohne dass ein Objekt der Klasse bekannt ist. Aufgerufen werden sie durch Botschaften an die Klasse.
>
> **Klassenattribute** (statische Attribute) bestimmen nicht den Zustand einzelner Objekte, sondern den Zustand des gesamten Programms.
>
> Aus der Sicht des Betriebssystems stellt ein Programm eine Klasse dar. Beim Start des Programms wird ein neues Objekt erzeugt und als Erstes eine vom System festgelegte Methode dieses Objekts aufgerufen.

> Bei Java und einigen anderen Sprachen heißt diese Methode *main*.

Aufgaben – Supermarkt

1   Die Klasse ADAPTER

Ein Objekt der Klasse ADAPTER reicht Oberflächenereignisse an die Objekte der Klassen SUPERMARKT und TAKTGEBER weiter.

Lege die Klasse ADAPTER entsprechend dem Klassendiagramm in Abbildung 2 fest;

Beispiel:
```
void Starten
{
    t.Starten();
}
```

2 Die Bedienoberfläche

a Ergänze die Klasse OBERFLAECHE um die notwendigen Bedienelemente wie in Abbildung 1. Die Bedienelemente werden im Konstruktor erzeugt.

b Die Klasse OBERFLAECHE benötigt ein Attribut a der Klasse ADAPTER. Dieses wird im Konstruktor zunächst auf null gesetzt. Mithilfe der neuen Klassenmethode *AdapterSetzen* kann ihm später ein Objekt zugewiesen werden. Vereinbare auch diese Methode.

c Ergänze die Ereignisbehandlung für die Schaltflächen. Für die eigentlichen Aktionen stehen die Methoden des Adapters zur Verfügung.

d Erzeuge ein Objekt der Klasse OBERFLAECHE, um die Anordnung der Bedienelemente zu überprüfen.

3 Die Klasse SIMULATION

a Um die Simulation ablaufen zu lassen, muss je ein Objekt der Klassen SUPERMARKT, TAKTGEBER und ADAPTER instanziert werden. Gib die Klasse SIMULATION mit Referenzattributen für alle drei Objekte ein und erzeuge die Objekte im Konstruktor. Achte dabei auf die richtige Reihenfolge.
Wann wird die Methode *AdapterSetzen* der Oberfläche aufgerufen?

b Teste die Oberfläche, indem du ein Objekt der Klasse SIMULATION erzeugst.

c Ergänze nun die Klasse SIMULATION um die Methode *main*. Das Programm lässt sich jetzt auch über den Aufruf von *main* starten.

d Gib dem Konstruktor der Klasse SIMULATION das Zugriffsrecht private. Was ändert sich? Beurteile die Folgen der Veränderung.

e Exportiere das fertige Programm als Datei (Endung .jar). Nun sollte sich das Programm ohne deine Entwicklungsumgebung durch Doppelklick auf das Dateisymbol starten lassen.

Aufgaben – Kreuzung

4 Die Klasse KREUZUNG

Ergänze die Klasse KREUZUNG um eine Methode *FahrzeugabstandSetzen*, mit der sich der mittlere Abstand zwischen zwei Fahrzeugen festlegen lässt.

5 Die Klasse ADAPTER

Genau wie bei der Supermarktsimulation reicht auch hier ein Objekt der Klasse ADAPTER die Oberflächenereignisse an die Objekte der Klassen KREUZUNG und TAKTGEBER weiter.
Erzeuge diese Klasse entsprechend dem Klassendiagramm in Abbildung 6.

ADAPTER
KREUZUNG k
TAKTGEBER t
ADAPTER(SUPERMARKT, TAKTGEBER)
void Starten()
void Anhalten()
void TaktdauerSetzen(int)
void FahrzeugabstandSetzen(int)

6 Die Klasse ADAPTER

145

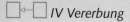

6 Die Bedienoberfläche

a Ergänze die Klasse OBERFLAECHE analog zum Vorgehen beim Supermarkt.

b Füge die Ereignisbehandlung für die Schaltflächen ein. Für die eigentlichen Aktionen stehen die Methoden des im Attribut a gespeicherten Objekts zur Verfügung.

c Erzeuge ein Objekt der Klasse OBERFLAECHE, um die Anordnung der Bedienelemente zu überprüfen.

OBERFLAECHE
private int hoeheFenster
private int breiteFenster
private int rasterGroesse
private float meter2pixel
private OBERFLAECHE o
private Frame fenster
private ADAPTER a
private TextField eingabe
private TextField eingabe2
private OBERFLAECHE()
void AdapterSetzen(ADAPTER)
public int RasterGroesseGeben()
public Frame FensterGeben()
public int FensterBreiteGeben()
public float MeterAlsPixelGeben()
public int FensterHoeheGeben()

7 Die Klasse OBERFLAECHE

7 Die Klasse SIMULATION

a Um die Simulation ablaufen zu lassen, wird je ein Objekt der Klassen KREUZUNG, TAKTGEBER und OBERFLAECHE benötigt. Lege die Klasse SIMULATION zur Koordination dieser drei Objekte analog zum Supermarkt fest. Richte auch hier die Methode *main* ein.

b Exportiere das fertige Programm als (Archiv-)Datei (Endung .jar) und teste die Funktionsfähigkeit unabhängig von deiner Entwicklungsumgebung.

20 Projektmöglichkeiten

Dieses Kapitel enthält einige größere Aufgaben als Beispiele für das abschließende Projekt.

Projektorganisation

In früheren Klassen wurden bereits größere Projekte durchgeführt. Welche Regeln wurden für diese Projekte aufgestellt?

Die Projekte in den unteren Klassen konnten gut in Teams von 2 bis 4 Leuten durchgeführt werden. In unserer Jahrgangsstufe setzen sich die Projekte aus mehreren Teilaufgaben zusammen, die gut parallel bearbeitet werden können. Daher sind jetzt Teams von 10 bis 15 Leuten sinnvoll, die sich die Arbeit in Untergruppen aufteilen. Damit das funktioniert, müssen aber einige neue organisatorische Regeln eingehalten werden.

- Das Team hat einen Projektleiter, der die Untergruppen koordiniert.
- Jede Untergruppe hat einen Gruppenleiter. Dieser führt die Gespräche mit dem Projektleiter und anderen Gruppenleitern.
- Meilensteine sind die festen Zeitpunkte, zu denen bestimmte Aufgaben erledigt sein müssen. Sie werden vom ganzen Team festgelegt. Sind später Änderungen nötig, müssen sie zwischen Projektleiter und Gruppenleitern abgesprochen werden.
- Bevor die Arbeit in den Untergruppen beginnen kann, müssen alle Schnittstellen festgelegt sein; also die Klassen mit ihren Attributen und Methoden, die von mehr als einer Untergruppe verwendet werden (Klassendiagramm).
  Eventuell notwendige spätere Änderungen an den Schnittstellen müssen mit allen betroffenen Untergruppen abgesprochen werden.
- Jede Untergruppe testet die von ihr erstellen Klassen gründlich, ehe die Ergebnisse zusammengefügt werden.
- Alle Methoden werden sorgfältig dokumentiert.

Beispiel 1 – Zugdichte der Untergrundbahn

Die Stadt Infohausen steuert ihre Untergrundbahn zurzeit ausschließlich über Signale. Jeder Bahnhof hat ein Einfahr- und ein Ausfahrsignal (Abstand 100 m). Aus Sicherheitsgründen müssen zwischen zwei Zügen mindestens zwei Signale sein. Das heißt: Ein Zug kann einen Bahnhof erst verlassen, wenn im nächsten Bahnhof kein Zug ist; ein Zug kann erst dann in einen Bahnhof einfahren, wenn die Strecke nach dem Bahnhof frei ist.

Beim Anfahren in einem Bahnhof beschleunigt ein Zug mit der Maximalbeschleunigung $a_{max} = 3{,}0$ m/s^2 bis zur Höchstgeschwindigkeit von 60 km/h. 300 m vor dem Einfahrsignal steht ein Vorsignal. Zeigt es grün, bremst der Zug ab hier so ab, dass er am Signal noch 10 km/h schnell ist, im Bahnhofsbereich (Länge = 60 m) bremst er vollständig ab. Zeigt das Vorsignal rot, so bremst er so stark ab, dass er am Signal zum Stehen kommt. Hier kann als Faustregel für den Sicherheitsabstand verwendet werden: „Der Sicherheitsabstand in Meter entspricht der Geschwindigkeit in Kilometer pro Stunde."

Ab 100 m Abstand ist das Signal zu sehen. Hat es auf grün geschaltet, nachdem das Vorsignal passiert worden ist, wird nur noch bis 10 km/h abgebremst (bzw. beschleunigt, wenn der Zug schon langsamer als 10 km/h ist). Ein grünes Signal schaltet auf rot, wenn der 50 m lange Zug das Signal vollständig passiert hat.

Da das Fahrgastaufkommen in den letzten Jahren deutlich gestiegen ist, soll die Steuerung auf eine vollautomatische Computersteuerung umgestellt werden. Damit können die Züge so dicht aufeinander folgen, dass zwischen zwei Zügen nur ein Abstand von 500 m eingehalten werden muss.

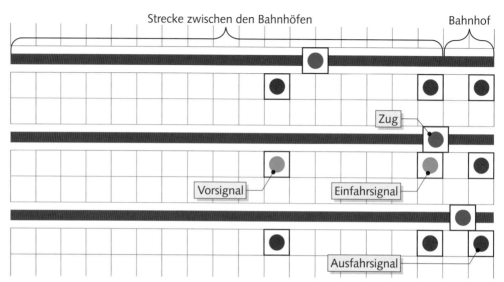

1 *Schema der Signal-
anordnung (Ausriss)*

Als Vorstudie erteilt der Stadtrat einen Auftrag für ein Simulationsprogramm, das sowohl die alte als auch die neue Steuerung simulieren soll. Damit soll erprobt werden, wie viel dichter die Fahrzeuge fahren können und wie groß der Gewinn an Transportvolumen ist. Der Aufenthalt für das Ein- und Aussteigen ist in der Regel 30 Sekunden lang. Der Abstand zwischen den Bahnhöfen beträgt durchschnittlich 2,5 km.

Es soll eine Strecke mit zehn Bahnhöfen simuliert werden. Die Züge werden als leuchtende Punkte, die Strecke als Linie, die Signale als farbige Kreise dargestellt. Der Standardtakt für die Simulation ist eine Sekunde. Weiter soll die Anzahl der Züge angezeigt werden, die pro Stunde in die Strecke einfahren.

Beispiel 2 – Warenlager 1

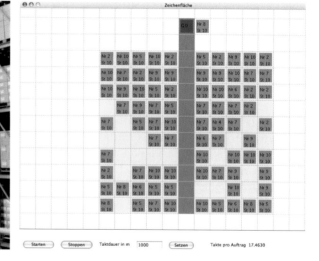

2 *Warenlager und
schematische Dar-
stellung*

Ein Warenlager besteht aus Gängen mit je einem automatisch gesteuerten Stapelfahrzeug für Paletten. Das Fahrzeug kann am Eingang des Ganges beladen bzw. entladen werden. In den Gängen stehen Regale mit Platz für je fünf Paletten übereinander (jede Palette kann unabhängig von den anderen bewegt werden). Links und rechts stehen je zehn Regale. Jede Palette fasst bis zu zehn Einzelpakete.

148

Das Fahrzeug kann pro Fahrt eine Palette einlagern und eine weitere holen. Der Weg längs des Gangs dauert pro Regal eine Zeiteinheit. Das Heben bzw. Senken des Greifarms dauert pro Stockwerk ebenfalls eine Zeiteinheit. Das Erfassen bzw. Abstellen einer Palette dauert eine Zeiteinheit.

Bisher wurde ankommende Ware immer in den ersten freien Platz von vorn eingelagert. Da aber manche Warenarten einen deutlich höheren Umsatz haben als andere, erscheint es sinnvoll, diese Waren weiter vorn zu lagern, um kürzere Fahrzeiten zu bekommen.

Dazu soll eine Simulation für einen Gang entwickelt werden, die den Zeitbedarf bei voller Auslastung des Stapelfahrzeugs simuliert. Folgende Annahmen werden gemacht:

- Es gibt zehn Warensorten mit den Nummern 1 bis 10. Die Nummer gibt auch die Häufigkeit des Warenumsatzes an. Artikel Nummer 10 wird also 10-mal so häufig eingelagert und abgeholt wie Artikel Nummer 1.
- Es werden immer nur volle Paletten eingelagert bzw. geholt.
- Abholaufträge werden nur erteilt, wenn die Ware vorhanden ist.
- Das Lager ist zu Beginn zu 80 % gefüllt (gemäß der Umsatzhöhe der Artikel). Da jeweils ein Einlagerungs- und ein Abholauftrag gekoppelt werden, bleibt diese Bedingung erhalten. Die Ware ist zufällig über das Lager verteilt.

Die Simulation soll nun den Gang mit dem Fahrzeug zweidimensional darstellen. Die übereinander stehenden Paletten sollen nebeneinander gezeichnet werden und die Warennummer zeigen. Das Fahrzeug zeigt die Greifarmhöhe an; Höhe 0 bedeutet „während der Fahrt ganz unten". Getaktet wird in Zeiteinheiten. Sobald das Fahrzeug vorn ist, erhält es den Auftrag mit Warennummer und Zielstandort für das Einlagern und mit Lagerstandort für das Abholen.

Vorerst werden zwei Strategien verglichen.

- Alte Strategie: Die Ware wird in die am schnellsten erreichbare freie Stelle gelagert. Die benötigte Ware wird aus der am nächsten zum Anfang liegenden freien Zelle geholt.
- Neue Strategie: Abhängig von der Häufigkeit der Ware wird der Lagerstandort beim ersten freien Platz (Häufigkeit 10), beim zweiten freien Platz (Häufigkeit 9) usw. festgelegt.

Für die Auswertung werden die durchschnittlichen Zeiteinheiten pro Auftrag angezeigt.

Beispiel 3 – Warenlager 2

Die Simulation kann auch verwendet werden, um neue Betriebsabläufe zu testen. Der Auftrag von Warenlager 1 kann dahingehend erweitert werden, dass der Füllstand der Paletten berücksichtigt wird. Dafür müssen folgende Ergänzungen eingeführt werden:

- Neben der Warennummer muss auf den Paletten noch die Anzahl der darauf vorhandenen Pakete angezeigt werden.
- 50 % der Aufträge umfassen volle Paletten, bei den übrigen Aufträgen ist die Anzahl der Pakete auf der Palette (eins bis neun Pakete) gleich verteilt.
- Bei Einlagerungsaufträgen nicht vollständig gefüllter Paletten wird nach Möglichkeit eine Palette geholt, auf der die neue Ware genau Platz hat. Andernfalls nimmt man eine Palette, auf der die Ware noch abgestellt werden kann. Ist das nicht möglich, wird die Palette eingelagert, wie sie ist.
- Bei Abholaufträgen nicht vollständig gefüllter Paletten wird nach Möglichkeit eine passende Palette geholt, ansonsten eine möglichst günstig stehende, größere. Die Restpalette muss zurückgestellt werden.

Beispiel 4 – Erweiterungen der Ampelsimulation

Für die Verkehrssimulation sind mehrere Erweiterungen möglich, die es verschiedenen Teams erlauben, weitgehend unabhängig voneinander zu arbeiten. Die ersten beiden Beispiele sind relativ einfach und können auch parallel zueinander ausgeführt werden.

- Neue Fahrzeugarten wie Motorrad oder Kleinlaster ergänzen das Fahrverhalten.
- Eine kürzere Taktrate macht die Bewegungen fließender. Dazu sind an verschiedenen Stellen Änderungen nötig.
- Mehrerer Kreuzungen können zu einem Stadtplan verbunden werden. Dazu braucht man neue Klassen, die den Verkehr zwischen den Kreuzungen simulieren.
- Fahrzeuge können auch abbiegen. Dazu ist ein Einreihen in andere Fahrbahnen nötig. Insbesondere werden auch Linksabbiegerspuren und entsprechende Ampeln benötigt.

Beispiel 5 – Erstellung der Verkehrssimulation

Ab Kapitel 9 wird das Projekt zur Verkehrssimulation parallel zur Simulation des Supermarkts weitergeführt. Diese Arbeit kann bereits in einzelnen Teilgruppen organisiert werden. Bei Zeitknappheit ist es auch möglich, diesen Auftrag in der Projektphase zu vervollständigen. Folgende drei Gruppen bieten sich an:

- Gruppe 1 entwirft die Klasse FAHRZEUG und die Unterklassen für die konkreten Fahrzeugtypen.
- Gruppe 2 entwirft die Klasse FAHRBAHN und integriert diese in die Klasse KREUZUNG. Zum Testen wird ein FAHRZEUG verwendet, das entweder steht (rote Ampel) oder mit 50 km/h so weit wie möglich fährt.
- Gruppe 3 entwirft die Bedienoberfläche.
  Die Arbeit der Gruppen 1 und 2 kann weiter unterteilt werden.

Spiel des Lebens

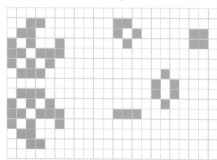

3 Spielfeld

John Conway, ein britischer Mathematiker, der durch seine Beiträge zur Spieltheorie bekannt ist, entwickelte im Jahr 1970 ein Spiel, das dem komplexen System „Leben" sehr ähnlich ist. Damit lässt sich der „Kampf" zwischen Überbevölkerung und Aussterben simulieren. Das Leben und Sterben geschieht auf einem im Prinzip unbegrenzten Feld, auf dem quadratische „Zellen" aneinander gereiht sind (Abbildung 1). Die Zellen entsprechen nicht dem üblichen Verständnis der Biologie. Jede Zelle kann entweder leben oder tot sein. Zum Leben benötigt eine Zelle eine ausreichende Anzahl an Nachbarzellen, sonst stirbt sie an Einsamkeit. Aber auch Überbevölkerung in der Umgebung führt zum Tod. Deswegen stirbt eine Zelle in der nächsten Generation ab, wenn sie höchstens einen oder mindestens vier lebende Nachbarn hat. Dagegen wird eine tote Zelle neu geboren, wenn sie genau drei lebende Nachbarn hat. In Abbildung 4 wird eine sterbende Zelle durch x veranschaulicht, eine Geburtszelle durch +.

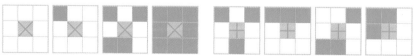

4 Sterben und Geburt

Bei der Simulation ist besonders interessant, dass es neben chaotischen und sich irgendwann einmal auflösenden Formationen auch solche gibt, die stabil bleiben, und andere, die sich periodisch verändern (Oszillatoren). Wieder andere verändern sich periodisch und bewegen sich dabei fort (Gleiter). Conway ging davon aus, dass es keine Zellbelegung gibt, die ständig zusätzliche lebende Zellen produziert, und setzte dafür einen Preis aus.

Die in Abbildung 5 dargestellte Belegung sorgte dafür, das Conways Vermutung widerlegt und der Spielerfinder damit um 50 $ ärmer wurde. Diese „Gleiterkanone" verändert sich periodisch und erzeugt dabei zusätzlich neue Gleiter.

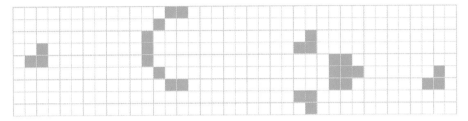

5 *Gleiterkanone*

Aufgabe
Plane und realisiere das beschriebene Spiel auf einem Feld vorgegebener Größe. Teste mit unterschiedlichen Ausgangssituationen. Denke dir selbst mögliche Erweiterungen aus (z. B. zufällige Startanordnung; Möglichkeit, Zellen von Hand zu setzen; automatische Anpassung des Spielfeldes an die Fenstergröße).

Brandubh (Bundeswettbewerb Informatik 2002/2003, 2. Runde)
Im 6. und 7. Jahrhundert war in Skandinavien und Irland ein Brettspiel unter verschiedenen Namen sehr populär. In Irland war es unter anderem unter der Bezeichnung brandubh („schwarzer Rabe", gesprochen branduhw) bekannt.
Es wird auf einem Brett von 7 x 7 Feldern gespielt. Ein König und acht Getreue bilden die weiße, 16 Belagerer bilden die schwarze Partei. Die Aufgabe der weißen Partei ist es, dem König bei der Flucht von seinem Thron (genau in der Mitte des Spielfeldes) auf eines der Randfelder zu helfen. Die schwarze Partei versucht, dieses zu verhindern.
Die Startaufstellung ist:

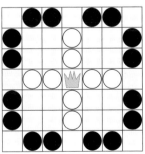

6 *Spielfeld*

Die sieben Regeln für das Spiel lauten:
• Auf einem Feld kann sich nur eine Figur befinden.
• Gezogen werden darf in senkrechter und in waagerechter Richtung. Es darf beim Ziehen keine Figur übersprungen werden.
• Der Thron darf nur vom König besetzt werden. Wenn er nicht besetzt ist, darf er übersprungen werden.

- Wenn eine Figur durch einen gegnerischen Zug zwischen zwei Gegner gerät, wird sie geschlagen, also aus dem Feld genommen. Wird eine Figur zwischen zwei gegnerische Figuren gezogen, passiert nichts. Nur der König kann so nicht geschlagen werden.
- Schwarz gewinnt, wenn der König gefangen ist. Dies ist der Fall, wenn
  - auf den vier unmittelbaren Nachbarfeldern gegnerische Figuren stehen oder
  - auf drei Nachbarfeldern gegnerische Figuren stehen und der König unmittelbar neben dem Thron steht.
- Weiß gewinnt, wenn der König ein Randfeld erreicht hat.
- Wird dreimal die gleiche Stellung wiederholt bzw. ist kein Zug mehr möglich, endet das Spiel unentschieden.

Aufgabe

Entwirf und realisiere eine Spielumgebung, die interaktiv mindestens das Folgende leistet:
- Zwei menschliche Spieler können gegeneinander spielen.
- Spielzüge werden entgegengenommen, überprüft und bei Fehlern zurückgewiesen.
- Das Schlagen von Figuren wird übernommen. Spielende, Unentschieden und Sieg werden erkannt.

Die Spielumgebung soll auch ein Hilfesystem enthalten. Dies soll mindestens
- einführende Informationen zum Spiel zur Verfügung stellen,
- auf fehlerhaft eingegebene Spielzüge geeignet reagieren (z.B. durch Anzeige relevanter Regeln) und
- auf Anfrage die regelgemäßen Möglichkeiten für den nächsten Zug aufzeigen.
  Hierbei wird ausdrücklich nicht verlangt, dass das Hilfesystem mithilfe einer eigenen Spielstrategie unter den Möglichkeiten auswählen soll.

Es wird insbesondere auf die Qualität des Hilfesystems Wert gelegt, nicht auf eine ausgefeilte grafische Darstellung.

Kosmischer Tanz (Bundeswettbewerb Informatik 2007/2008, 1. Runde)

Ein Stern S mit Masse M kann als punktförmig und unbeweglich angesehen werden. Ein kleinerer, punktförmiger Himmelskörper K mit Masse m im Abstand r von S wird von S mit einer Kraft der Größe gMm/r^2 angezogen, wobei g eine Gravitationskonstante ist. Außerdem gilt das zweite Newtonsche Gesetz: Kraft = Beschleunigung · Masse

Aufgabe

Erstelle ein Simulationssystem, das geeignet ist, experimentell zu untersuchen, wie sich K unter dem Einfluss der Anziehung durch S bewegen kann (andere Himmelskörper werden außer Acht gelassen). Es soll dabei möglich sein, die Masse des Körpers K sowie seine Anfangsposition und Anfangsgeschwindigkeit zu variieren. Finde eine übersichtliche Art, wie man das Ergebnis einer Simulation auf einem Blatt Papier darstellen kann, und zeige das Ergebnis von mindestens zwei möglichst unterschiedlichen und interessant verlaufenden Simulationen.

Zum Weiterlesen

4 Über die Farben

Seit die Menschen zu malen begonnen haben, wollten sie möglichst viele Farben zur Verfügung zu haben. Ursprünglich waren sie auf die in der Natur vorkommenden Farben (aus Pflanzen, Mineralien oder Tieren wie der Purpurschnecke) angewiesen. Durch Mischen verschiedener Farben war es manchmal möglich, brauchbare zusätzliche Farben zu gewinnen.

Mit Beginn des Farbdrucks entstand die Notwendigkeit, alle darzustellenden Farben aus möglichst wenigen Grundfarben zusammenzusetzen, um den Aufwand und damit den Preis zu reduzieren. Dabei zeigte sich, dass durch Übereinanderdrucken der drei Grundfarben Gelb, Zyan und Magenta (Anilinrot) in verschiedenen Anteilen fast alle Farben erzeugt werden konnten. In der Regel wird allerdings noch Schwarz dazu genommen, um den Kontrast zu erhöhen. Teure Drucke verwenden sieben Farben, Kunstdrucke zum Teil noch mehr. Aus der Physik ist dieses Farbmodell als subtraktive Farbmischung bekannt, weil die Farbpigmente der Grundfarben „ihre" Anteile am weißen Licht ausfiltern. Liegen alle drei Farben übereinander, werden alle Farben absorbiert und es ergibt sich schwarz. In der Informatik und im Druckbereich wird das Modell mit den drei Farben CMY (**C**yan, **M**agenta, **Y**ellow) genannt, das erweiterte Modell CMYK (Cyan, Magenta, Yellow, blac**K**).

1 Purpurschnecke

2 Subtraktive Farbmischung

3 Additive Farbmischung

Bei Fernsehern und Computermonitoren werden Farben nicht ausgefiltert, sondern gleichzeitig erzeugt. So entsteht die additive Farbmischung mit den Grundfarben **R**ot, **G**rün und **B**lau; entsprechend heißt dieses Farbmodell RGB. Jeder der drei Farben wird dabei eine Zahl zwischen 0 (dunkel) und einem Maximalwert (hell) zugeordnet. Typische Maximalwerte sind 255 (8 Bit Farbtiefe, ergibt $256*256*256 = 16\,777\,216$ verschiedene Farben) und 65535 (16 Bit Farbtiefe, ergibt $65536*65536*65536 = $ ca. 10^{16} verschiedene Farben). Für das menschliche Auge sind in Farbverläufen mit 8 Bit Farbtiefe noch einzelne Farbstreifen wahrnehmbar, bei 16 Bit Farbtiefe erscheint der Verlauf gleichmäßig.

5 Aus der Praxis – Projektmanager

Mein Name ist H.-P. Schawi. Ich arbeite bei einem mittelständischen Softwarehaus als Projektleiter. Wir haben uns auf eine Ausschreibung hin um einen Auftrag für ein Verwaltungsprogramm beworben und den Zuschlag dafür erhalten.

Dafür mussten wir ein Angebot abgeben. Dieses Angebot habe ich zusammen mit Kollegen erstellt und mit der Geschäftsführung abgestimmt. Auf der Grundlage der Ausschreibung hatten wir uns zunächst ein Bild von der Komplexität und dem geforderten Leistungsumfang gemacht. Für unser Angebot haben wir dann Dauer, Aufwand und Kosten bis zum fertigen Produkt abgeschätzt. Eine wichtige Grundlage dafür ist der Vergleich mit bereits abgeschlossenen Projekten und die daraus gewonnenen Erfahrungen.

Bei der Aufwandskalkulation sind für das Projektmanagement und für die produktionsbegleitende Qualitätssicherung feste Grundkosten einzuplanen. Der Aufwand für die eigentliche Produktion ist von einigen Kenngrößen abhängig:

- Der Komplexität der erforderlichen Algorithmen: Handelt es sich um Standardlösungen oder müssen erst produktspezifische Algorithmen entwickelt werden, die einer umfangreichen Systemanalyse bedürfen? Umfasst das Objektmodell viele Klassen mit vielen Beziehungen? Ist eine starke Dynamik zwischen den Objekten notwendig, um die gestellte Aufgabe zu erledigen?
- Der erforderlichen Datenstruktur zur Speicherung: Wie viele Tabellen sind nötig? Wie stehen die Tabellen in Beziehung? Ist eine stark vernetzte Datenstruktur erforderlich? Wie viele Abfragen und Berichte sind anzufertigen?
- Dem Aufwand für die Erstellung der Bedienoberfläche: Sind viele Masken (Fenster) für die Dateneingabe erforderlich? Wie viele Maskenelemente sind erforderlich? Kann für die Erstellung der Masken eine vorhandene Programmbibliothek verwendet werden oder sind kundenspezifische Maskenelemente gefordert? Werden für die Auswertungen umfangreiche grafische Darstellungen erwartet oder sind einfache Textausgaben ausreichend?
- Der vom Auftraggeber geforderten Einsatzumgebung: Inwieweit soll das Produkt Betriebssystem-unabhängig sein? Was sind die Vorgaben an die Hardware, auf der das Endprodukt laufen soll?
- Dem Zeitrahmen des Auftraggebers für die Erstellung: Ist das Produkt in dieser Zeit generell herstellbar? Reichen die Mitarbeiter des Unternehmens aus oder müssen neue eingestellt werden? Lässt sich die Entwicklung des Projekts insoweit modularisieren, dass die Mitarbeiter stets gleichmäßig ausgelastet sind, oder ergeben sich Produktionsspitzen? Bezahlt der Kunde entsprechend dem Erstellungsfortschritt oder erst am Ende?

Viele Fragen, viele Unbekannte! Innerhalb kurzer Zeit nach der Ausschreibung musste das Angebot erstellt werden. In vielen Teilen war deshalb nur eine Schätzung möglich, diese kann aber niemals genaue Vorhersagen liefern! Als eine gute Schätzung gilt in Fachkreisen, wenn die echten Erstellungskosten um höchstens 30 % von den geschätzten Werten abweichen. Üblicherweise liegen etwa 25 % der Projekte innerhalb des Kostenrahmens. 50 % der Projekte werden teurer und dauern länger als geplant; die restlichen 25 % der Projekte scheitern.

Den Aufwand für die Entwicklung eines Produkts schätzt man in Personentagen ab, also der Anzahl der Arbeitstage, die eine Person benötigen würde, um diesen Teil des Projekts zu erstellen. Um Kosten zu sparen, haben wir für Implementierung und Teile der Tests eine Partnerfirma in Russland engagiert. Für den Verwaltungsprogramm-Auftrag ergab sich folgende vereinfachte Übersicht:

Leistungsgegenstand, Prozess	Personentage (PT)
Projektmanagement und Projektorganisation	650 PT
Qualitätssicherung und Tests während der Entwicklung	800 PT
Systemarchitektur (Analyse und Entwurf)	550 PT
Anwendungsentwicklung für alle Produktmodule (Implementierung)	2540 PT
Abnahme von Leistungen; Endtest und Fehlerkorrektur; Installation beim Kunden	250 PT
Erstellung des Handbuchs für das Produkt (Dokumentation) und Schulung der Anwender	500 PT
Summe	5290 PT
Summe mit circa 10 % Risikozuschlag für evtl. Nachbesserungen	**5800 PT**
derzeitiger Tagessatz	**900 € incl. MwSt.**
Gesamtkosten	**5.220.000 € incl. MwSt.**

Nachdem unser Softwarehaus den Zuschlag für das Projekt nunmehr erhalten hatte, wurden im Vertrag nicht nur die vereinbarten Kosten und die Zahlungsmodalitäten, sondern auch die vom Auftraggeber erwarteten Funktionalitäten festgehalten (Pflichtenheft).

Im ersten Schritt erfolgte die genaue Bedarfsanalyse, für die uns Mitarbeiter der auftraggebenden Behörde zur Seite gestellt werden. In Abstimmung mit dem Auftraggeber wurde für die einzelnen Geschäftprozesse ein fachliches Feinkonzept erstellt. Daraus entwickelten unsere Mitarbeiter ein DV-technisches Feinkonzept (Datenmodell, Oberflächenmodell, Berechtigungskonzept, Beschreibung der Algorithmen usw.), das eine detaillierte Grundlage für die anschließende Realisierung darstellte.

Der geforderte Erstellungstermin konnte nur knapp eingehalten werden; bei Überschreitung wären hohe Konventionalstrafen auf meine Firma zugekommen.

Im Rahmen einer festlichen Feierstunde wurde das Produkt dann dem Auftraggeber übergeben.

Werkzeugkasten

1 Grundelemente von UML

Was ist UML?

Die Unified Modeling Language (UML) ist eine Notation, die die besten Ideen objektorientierter Entwicklungsmethoden unabhängig von konkreten Programmiersprachen zusammenfasst. Sie wurde Anfang der 90er-Jahre entwickelt und ist seit 1997 durch die Object Management Group standardisiert.

UML 2.0 definiert 13 Diagrammtypen, die in drei Kategorien eingeteilt sind. Vier dieser Diagrammtypen werden in diesem Buch verwendet, sie sind den Kategorien folgendermaßen zugeordnet:

- Strukturdiagramme: Klassendiagramm, Objektdiagramm
- Verhaltensdiagramme: Zustandsdiagramm
- Interaktionsdiagramme: Sequenzdiagramm

Teilweise weichen die Diagramme in diesem Buch aus didaktischen Gründen ein wenig vom UML-Standard ab. Die folgenden Tabellen geben eine Übersicht.

Klassendiagramm

Diagramm	Bedeutung	Hinweis
KLASSENNAME Bezeichner aller Attribute Bezeichner aller Methoden	Klasse (→ Kapitel 3)	Die Verwendung von Großbuchstaben für den Klassennamen ist kein UML-Standard.
KLASSENNAME {abstrakt} ... *Methodenname(...)* {abstrakt}	abstrakte Klassen und Methoden (→ Kapitel 17)	Häufig wird {abstract} weggelassen und nur der Klassenbzw. Methodenname kursiv ausgezeichnet.
<<interface>> *KLASSENNAME*　　<<enumeration>> *KLASSENNAME*	Schnittstellen-Klasse (→ Kapitel 17) *Aufzählungsklasse (→ Kapitel 6)	
KLASSE1 ─Beziehungsname1 > n─ / ─m < Beziehungsname2─ KLASSE2 UNTERKLASSE ──▷ OBERKLASSE	Beziehung (Assoziation) (→ Kapitel 3) Vererbung (→ Kapitel 16)	Im UML-Standard wird nur eine Leserichtung angegeben. Der Beziehungsname und die beiden Kardinalitäten werden in einer Zeile notiert.
NUTZER ┄┄▷ KLASSE ANBIETER ──▷ <<interface>> SCHNITTSTELLENKLASSE	Verwendungsbeziehung (→ Kapitel 17) Implementierung einer Schnittstelle (→ Kapitel 17)	In UML kennzeichnet dieser Pfeil allgemein eine Abhängigkeit zwischen zwei Klassen

Objektdiagramm

Diagramm	Bedeutung	Hinweis
objektname: KLASSE attributname1 = wert1 attributname1 = wert2 ...	Objekt (→ Kapitel 3)	Anstatt der abgerundeten Ecken werden im UML-Standard der Objektname und die Klasse unterstrichen.

Zustandsdiagramm

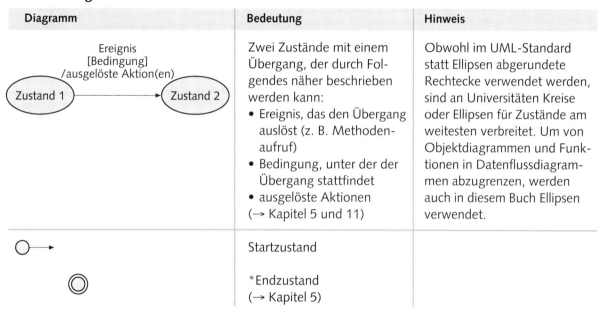

Diagramm	Bedeutung	Hinweis
Ereignis [Bedingung] /ausgelöste Aktion(en) — Zustand 1 → Zustand 2	Zwei Zustände mit einem Übergang, der durch Folgendes näher beschrieben werden kann: • Ereignis, das den Übergang auslöst (z. B. Methodenaufruf) • Bedingung, unter der der Übergang stattfindet • ausgelöste Aktionen (→ Kapitel 5 und 11)	Obwohl im UML-Standard statt Ellipsen abgerundete Rechtecke verwendet werden, sind an Universitäten Kreise oder Ellipsen für Zustände am weitesten verbreitet. Um von Objektdiagrammen und Funktionen in Datenflussdiagrammen abzugrenzen, werden auch in diesem Buch Ellipsen verwendet.
○→	Startzustand	
◎	*Endzustand (→ Kapitel 5)	

Sequenzdiagramm

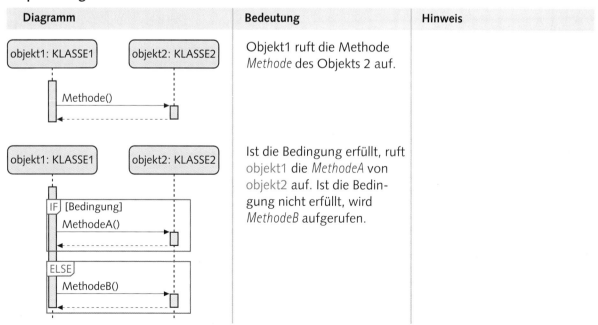

Diagramm	Bedeutung	Hinweis
objekt1: KLASSE1 objekt2: KLASSE2 Methode()	Objekt1 ruft die Methode *Methode* des Objekts 2 auf.	
objekt1: KLASSE1 objekt2: KLASSE2 IF [Bedingung] MethodeA() ELSE MethodeB()	Ist die Bedingung erfüllt, ruft objekt1 die *MethodeA* von objekt2 auf. Ist die Bedingung nicht erfüllt, wird *MethodeB* aufgerufen.	

157

Die Botschaft von objekt1 an objekt2, *MethodeA* auszuführen, wird n-mal gesendet.

2 Die Entwicklungsumgebung BlueJ

Kurzübersicht

Die Entwicklungsumgebung BlueJ unterstützt die Sprache Java und verwaltet Projekte als Sammlung zusammengehörender Klassen, die sie am Bildschirm als Klassendiagramm darstellt. Als besondere Fähigkeit kann BlueJ Objekte einzelner Klassen direkt (ohne Rahmenprogramm) erzeugen, deren Methoden ausführen und die Attribute mit dem Objektinspektor inspizieren.

Die Fehlersuche wird durch einen Debugger auf Quellcode-Ebene unterstützt.

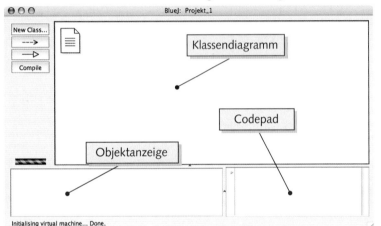

1 *BlueJ-Fenster eines leeren Projekts*

Anlegen eines Projekts

Durch den Menüpunkt Project → New Project… wird ein neues Projekt angelegt. Unter dem vom Benutzer angegebenen Namen des Projekts wird ein Ordner angelegt, der alle zum Projekt gehörenden Dateien aufnimmt (Quellen, übersetzte Klassendateien, Dokumentation). Innerhalb von BlueJ wird dieser Ordner nicht angezeigt. Es erscheint ein Fenster mit (noch leerem) Klassendiagramm und den Bedienelementen.

Erzeugen und Editieren neuer Klassen

Neue Klassen werden durch den Knopf „New Class…" angelegt. Abgefragt werden der Klassenname und die Art der Klasse; voreingestellt ist das Anlegen einer normalen Klasse (Abbildung 2).

2 *Anlegen einer neuen Klasse*

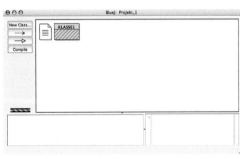

3 *Neue Klasse und Editorfenster*

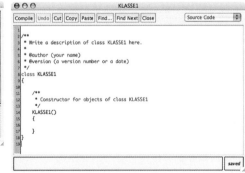

Im Klassendiagramm erscheint ein Symbol der Klasse. Durch Doppelklick auf des Symbol wird der Editor geöffnet. Die Klasse kann nun mit Programmzeilen gefüllt werden; die Klasse wird „vereinbart".

Eine neu angelegte oder geänderte Klasse kann nun durch Drücken des Knopfs „Compile" im Editorfenster übersetzt werden. Der Knopf „Compile" im Projektfenster bewirkt das Übersetzen aller Klassen.

Anlegen und Verwenden von Objekten

Von übersetzten Klassen können mithilfe des Kontextmenüs (Klick mit rechter Maustaste, Abbildung 4 links) Objekte erzeugt werden. Diese Objekte werden in der Objektanzeige als rote abgerundete Rechtecksymbole (mit Objektnamen und Klassennamen) dargestellt. Methoden dieser Objekte können über das Kontextmenü des Objektsymbols aufgerufen werden.

Eine weitere Möglichkeit ergibt sich durch Eingeben der Methodenaufrufe in Punktnotation im Bereich der Direkteingabe („code pad"; Abbildung 4 rechts).

Hinweis: Anweisungen in der Direkteingabe müssen mit einem „;" abgeschlossen werden.

4 Objekte erzeugen und Methoden aufrufen

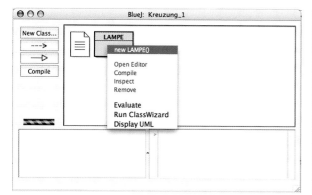
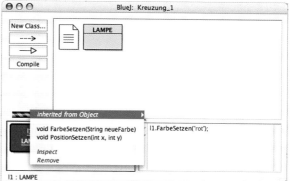

Der Objektinspektor

Ein sehr gutes Werkzeug zum Inspizieren von Objekten ist der Objektinspektor. Er wird ebenfalls über das Kontextmenü des Objekts aufgerufen und zeigt neben Namen und Typen insbesondere die Werte der Attribute des Objekts. Objekte, die über Attribute referenziert werden, können ebenfalls inspiziert werden (Klick auf einen der Pfeile wie in Abbildung 5). Damit ist es durchaus möglich, auch komplexere Objektbäume zu untersuchen.

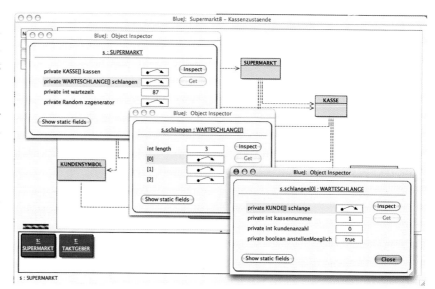

5 Objektinspektor

Erzeugen ausführbarer JAR-Dateien

Sobald die Klassenmethode *main* vereinbart ist, kann über das Menü Project → Create Jar File … eine ausführbare Datei erzeugt werden. Nach Ausführung des Menüpunkts wird zuerst nach der Klasse der Startmethode gefragt und dann nach dem Speicherort der Datei.

6 *Anlegen einer ausführbaren Datei*

Die UML-Erweiterung

Für BlueJ exisitieren mehrere interessante Erweiterungen (Extensions), die alle von der BlueJ-Internetseite geladen werden können. Eine dieser Erweiterungen erlaubt es, zu jeder Klasse das erweiterte Klassendiagramm als Pop-up zu erzeugen. (Die erweiterten Klassendiagramme in diesem Buch wurden an das Ausehen dieser Diagramme angeglichen.)

Alle Erweiterungen stehen als Klassenbibliothek (.jar-Datei) zur Verfügung. Sie werden einfach in den Ordner „<BlueJ >\lib\extensions" kopiert und können nach dem nächsten Start von BlueJ verwendet werden.

Die UML-Erweiterung erscheint im Pop-up-Menü jeder Klasse als letzter Menüeintrag (Abbildung 7 links). Die Details der Anzeige können über die Einstellungen (Menü Tools, Menüpunkt *Preferences*, Reiter *Extensions*) festgelegt werden (Abbildung 7 rechts). Die gezeigten Einstellungen entsprechen der Verwendung im Buch.

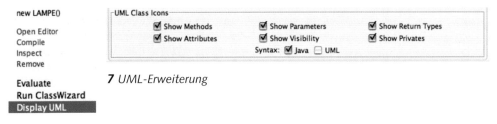

7 *UML-Erweiterung*

Verwenden von JavaKarol

BlueJ eignet sich hervorragend zum Erstellen von Programmen für JavaKarol. Hierfür muss zuerst einmalig die JavaKarol-Bibliothek javakarol.jar in die Entwicklungsumgebung einge-

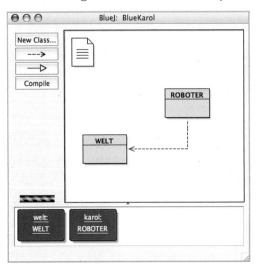

bunden werden (durch Kopieren in das Verzeichnis BlueJ\lib\userlib).

Als Vorlage für alle Projekte zu JavaKarol dient das Projekt BlueKarol. Deshalb kopiert man zur Erstellung eines neuen Projekts das Projekt BlueKarol, benennt die Kopie passend um und arbeitet mit dieser.

8 *Projekt BlueKarol*

Debugger

Ein ❯ Debugger ist ein Werkzeug zum Auffinden und Beseitigen von Fehlern in einem Programmablauf. Es kann die Ausführung einer Anweisungsfolge anhalten, sie schrittweise durchführen und dabei Attributwerte beobachten.

In BlueJ ist ein Debugger integriert. Er wird über View → Show Debugger gestartet.

❯ engl. bug: Wanze, umgangssprachlich für einen Fehler in Programmen

Haltepunkte setzen

Ein Haltepunkt (break point) markiert eine Stelle, an der der Debugger aktiv werden soll. Das Setzen eines Haltepunkts ist in BlueJ durch einen Mausklick am linken Rand des Editor-Fensters möglich. Mit einem kleinen Stoppzeichen am linken Rand der Quelltextzeile wird ein Haltepunkt im Editor angezeigt (Abbildung 9).

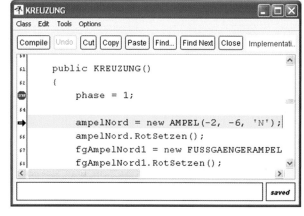

9 *Quelltext der Klasse KREUZUNG mit Haltepunkt und Markierung der als nächstes auszuführenden Zeile*

Schrittweises Ausführen einer Anweisungsfolge

Der Programmablauf wird wie gewohnt über das Erzeugen eines Objekts gestartet. Beim Haltepunkt wird der Ablauf gestoppt und die Zeile, die als nächste ausgeführt werden wird, ist im Editor orange markiert (Abbildung 9). Nun lässt sich die Anweisungsfolge über die Schaltfläche „Schritt über" am unteren Rand des Debugger-Fensters (Abbildung 10) schrittweise fortführen.

Wird im aktuellen Ablauf eine Methode aufgerufen, so ist es möglich, über „Schritt hinein" an den Beginn des Methodenrumpfs der aufgerufenen Methoden zu springen. So ist es möglich, Details im Ablauf zu verfolgen.

Im Bereich „Aufruffolge" wird angezeigt, in welcher Methode sich der Ablauf aktuell befindet. Wird eine Methode über „Schritt hinein" genauer untersucht, so bleibt die alte, noch nicht zu Ende geführte Methode sichtbar. Im Beispiel in Abbildung 10 wurde zuerst der Konstruktor der Klasse KREUZUNG aufgerufen (KREUZUNG.<init>), von dort aus der Konstruktor der Klasse AMPEL (AMPEL.<init>), der wiederum Dienste der Methode *AusrichtungSetzen* der Klasse AMPEL (AMPEL.AusrichtungSetzen) in Anspruch nimmt. Die zuletzt aufgerufene Methode steht an oberster Stelle.

Über die Schaltfläche „Fortsetzen" wird der Ablauf bis zum nächsten Haltepunkt bzw. bis zum Ende fortgesetzt.

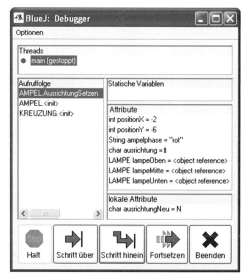

Beobachtung von Attributwerten

In den Bereichen „Attribute" bzw. „lokale Attribute" werden die aktuellen Werte der Attribute angezeigt.

10 *Debugger-Fenster*

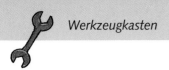
3 Vokabelheft Java

Datentypen			
einfache Datentypen	`int`	ganze Zahlen	-2^{31} bis $2^{31}-1$
	`float`	Kommazahlen	ca. $-3{,}4\cdot10^{38}$ bis $3{,}4\cdot10^{38}$ (Schreibweise z. B. „3.1f")
	`boolean`	Wahrheitswert	true, false
	`char`	Zeichen	z. B. 'x'
Zeichenkette	`String`	Zeichenfolge	z. B. "Hallo"

Feld (eindimensional)	`KLASSENBEZEICHNER [] feldbezeichner;//Felddeklaration`
	`feldbezeichner = new KLASSENBEZEICHNER[Elementanzahl];`
	`                //Anlegen des Feldes`
	`feldbezeichner[n] //Zugriff auf das Feldelement mit Index n`
	Der Index darf zwischen 0 und Elementanzahl – 1 liegen.
	Anzahl der Feldelemente: `feldbezeichner.length`

Feld (mehrdimensional)	Wie oben, nur jeweils mit einer der Dimension entsprechenden Anzahl an eckigen Klammern

Deklaration	

Klassendeklaration	```class KLASSENNAME```
	`{`
	`    //Attributdeklaration`
	`    //Deklaration des Konstruktors`
	`        KLASSENNAME()`
	`        {`
	`            ...`
	`        }`
	`    //Methodendeklaration`
	`}`

Attributdeklaration	Attributtyp gefolgt von Attributbezeichner, z. B.: `int kundenzahl;`
Felddeklaration	`KLASSENBEZEICHNER [] feldbezeichner;//eindimensionales Feld`

Methodendeklaration (ohne Rückgabewert)	`void Methodenname(Parameterliste)`
	`{`
	`    //Anweisungsfolge`
	`}`
	In Java kann es mehrere Methoden mit dem gleichem Namen geben, wenn sie eine unterschiedliche Liste von Eingabeparametern haben.

Funktions-/Methoden-deklaration (mit Rückgabewert)	`TypDesRueckgabewerts Methodenname(Parameterliste)`
	`{`
	`    // Anweisungsfolge`
	`    return BezeichnerDesRueckgabewerts;`
	`}`

Zuweisung und Methodenaufruf	
Zuweisung	`Attributname = WertNeu;` z. B.: `breite = 30;`
Methodenaufruf innerhalb einer Klasse	`Methodenname(Parameterliste);` z. B.: `GroesseSetzen(30, 30);`
Methodenaufruf an referenziertes Objekt	`Referenzattributname.Methodenname(Parameterliste);` z. B.: `fenster.GroesseSetzen(30, 30);`

Objektreferenzen

Deklaration von Objekt-referenzen	`KLASSENBEZEICHNER NameDesReferenzattributs;` z. B.: `KUNDE k;`
Erzeugen eines Objekts	`NameDesReferenzattributs = new KONSTRUKTOR(Parameterliste);` z. B.: `k = new KUNDE(3);`
Referenz eines Objekts auf sich selbst	vordefiniertes Referenzattribut `this`

Operatoren

mathematische Operatoren	plus `+` minus `—` mal `*` geteilt `/`
Vergleichsoperatoren	ungleich `!=` gleich `==` kleiner `<` größer `>` kleiner gleich `<=` größer gleich `>=`
logische Operatoren	UND `&&` ODER `||` NICHT `!`

Kontrollstrukturen

bedingte Anweisung (zweiseitig)	<pre>if (Bedingung)
	{
	    //dann-Teil
	}
	else
	{
	    //sonst-Teil
	}</pre>

bedingte Anweisung (einseitig)	<pre>if (Bedingung)
	{
	    //dann-Teil
	}</pre>

Mehrfachauswahl	<pre>switch (Auswahlkriterium)
	{
	    case wert1:
	        //Anweisungen für Fall 1
	        break;
	    case wert2:
	        //Anweisungen für Fall 2
	        break;
	    ...
	    default:
	        //Anweisungen für sonst
	}</pre>

Wiederholung mit Eingangsbedingung	allgemein
	<pre>while (Bedingung)
	{
	    // Anweisungen;
	}</pre> Beispiel
	<pre>while (schlange[i] != null)
	{
	    i=i+1;
	}</pre>

Zählwiederholung	allgemein
	<pre>for (Startwert; Bedingung; Anweisung)
	{
	    // Anweisungen;
	}</pre> Beispiel
	<pre>for (int i=0; i<5; i=i+1)
	{
	    schlange[i]=null;
	}</pre>

163

Zugriffsrechte

	ohne Kennzeichnung: Zugriff von überall aus dem Projekt
	public: uneingeschränkter Zugriff auch von außerhalb des Projekts
	protected: Zugriff aus der Klasse und ihren Unterklassen
	private: Zugriff nur innerhalb der Klasse

Vererbung

Umsetzung	`class UNTERKLASSE extends OBERKLASSE`
Aufruf des Konstruktors der Oberklasse	`super(Parameterliste);`
Aufruf einer anderen Methode der Oberklasse	`super.Methodenname(Parameterliste);`

abstrakte Klassen und Methoden

abstrakte Klasse	`abstract class KLASSENBEZEICHNER` `{...}`
abstrakte Methoden	`z. B. abstract void Anstellen(SCHLANGEN[] schlange);`

Schnittstellen (Interfaces)

Deklaration	allgemein Beispiel
	`interface BEZEICHNER` `interface TAKTKLIENT`
	`{` `{`
	    `Methodenliste;` `void TaktImpulsAusfuehren();`
	`}` `}`

Nutzung durch Klassen	`class NUTZERKLASSE implements INTERFACEBEZEICHNER`

Klassenattribute und Klassenmethoden

Klassenmethode	Zusatz `static` z. B. `public static void AdapterSetzen(ADAPTER a)`
Klassenattribut	Zusatz `static`

Methode zur Programm-ausführung	`public static void main(String[] args)`
	`{`
	    `// Hier wird die Programmausführung begonnen`
	`}`

Bibliotheksklassen

Import	vor der Vereinbarung der Klasse mit der import-Anweisung z. B.: `import java.util.Random;`

Kommentare

	`// einzeiliger Kommentar`
	
	`/* mehrzeiliger`
	`Kommentar */`

4 Dokumentieren mit der Javadoc

Bestandteile einer mit Javadoc erstellten Webseite

In Abbildung 1 wird eine mit Javadoc erstellte Dokumentations-Webseite beschrieben.

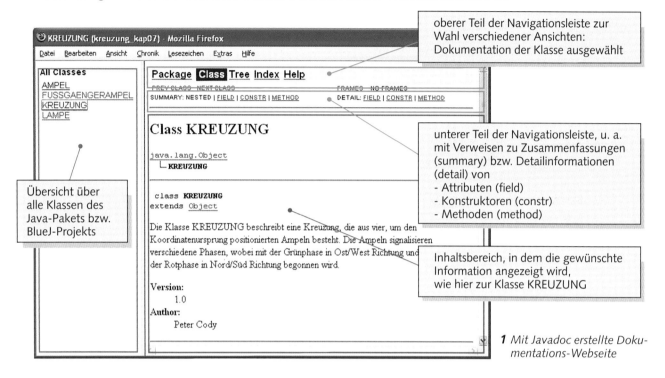

1 *Mit Javadoc erstellte Dokumentations-Webseite*

Dokumentations-Webseite selbst erstellen

Für eine gute Dokumentation müssen die Javadoc-Kommentare für jede Klasse sowie ihre Methoden inklusive Konstruktoren geschrieben werden. Bei Besonderheiten von ❭ Attributen sollten auch dort Javadoc-Kommentare eingefügt werden.

Javadoc-Kommentare sind dadurch gekennzeichnet, dass sie statt mit „/ * " wie einfache Kommentare mit der erweiterten Zeichenfolge „/ * * " beginnen. Innerhalb von Javadoc-Kommentaren stehen Schlüsselwörter zur Verfügung, die alle mit dem Zeichen „@" beginnen (Abbildung 2).

❭ In der Javadoc werden die Attribute unter dem Begriff field aufgelistet (engl. data field: Datenbereich).

Schlüsselwort	Bedeutung
@autor	Autor der Klasse
@version	Versionsnummer bzw. Erstelldatum
@param	Eingabeparameter einer Methode
@return	Rückgabewert einer Methode

2 *Schlüsselwörter in Javadoc*

Abbildung 3 zeigt die Javadoc-Kommentare, die zur Webseite in Abbildung 1 führen

```
/**
   * Die Klasse KREUZUNG beschreibt eine Kreuzung, die aus vier
   * um den Koordinatenursprung positionierten Ampeln besteht. Die
   * Lichtsignale k&ouml;nnen verschiedene Phasen durchlaufen, wobei
   * mit der Gr&uuml;nphase in Ost/West-Richtung und gleichzeitig der
   * Rotphase in Nord/S&uuml;d-Richtung begonnen wird.
   *
   * @author Peter Cody
   * @version  1.0
   */
class KREUZUNG
{...}
```

3 *Javadoc-Kommen-*
tare der
Klasse KREUZUNG

Hinweise

- Der Stern „*" zum Zeilenbeginn im Quelltext ist nicht zwingend, macht jedoch deutlich, dass es sich noch um Kommentartext handelt.
- Direkt nach dem Kommentarzeichen bzw. nach dem Beginn einer neuen Zeile darf vor Javadoc Schlüsselwörtern kein anderer Text stehen, damit sie als solche erkannt werden.
- Es ist auch möglich, eigene HTML-Formatierungen für besonders wichtige Kommentarteile einzubauen.
- Die Java-Dokumentation unterstützt die Intension des Programmierers dahingehend, `8` dass sie in der Webseite als private deklarierte Methoden und Attribute nicht anzeigt.

Eine Java-Dokumentation nutzen

Da die Java-Dokumentation der Weg ist, sich einen Überblick über Bibliotheksklassen zu verschaffen, sind hier noch weitere Elemente erläutert.

- Über den Index erhält man eine Übersicht über alle Klassen, Attribute und Methoden (Abbildung 4).
- Die Webseiten zeigen auch Vererbungen an.
- Die Webseiten sind so aufgebaut, dass zunächst 〉 Zusammenfassungen aller Javadoc-Kommentare aufgelistet sind. Als Zusammenfassung erkennt das System den ersten Satz des Kommentars, genauer gesagt, den Text bis zum ersten Punkt, der von einem Leerzeichen oder Zeilenumbruch gefolgt wird. Auf die Zusammenfassungen folgen zusätzliche 〉 Detailinformationen. Folgende Abbildungen zeigen die Umsetzung der Javadoc-Kommentare des Attributs schaltphase.

〉 engl.: summary

〉 engl.: detail

4 *Index der*
Dokumentation

Package Class **Tree** **Index** **Help**

PREV NEXT   FRAMES   NO FRAMES
A F G K L P R W

oberer Teil der Navigationsleiste zur Wahl verschiedener Ansichten: Index des Projekts ausgewählt

A

AMPEL - Class in <Unnamed>
　　Eine Ampel verwendet zur Anzeige drei Lampen.
AMPEL() - Constructor for class AMPEL
　　Konstruktor für Objekte der Klasse AMPEL.
AMPEL(int, int, char) - Constructor for class AMPEL
　　Konstruktor für Objekte der Klasse AMPEL mit folgenden Eingabewerten.
AmpelAnordnen() - Method in class AMPEL
　　Zeichnet die Ampel im Raster.
AmpelZeichnen() - Method in class FUSSGAENGERAMPEL
　　Zeichnet die Fussgängerampel im Raster.
AusrichtungSetzen(char) - Method in class AMPEL
　　Setzt die Ausrichtung der Ampel auf die möglichen Werte S, W, N, O.
AusrichtungSetzen(char) - Method in class FUSSGAENGERAMPEL
　　Setzt die Ausrichtung der Fussgängerampel auf die möglichen Werte S, W, N, O.

```
/**
 * Das Attribut schaltphase beschreibt, welche Verkehrsstr&ouml;me innerhalb der
 * Ampel freigegeben bzw. gesperrt sind; nur die Werte 1 bis 6 sind erlaubt.
<BR>
 *
 * 1: gr&uuml;n in Ost/West-Richtung   |  rot in Nord/S&uuml;d-Richtung <BR>
 * 2: gelb in Ost/West-Richtung        |  rot in Nord/S&uuml;d-Richtung <BR>
 * 3: rot in Ost/West-Richtung         |  rotGelb in Nord/S&uuml;d-Richtung <BR>
 * 4: rot in Ost/West-Richtung         |  gr&uuml;n in Nord/S&uuml;d-Richtung <BR>
 * 5: rot in Ost/West-Richtung         |  gelb in Nord/S&uuml;d-Richtung <BR>
 * 6: rotGelb in Ost/West-Richtung     |  rot in Nord/S&uuml;d-Richtung <BR>
 */
    int schaltphase;
```

5 *Javadoc-Kommentare des Attributs* schaltphase *in der Klasse KREUZUNG*

Field Summary

(package private) int	**schaltphase** Das Attribut schaltphase beschreibt, welche Verkehrsströme innerhalb der Ampel freigegeben bzw. gesperrt sind; nur die Werte 1 bis 6 sind erlaubt.

6 *Zusammenfassung der Informationen über das Attribut* schaltphase

Field Detail

schaltphase

int **schaltphase**

Das Attribut schaltphase beschreibt, welche Verkehrsströme innerhalb der Ampel freigegeben bzw. gesperrt sind; nur die Werte 1 bis 6 sind erlaubt.
1: grün in Ost/West Richtung | rot in Nord/Süd Richtung
2: gelb in Ost/West Richtung | rot in Nord/Süd Richtung
3: rot in Ost/West Richtung | rotGelb in Nord/Süd Richtung
4: rot in Ost/West Richtung | grün in Nord/Süd Richtung
5: rot in Ost/West Richtung | gelb in Nord/Süd Richtung
6: rotGelb in Ost/West Richtung | rot in Nord/Süd Richtung

7 *Detailinformationen über das Attribut* schaltphase

Bei Verwendung von BlueJ als Entwicklungsumgebung lässt sich die Dokumentation über das Menü Werkzeuge → Dokumentation erzeugen. Im dann folgenden Fenster kann man entscheiden, ob man die Dokumentation nur sehen möchte oder ob sie aufgrund von Änderungen neu erstellt werden soll.

Direkt im Editor einer Klasse lässt sich die Dokumentation auch anzeigen, indem man im Ausklappmenü rechts von „Implementierung" auf „Schnittstelle" wechselt.

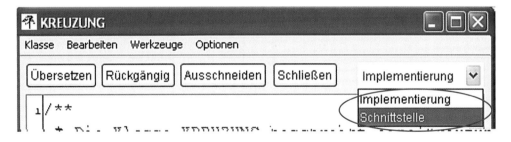

8 *Anzeige der Dokumentation direkt im Editor einer Klasse*

5 Das Oberflächenpaket AWT

Grundstruktur

Java bietet zur Gestaltung von grafischen Bedienoberflächen zwei Pakete von Klassen an. Das ältere, einfachere, aber auch schnellere Paket heißt Abstract Window Toolkit (AWT). Das zweite, darauf aufbauende Paket heißt Swing. Letzteres enthält mehr vorgefertigte Oberflächenelemente und erlaubt eine wesentlich filigranere Ausgestaltung der Oberfläche, ist dafür aber auch deutlich anspruchsvoller in der Verwendung.

Um die Klassen des Pakets AWT verwenden zu können, muss vor der Beschreibung der Klasse, die AWT verwendet, folgender Import stehen:

```
import java.awt.*;
```

Die Oberflächenelemente des Pakets AWT gliedern sich in zwei Gruppen:

• einfache Komponenten sind Button, Canvas, Label, List, TextArea, TextField, Check-Box, CheckBoxGroup, Choice, ScrollBar.
• zusammengesetzte Komponenten (z. B. Panel, ScrollPane, Window, Frame, Dialog) können beliebig viele weitere Komponenten enthalten.

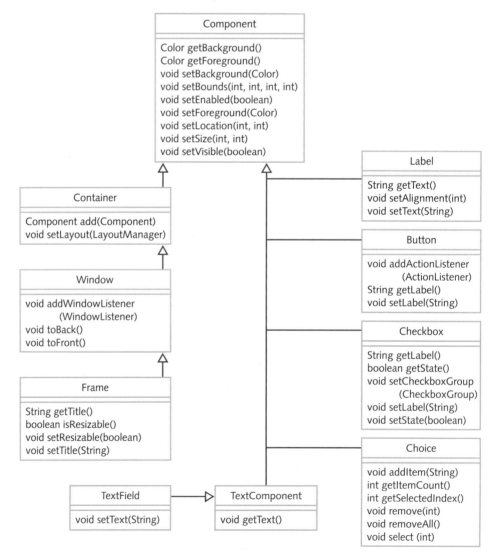

1 Teil des Klassen-diagramms von AWT

Basisklasse

Alle Klassen sind von der abstrakten Grundklasse Component abgeleitet und erben damit deren etwa 50 Methoden, obwohl nicht alle Methoden bei jedem Oberflächenelement sinnvoll genutzt werden können. Unter diesen Methoden sind auch alle Methoden zur Behandlung von (Eingabe-)Ereignissen. Wichtige Methoden sind:

- *void setSize(int width, int height)*   legt die Größe der Komponente fest
- *void setVisible(boolean b)*   gibt an, ob die Komponente sichtbar ist
- *int setLocation(int x, int y)*   legt die Lage der Komponente fest

Die Koordinaten für *setLocation* beziehen sich dabei immer auf die linke obere Ecke der Komponente; der Ursprung des Koordinatensystems liegt in der linken oberen Ecke der umgebenden Komponente, zum Beispiel des Fensters.

Containerklassen

Alle zusammengesetzten Komponenten (z. B. Frame) sind von der Oberklasse Container abgeleitet. Diese implementiert die Methode *add*, mit der Unterkomponenten wie Knöpfe oder Textfelder bei der verwaltenden Komponente eingetragen (registriert) werden. Die meisten zusammengesetzten Komponenten besitzen einen sogenannten Layoutmanager. Dieser dient dazu, bei variierender Fenstergröße die untergeordneten Komponenten automatisch nach vorgegebenen Gesichtspunkten anzuordnen (praktisch ist das vor allem für Applets, also Programme, die ihre Anzeige innerhalb eines Browserfensters haben). Will man die Kontrolle über die Anordnung behalten, muss man den Layoutmanager mit *setLayout(null)* (leeres Layout) abschalten. *setLayout* ist ebenfalls eine Methode der Klasse Container.

Aufbau einer Minioberfläche

Als Beispiel wird in einer Klasse OBERFLAECHE ein Fenster mit mehreren Oberflächenelementen aufgebaut. Der Klassenrahmen ist kurz, die bei den Oberflächenelementen angegebenen Codestücke wandern an den angegebenen Stellen in den Konstruktor.

```
import java.awt.*;       // stellt alle Klassen des AWT zur Verfügung
import java.awt.event.*; // Klassen für die Ereignisbehandlung
class OBERFLAECHE
{
    Frame f;
    Label l;
    Button button;
    TextField eingabe;

    OBERFLAECHE()
    {
        // Fenster erzeugen
        // Anzeigetext eintragen
        // Eingabetext eintragen
        // Knopf hinzufügen
        // Ereignisbehandlung für den Knopf
        // Ereignisbehandlung für den Schließen-Knopf des Fensters
        // Eigenes Zeichenobjekt
    }
}
```

2 *Minioberfläche*

Fenster (Frame)

Die normalen Fenster der Oberfläche sind Objekte der Klasse Frame. Sie können mit einer Menüleiste assoziiert sein. Die Konstruktoren sind:

- *Frame()*   erzeugt ein (zunächst unsichtbares) Fenster ohne Titel
- *Frame(String titel)*   erzeugt ein (unsichtbares) Fenster mit dem angegebenen Fenstertitel

Erste wichtige Methoden sind:

- *void setTitle(String title)*   setzt den Fenstertitel
- *void setSize(int width, int height)*   legt Breite und Höhe des Fensters fest
- *void setVisible(boolean b)*   macht das Fenster sichtbar bzw. unsichtbar

setSize und *setVisible* sind von der Klasse Component ererbt.

Ein Testfenster kann wie folgt erzeugt werden:

```
f = new Frame("Testfenster");
f.setSize(600, 400);    // Größe des Fensters
f.setLocation(0, 30);   // Lage der linken, oberen Ecke auf
                        // dem Bildschirm
f.setVisible(true);     // Fenster sichtbar machen
f.setLayout(null);      // keine automatische Anordnung der
                        // Elemente
```

In dieses Fenster können nun mit *f.add(komponentenbezeichner)* die einzelnen Komponenten eingetragen werden.

Texte (Label)

Feste, d. h. nicht durch den Benutzer editierbare, einzeilige Texte werden von der Klasse Label verwaltet. Eine typische Erzeugungssequenz ist:

```
l = new Label();
l.setText("Anzeigetext");
l.setLocation(10, 50);
l.setVisible(true);
l.setSize(100, 20);
l.setForeground(new Color (255, 0, 0));      // rote Schrift
l.setBackground(new Color (255, 255, 0));    // auf gelbem Hintergrund
f.add(l);          // beim Fenster registrieren
```

Einfache Texteingaben (TextField)

Für die Eingabe einzeiliger, kurzer Texte dient die Klasse TextField.

```
eingabe = new TextField();
eingabe.setLocation(10, 100);
eingabe.setText("---");
eingabe.setVisible(true);
eingabe.setSize(100, 20);
eingabe.setEnabled(true);   // Das Textfeld erlaubt Eingaben
f.add(eingabe);
```

Mit *getText* kann man den eingegebenen Text abholen und weiterverwenden.

Knöpfe (Button)

Knöpfe werden durch die Klasse Button realisiert.

```
button = new Button();
button.setLocation(10, 150);
```

```
button.setLabel("Ändern"); // Beschriftung des Knopfes
button.setVisible(true);
button.setSize(100, 30);
button.setEnabled(true);
f.add(button);
```

Behandlungsklasse	┄┄┄┄▷	<<interface>> ActionListener
actionPerformed (ActionEvent e) ⋮ weitere Methoden		actionPerformed(ActionEvent e)

```
                                  Button
                        addActionListener
                        (ActionListener l)
                        ⋮
```

3 Registrierung für Ereignisbehandlung

Ereignisse

Die Basisereignisse (Taste gedrückt, Taste losgelassen, Mausknopf gedrückt und Mausknopf losgelassen) werden von den Klassen des AWT verwaltet und den einzelnen Komponenten zur Verfügung gestellt. Auf Wunsch des Programmierers werden sie auf abstraktere Ereignisse wie „Knopf geklickt" abgebildet.

Gängige Philosophie zur Verarbeitung von Ereignissen ist das Anmelden eines sogenannten Ereignishandlers (Ereignisbehandlungsobjekt) bei der betreffenden Oberflächenkomponente. Das bedeutet, dass jede Komponenten eine Registriermethode (in AWT: *add...Listener()*) besitzt, der ein Objekt mit einem vorgegebenen Interface übergeben wird.

Die Registriermethode eines Knopfs heißt *addActionListener*. Sie erwartet ein Objekt, welches das Interface *ActionListener* mit der einzigen Methode *actionPerformed* implementiert. Das kann z. B. in der Klasse gemacht werden, die den Knopf erzeugt.

Java bietet zusätzlich die Möglichkeit, sogenannte anonyme Klassen einzurichten, d. h. Klassen, die keinen Namen haben und von denen nur ein einziges Objekt angelegt werden kann. Hier wird bei der Instanzierung eines Objekts ein Interface (im Beispiel ActionListener) oder eine (abstrakte) Klasse angegeben. Alle abstrakten Methoden werden in geschweiften Klammern hinter dem Konstruktoraufruf implementiert (im Beispiel *actionPerformed*). Sie haben Zugriff auf die Attribute und Methoden der Klasse, in der der Aufruf von new stattfindet, und können so die gewünschten Aktionen ausführen (im Beispiel die Attribute l und eingabe).

Auf Knopfdruck soll der eingegebene Text in den Anzeigetext kopiert werden. Die Ereignisbehandlung für den Knopf mithilfe einer anonymen Klasse wird durch das folgende Programmstück realisiert:

```
button.addActionListener(new ActionListener()
{
    public void actionPerformed(ActionEvent e)
    {
        l.setText(eingabe.getText());
    }
});
```

Alle mit Ereignissen verbundenen Namen werden aus dem Paket java. awt. event importiert.

Ein weiteres Beispiel für eine Ereignisquelle ist der Schließen-Knopf eines Fensters. Auch ihm lässt sich ein Ereignishandler zuweisen, der typischerweise das Programm beendet.

```
f.addWindowListener(new WindowAdapter()
{
    public void windowClosing(WindowEvent e)
    {
        // eventuelle Aufräumarbeiten
        System.exit(1);
    }
});
```

Farben

In Java werden Farben durch Objekte der Klasse Color dargestellt. Ein neues Farbobjekt wird mit `new Color(int r, int g, int b)` erstellt. r, g und b geben jeweils den Farbanteil mit Werten von 0 bis 255 an. {0, 0, 0} beschreibt damit die Farbe schwarz, {255, 255, 255} die Farbe weiß, {255, 0, 0} die Farbe rot usw.

Um (teil-)durchsichtig Objekte darstellen zu können, wird ein vierter Wert benötigt, der in Java, wie allgemein üblich, alpha-Kanal genannt wird. Ein alpha-Wert von 255 bedeutet volle Deckung (undurchsichtig), ein Wert von 0 bedeutet völlige Transparenz. Im erweiterten Konstruktor steht der alpha-Kanal am Ende: `new Color(int r, int g, int b, int a);`

Zeichnen

Das Darstellen der Objekte auf dem Bildschirm wird von der Java-Laufzeitumgebung automatisch gesteuert. Jedes Oberflächenelement implementiert dazu eine Methode *paint*, die aufgerufen wird, wenn das Element neu gezeichnet werden muss.

Die Methode *paint* hat als Eingabeparameter ein Objekt der Klasse Graphics, das die grundlegenden Methoden zum Zeichnen zur Verfügung stellt.

- *void clearRect(int x, int y, int width, int height)*   löscht das Rechteck mit der Hintergrundfarbe
- *void drawLine(int x1, int y1, int x2, int y2)*   zeichnet die Linie von (x1|y1) nach (x2|y2)
- *void drawOval(int x, int y, int width, int height)*   zeichnet eine Ellipse in das umgebende Rechteck
- *void drawPolygon(Polygon p)*   zeichnet das Polygon
- *void drawRect(int x, int y, int width, int height)*   zeichnet das Rechteck
- *void drawRoundRect(...)*   ... mit abgerundeten Ecken
- *void drawString(String str, int x, int y)*   zeichnet den String ab der Position (x|y)

Zu den Flächenzeichenmethoden gibt es noch die entsprechenden „fill..."-Methoden, die die Fläche ausfüllen. Polygone werden durch `new Polygon(int[ ] x, int[ ] y, int anzahl)` erzeugt; die beiden Felder geben die x- bzw. y-Koordinaten der Eckpunkte des Polygons an.

Eigene Oberflächenelemente werden in der Regel von der Klasse Canvas abgeleitet. Diese Klasse implementiert alle notwendigen Methoden für die Verwaltung; die Methode *paint* erbringt die leere Leistung und muss überschrieben werden.

4 *einfache Lampe*

Das folgende Beispiel erzeugt eine einfache Form des Symbols einer Lampe.

```
class LAMPENSYMBOL extends Canvas
{
    public void paint(Graphics g)
    {
        int groesse;
        int radius;
        groesse = getHeight();  // Größe bestimmen
        if (getWidth() < groesse)
        {
            groesse = getWidth();
        }
        radius = groesse/4;
```

```
            g.clearRect(0, 0, groesse, groesse); // Hintergrund löschen
            g.setColor(Color.black);
            g.drawRect(0, 0, groesse-1, groesse-1); // Rahmen
            g.setColor(Color.red);
            g.fillOval(radius, radius, radius*2, radius*2); // Kreis
        }
    }
```

Ein Objekt der Klasse LAMPENSYMBOL wird genau so in die Oberfläche eingebunden wie alle vorgefertigten Objekte.

```
        lampe = new LAMPENSYMBOL();
        lampe.setLocation(200, 50);
        lampe.setVisible(true);
        lampe.setSize(100, 100);
        f.add(lampe);
```

Mithilfe von Polygonen lassen sich auch Pfeile zeichnen:

```
        public void paint(Graphics g)
        {
            int groesse;
            int radius;
            Polygon umriss;
            groesse = getHeight();
            if (getWidth() < groesse)
            {
                groesse = getWidth();
            }
            radius = groesse/4;
            g.clearRect(0, 0, groesse, groesse);
            g.setColor(Color.black);
            g.drawRect(0, 0, groesse-1, groesse-1);
            g.setColor(getForeground());
            g.fillOval(radius, radius, radius*2, radius*2);
            g.setColor(Color.black);  // ab hier neu
            umriss = null;   // Umrisspolygon festlegen, zuerst das Feld
                            der x-Werte, dann die y-Werte, als letzter
                            Parameter die Anzahl der Punkte
            umriss = new Polygon(new int[] {radius + radius/12,
                radius*3 - radius*2/3, radius*3 - radius*2/3,
                radius*3, radius*3 - radius*2/3,
                radius*3 - radius*2/3, radius + radius/12},
                            new int[] {radius*2 - radius/4,
                radius*2 - radius/4, radius*2 - radius*2/3,
                radius*2, radius*2 + radius*2/3,
                radius*2 + radius/4, radius*2 + radius/4}, 7);
            g.fillPolygon(umriss);
        }
```

5 *Lampe mit Pfeil*

Zusammenfassung

Import

AWT-Paket	`import java.awt.*;`
Paket für die Ereignisverarbeitung	`import java.awt.event.*;`

Wichtige Methoden der Komponenten

Komponente	Bedeutung	Java-Syntax
alle	Größe der Komponente setzen	`setSize(int, int)`
	Sichtbarkeit der Komponente setzen	`setVisible(boolean)`
	Position der Komponente setzen	`setLocation(int, int)`
	Farben der Komponente setzen	`setForeground(Color)`
		`setBackground(Color)`
	(De-)Aktivierung der Komponente	`setEnabled(boolean)`
Container	Registrierung von Unterkomponenten	`oberkomponente.add(unterkomponente)`
	Festlegung eines freien Layouts	`setLayout(null)`
Frame	Konstruktor mit String für Titel	`Frame(String)`
Label, TextField	Festlegung des Textes	`setText(String)`
TextField	Auslesen des eingegebenen Textes	`getText()`
Button, Checkbox	Beschriftung festlegen	`setLabel(String)`

Registrierung eines Ereignishandlers

Komponente	Beispiel-Programmstück

Frame, Window	```addWindowListener(new WindowAdapter()```
	 `{`
	     `public void WindowClosing(WindowEvent e)`
	     `{`
	         `//ausgelöste Aktionen`
	         `System.exit(1);`
	     `}`
	 `} );`

Button	`addActionListener(new ActionListener()`
	 `{`
	     `public void actionPerformed(ActionEvent e)`
	     `{`
	         `//ausgelöste Aktionen`
	     `}`
	 `} );`

Bildnachweis

Seite 8: Das Fotoarchiv/C. Paas – Seite 9: Ulrich Freiberger – Seite 74: Vario Images/U. Baumgarten – Seite 79, 80, 83, 84, 91 u. 96: Klaus Reinold – Seite 112 li.: Vario Images/J. Ritterbach, Seite 112 re.: T. Koehler/photothek.net – Seite 114: Barbara Reinold – Seite 118 (Logo): Bundeswettbewerb Informatik, Bonn – Seite 119: picture alliance/dpa – Seite 148: Vario Images/T. Grimm – Seite 151, 152 (Logo): Bundeswettbewerb Informatik, Bonn – Seite 153: Blickwinkel/H. Goethel – Seite 154: F1 online/UpperCut Images B.

Umschlagabbildung: Corbis/Bud Freund

Ein Computerprogramm tut, was du schreibst – nicht, was du willst.

EDWARD MURPHY

Wer diese Wahrheit zum ersten Mal formuliert hat, ist unbekannt. Zugeschrieben wird sie dem Ingenieur Edward Murphy. Er gilt als Autor der Urfassung von MURPHYS GESETZ, das heute meistens so zitiert wird: „Alles, was schief gehen kann, wird auch schief gehen."
Tatsächlich hatte er selbst sein Gesetz 1949 umständlicher formuliert; die prägnante Kurzfassung dürfte sich im Lauf der Zeit herausgebildet haben. Inzwischen ist eine ganze Sammlung von Gesetzen entstanden, von denen fast alle aber scherzhaft gemeint sind, zum Beispiel: „Abgeschnittene Drähte sind immer zu kurz."
Das Originalgesetz enthält jedoch eine sehr ernst zu nehmende Erkenntnis, ebenso wie „unsere" Variante.

Bezugsquellen für Klassenbibliotheken und Software
www.schule.bayern.de/bluejprojekte
www.schule.bayern.de/karol
www.bluej.org